Tor Åge Bringsværd
Die wilden Götter

W0404246

SERIE PIPER

Zu diesem Buch

Die nordischen Göttermythen kennt man hierzulande vor allem aus Wagners »Ring des Nibelungen«. Der Norweger Tor Åge Bringsværd hat sie in seiner rasanten Nacherzählung von den gängigen Klischees befreit. Seine Version der »Edda« beruht auf genauer Quellenkenntnis und überrascht durch Originalität, Humor und Weisheit. Die Götter des nordischen Olymps sind weder unsterblich noch allwissend oder gar allmächtig, denn ständig ist ihre Herrschaft durch ältere Mächte bedroht. Odin hat zwar eine Welt erschaffen, doch so richtig versteht er sie nicht. Sein Freund Loki ist ein intelligenter Bösewicht, der vor keinem Betrug zurückschreckt, und die Liebesgöttin Freia kann allen helfen, nur sie selbst leidet an chronischem Liebeskummer. Das Buch ist mit eindrucksvollen Illustrationen von Johannes Grützke ausgestattet und enthält ein kommentiertes Register aller handelnden Personen.

Tor Åge Bringsværd, geboren 1939 im norwegischen Skien, hat Religionswissenschaften und Ethnologie studiert und gehört zu den bekanntesten Schriftstellern seines Landes. Heute lebt er in Hølen auf der Ostseite des Oslofjords.

Tor Åge Bringsværd

Die wilden Götter

Sagenhaftes aus dem hohen Norden

Aus dem Norwegischen von
Tanaquil und Hans Magnus Enzensberger

Mit 77 Illustrationen von Johannes Grützke

Piper München Zürich

Mehr über unsere Autoren und Bücher:
www.piper.de

Die Übersetzung wurde von NORLA Norwegian Literature Abroad, Oslo, gefördert.

FSC
Mix
Produktgruppe aus vorbildlich bewirtschafteten Wäldern und anderen kontrollierten Herkünften
www.fsc.org Zert.-Nr. GFA-COC-1223
© 1996 Forest Stewardship Council

Ungekürzte Taschenbuchausgabe
Piper Verlag GmbH, München
1. Auflage März 2004
4. Auflage Juli 2008
© 1996 Gyldendal Norsk Forlag, Oslo
Titel der norwegischen Originalausgabe:
»Den enøyde. Et forsøk på å gi en fri og selvstendig, men likevel tro gengivelse av våre gamle norrøne myter«
© der deutschsprachigen Ausgabe:
2001 Eichborn AG, Frankfurt am Main
Umschlag/Bildredaktion: Büro Hamburg
Isabel Bünermann, Julia Martinez/
Charlotte Wippermann, Kathrin Hilse
Umschlagabbildung: Arnold Böcklin (»Der Kampf auf der Brücke«, 1890; Foto: akg, Berlin)
Foto Umschlagrückseite: Hæge Håtveit Moe
Satz: Greno, Nördlingen
Papier: Munken Print von Arctic Paper Munkedals AB, Schweden
Druck und Bindung: CPI – Clausen & Bosse, Leck
Printed in Germany ISBN 978-3-492-23943-1

INHALT

Erstes Kapitel EIN RIESE SO GROSS WIE DIE GANZE WELT

Wo kommt der Nebel her? Das weiß kein Mensch. Und wer hat den ersten Funken gezündet? Niemand weiß es. Eines aber steht fest: Am Anfang war die Kälte und das Feuer. Auf der einen Seite war da Niflheim; dort herrschten Nebel und Frost. Auf der andern Seite war Muspilheim; und dort gab es nichts als ein Meer von zischenden Flammen. Was den Nebel vom Feuer trennte, war ein riesiger, bodenloser Schlund; und aus dieser gewaltigen Leere, dem Abgrund zwischen Licht und Dunkelheit, ist alles, was lebt, hervorgegangen, und das kam so.

Irgendwo in Niflheim gab es eine Spalte im Eis, aus der ein mächtiges Wasser schoß. Dieser Strom schäumte auf den großen Schlund zu und stürzte sich hinein. Aber weil es kalt war, fror das Wasser zu großen Eiszapfen, und je länger das ging, desto mächtiger wurde das Eis auf der einen Seite des großen Schlundes.

Aber da auf der anderen Seite, dort, wo Muspilheim lag, tanzten die Funken und die Flammen erwärmten die Luft. Tief im Schlund kämpften Hitze und Kälte miteinander, und das Eis fing an zu schmelzen. Was die Kälte geformt hatte, die Wärme erweckte es zum Leben. So entstand das erste Wesen. Es war von menschenähnlicher Gestalt, aber kein Mensch hatte solche Ausmaße. Denn Ymer, so hieß es, war ein Riese, und ein größerer Riese hat nie gelebt.

Doch wovon sollte dieser Ymer leben? Von Feuer und Eis kann sich kein lebendiges Wesen ernähren. Als er sich umsah, merkte Ymer, daß er nicht allein auf der Welt war. Denn aus dem geschmolzenen Eis war noch ein anderes Ungeheuer hervorgegangen, das Hörner und Euter trug und von sanfter Natur war: eine riesige Kuh, aus deren gewaltigen Zitzen Ströme von Milch rannen.

Wer anders als Ymer sollte sie melken? So waren sie beide zufrieden; die Kuh brauchte nicht mehr lange nach einem Abnehmer für ihren Überfluß zu suchen, und der Riese mußte nicht verhungern.

Trotzdem, irgend etwas fehlte der ersten Kuh, die bei all ihrer Größe so wie alle andern Kühe war, nur daß sie nicht wußte, wonach ihr der Sinn stand. Sie schnüffelte und probierte alles, was in der Nähe war, bis sie ein paar reifbeschlagene Steine fand, die nach Salz schmeckten. Davon konnte die Kuh, genau wie alle Kühe, die später auf die Welt kamen, gar nicht genug kriegen, bis sie an einen ganz besonderen Stein geriet. Als sie ihn mit ihrer riesigen Zunge ableckte, ahnte sie nicht, was sie damit angerichtet hatte. Noch am selben Abend nämlich wuchs aus dem Stein ein Haar hervor. Am andern Tag kam ein Gesicht und dann ein ganzer Kopf zum Vorschein, und am dritten Tag der ganze Leib eines großen, schönen Mannes. So kam Bühre auf die Welt, der Stammvater aller Götter, die wir die Asen nennen.

Doch unterdessen war auch Ymer, der erste Riese, nicht faul gewesen. Zwar schlief er viel, aber während er vor sich hin schnarchte, fing er an zu schwitzen, und aus seinen Achselhöhlen gingen zwei neue Wesen hervor, ein Mann und eine Frau. Auf dieses Wunder waren nun aber seine Füße eifersüchtig. Sie paarten sich miteinander und gebaren einen Sohn mit sechs Köpfen. So ist das Geschlecht der Riesen oder Trolle entstanden, und von da an gab es kein Halten mehr. Die neuen Geschöpfe bekamen Kinder, und ihre Kinder bekamen wieder Kinder, bis auf den heutigen Tag.

•

Am Anfang muß es ziemlich friedlich zugegangen sein auf der Welt. Die Asen und die Riesen kamen gut miteinander aus. Bühre, der allererste Ase, hatte einen Sohn, der sich mit einer Riesentochter zusammentat, und aus dieser Liebschaft ist Odin hervorgegangen, der später zum Häuptling aller Götter werden sollte. Aber einem solchen Frieden war auf die Dauer nicht zu trauen.

Denn der Riese Ymer gab keine Ruhe. Zwar war er faul und träge, und etwas anderes, als Milch von seiner Kuh zu saufen und zu schlafen, fiel ihm nicht ein. Doch dabei schwoll sein riesiger Leib immer weiter an, und er gebar immer neue und ziemlich erschreckende Trolle, die bedrohliche Mienen aufsetzten. Bald wimmelte es überall von solchen Riesenkindern. Odin und seinen Brüdern gefiel das gar nicht, denn sie waren in der Minderheit, und sie wußten, wie schlecht es einer Minderheit ergehen kann, wenn sie sich nicht ihrer Haut wehrt. Eines Tages kamen sie zu dem Schluß, daß es so nicht länger weitergehen konnte. Jetzt reicht es, sagten sie sich, wenn wir nichts tun, sind wir bald am Ende. Wir müssen einen Aufstand gegen Ymer, den Großvater aller Riesen, und gegen seine Brut riskieren.

Gesagt, getan. In aller Heimlichkeit schneiden Odin und seine Brüder mächtige Spieße aus den Bäumen und schleichen sich an den Riesen heran, der wie immer mit vollem Bauch schnarchend daliegt. Die Überraschung ist auf ihrer Seite. Das Blut spritzt aus den Wunden des Riesen. Ymer brüllt so laut, daß die Gletscher kalben und Eisberge ins Wasser stürzen. Bald haben die Asen gesiegt, und der größte aller Riesen ist tot. Er hat so viel Blut verloren, daß seine Kinder in der Flut ertrinken. Sie werden in den alten Schlund gespült und verschwinden im Abgrund. Wahrscheinlich ist dabei auch die Große Kuh mitgerissen worden, denn seitdem hat niemand mehr von ihr gehört, und niemand hat sie wieder gesehen.

Nur zwei der Riesenkinder konnten sich retten, ein Paar, das schlau genug war, sich im Nebel zu verstecken. Diesen beiden verdankt das Riesengeschlecht sein Überleben. Doch vom Tag der ersten Schlacht an sind es die Götter, die das Heft in der Hand halten, und sie machen sich sogleich ans Werk.

Den toten Ymer schleppen sie bis an den Rand des großen Weltschlundes – eine schwere Arbeit, nach der sie sich erst einmal drei Tage ausruhen müssen. Dann legen sie ihn über den Abgrund, der unter dem riesigen Leichnam verschwindet. Sie überlegen lange, was man mit dem Toten anfangen kann. Vielleicht kann man eine ganze Welt aus ihm erschaffen? Er hat so viel Blut verloren, daß es für ein ganzes Meer reicht. Und aus seinem Fleisch kann man das feste Land machen; aus seinen Knochen Berge und Klippen; aus seinen Knöcheln und Zähnen Gestein und Geröll; aus dem Haar Bäume und Gras. Am Ende bleibt nur noch der Schädel. Die Hirnschale des Riesen setzen die Götter wie eine Kuppel über alles, was sie erschaffen haben, und so ist das Himmelsgewölbe entstanden. Das Gehirn aber werfen sie hoch in die Luft, wo es zerflattert, und so sind die Wolken zustande gekommen, die über den Himmel ziehen.

Doch damit war die Welt noch lange nicht fertig. Zum Beispiel fehlen immer noch die Zwerge, die Unterirdischen, die in Grotten und Höhlen leben. Auch sie sind aus Ymers großer Leiche hervorgegangen; denn es waren keine gewöhnlichen Würmer, die sich an ihr gütlich taten – o nein! Ohne die Zwerge sähe die Welt ganz anders aus; man verdankt ihnen die Schmiedekunst, die sie erfunden haben, und manches andere. Allerdings, es ist wenig Verlaß auf sie; manchmal schlagen sie sich nämlich auf die Seite der Trolle. Trotzdem – ohne sie geht es nicht. Das sahen auch die Götter ein, und sie erwählten vier von ihnen, um das Himmelsgewölbe zu stützen und die vier Ecken der Welt zu bewachen. Diese vier heißen Osten, Westen, Norden und Süden. Also auch für die Himmelsrichtungen müssen wir uns bei den Zwergen bedanken.

Nun war es den Asen aber am Himmel noch zu dunkel. Im warmen Muspilheim, ganz im Süden, wo das Feuer zu Hause war, holten sie sich Funken und hefteten sie an den Himmel. Dort hängen sie heute noch auf der Innenseite des alten Riesenschädels. So sind die Sterne entstanden.

Und wie ging es weiter? Nun, Odin hatte zwei Brüder. Der eine hieß Wile und war sehr klug. Der andre hieß We und hatte scharfe Augen, gute Ohren und war sehr beredt. Eines Tages gingen sie alle drei am Strand spazieren und fanden dort zwei große Hölzer, die die Flut an Land getrieben hatte. »Seht nur«, sagte We, »dieses Strandholz sieht ja fast aus wie wir.« – »Wieso denn«, fragte Odin. »Ganz einfach«, sagte Wile, »das hier ist der Kopf, das sind die Arme, und zwei Beine haben sie auch.« Nun muß man wissen, daß die Götter gerne spielen, und so nahmen sie, nur zum Spaß, die beiden Stöcke in die Hand, stellten sie auf und kleideten sie ein. Odin hauchte ihnen Leben ein, so daß sie atmen konnten, Wile gab ihnen Vernunft und Verstand, und We verlieh ihnen die Gabe des Gehörs, des Gesichtes und der Rede. Warmes Blut pulsierte durch ihre Adern, und ihr Haar, ihre Haut, ihre Augen nahmen Farbe an. Nun waren sie kein Strandgut mehr, sondern ein Mann und eine Frau. Die Asen nannten sie Asch und Embla, und von diesen beiden Eltern stammt die ganze Menschheit ab.

♦

Nun gab es zwar Asen, Trolle und Menschen, aber es war sonderbar still auf der Welt. Irgend etwas fehlte! Wahrscheinlich war es Wile, der als erster verstand, was es war. »Wißt ihr, warum sich hier nichts rührt?« fragte er seine Brüder. »Uns fehlt die Zeit! Es ist immer dasselbe am Himmel, weder wird es richtig hell noch richtig dunkel. So kann es nicht weitergehen.«

Da fiel ihnen eine Riesenfrau ein, die ganz besonders dunkel war. Sie hieß Nott, und sie hatte einen Liebhaber unter den Asen, der mit ihr einen Sohn namens Dag zeugte, und der war ausnehmend hell. Die beiden, sagte Wile, sollten wir besuchen.

Das leuchtete Odin ein. Er ging zu Nott und Dag, und beide, Mutter und Sohn, gefielen ihm so sehr, daß er ihnen Pferde und Wagen schenkte. »Habt ihr Lust, über die ganze Welt zu reisen?« fragte er. »Warum nicht«, antworteten sie.

»Aber die Reise geht hoch hinaus«, gab Odin zu bedenken; »so hoch, daß ihr alles sehen könnt, und sie nimmt kein Ende.« Nott und Dag schreckte das nicht, und so hob Odin sie zum Himmel empor. Nott fuhr als erste los. Ihr Roß hatte Rauhreif in der Mähne, und am Morgen fallen Schaumtropfen aus seinem Maul. Das ist der Tau, der in der Frühe auf den Wiesen liegt.

Kaum war Nott auf dem Heimweg, da machte sich Dag auf die Reise. Sein Roß schimmert, und seine Mähne leuchtet blendend hell. Seit der ersten Fahrt dieser beiden kann man Tag und Nacht unterscheiden, man weiß, wie spät es ist, und kann die Tage und die Jahre zählen.

Das Licht des Tages kommt also nicht von der Sonne, wie wir gerne glauben. Natürlich, auch Sonne und Mond sind aus den Funken erschaffen, von denen Muspilheim sprüht, und es ist auch wahr, daß beide auf ihrem Wagen über den Himmel ziehen. Aber wer paßt darauf auf, daß sie nicht herunterfallen? Und wer lenkt ihre Pferde? Das sind zwei Menschenkinder, ein Junge und ein Mädchen. Die waren so schön, und ihr Vater war so stolz auf sie, daß er die Tochter Sonne nannte und den Sohn Mond. Das fanden die Asen reichlich übermütig, und sie beschlossen, dem stolzen Vater die Kinder wegzunehmen. Die Tochter muß seitdem die Rösser des Sonnenwagens und der Sohn die Mondpferde lenken.

Das ist nicht einfach; denn die beiden sind immer in Eile. Immerzu sind nämlich zwei Wölfe hinter ihnen her, die nach ihnen schnappen und sie verschlingen wollen. Das sind keine gewöhnlichen Bestien. Es sind die Kinder einer alten Trollfrau, die weit im Osten lebt, im Walde Eisenholz. Diese Frau hat noch viele andere Riesen in die Welt gesetzt, und alle haben die Gestalt von Wölfen. Bis auf den heutigen Tag haben Sonne und Mond den Wettlauf mit ihren Verfolgern gewonnen, und man kann nur hoffen, daß es dabei bleibt.

Bleibt nur noch die Frage, wo der Wind herkommt. Auch er ist aus dem Geschlecht der Trolle hervorgegangen, aber er gehört nicht zu den Wolfskindern, sondern hat die Gestalt eines riesigen Adlers. Er wohnt im hohen Norden, und sobald er sich in die Lüfte erhebt und mit seinen gewaltigen Schwingen schlägt, stürmt es, und überall fliegen die Pfannen vom Dach.

Eigentlich war die Welt nun so ziemlich fertig. Natürlich gab es dauernd Streit zwischen Asen und Trollen; aber manchmal setzte sich der eine oder die andere über die alte Feindschaft hinweg, und dann kam es zu heißen Liebschaften. So war ja auch die Nacht entstanden. Sogar Odin fand nichts dabei, hin und wieder eine Trollfrau zu umarmen; denn auch in Jotunheim, wo die Trolle zu Hause sind, gab es schöne Mädchen. Doch vor allem sind die Riesen gefährliche Wesen, denen man nicht über den Weg trauen kann.

Besonders die Menschen müssen sich vor ihnen hüten; denn wer kommt schon gegen einen Riesen auf? Das sah auch Odin ein, und so beschloß er, den Menschen zuliebe eine Burg zu bauen. Nicht irgendwo am Rand der Welt, sondern in der Mitte. Dort befahl der Häuptling der Götter, einen Bauplatz zu roden. Allerdings, eine Frage bereitete den Asen Kopfzerbrechen. Ziegel und Balken waren noch nicht erfunden. Wo gab es ein Material, das fest genug war, um eine Burg zu errichten?

Die Asen erinnerten sich an die Erschaffung der Welt, und da fiel ihnen etwas ein, was sie damals weggeworfen hatten, weil sie dachten, daß es zu nichts nütze war. Das waren die Augenbrauen und die Wimpern Ymers, des ersten Riesen. Die waren so dick und stabil wie die besten Balken. Es dauerte nicht lange, und die Burg war fertig. Eine weitläufige Mauer umgab den Bezirk, der Mitgard heißt, und der zur Heimat der Menschen wurde. Dort konnten sie sich sicher fühlen.

Selbstverständlich dachten die Asen nicht daran, sich mit den Menschen allzu gemein zu machen. Sie wollten gern in ihrer Nähe wohnen, aber nicht im selben Haus. Deshalb errichteten sie hoch über Mitgard eine ganz besonders prächtige Burg, die sie Asgard nannten, und damit es ganz klar war, wer hier das Sagen hatte, legten sie zwischen ihre Festung und der Welt der Menschen eine große, leuchtende Brücke. Sie heißt Bifrost, und das bedeutet soviel wie »Der zitternde Weg«. Die Menschen nennen sie den Regenbogen. Über diese Brücke können nur die Asen reiten, denn das Rot im Regenbogen ist flammendes Feuer. So hält man sich ungebetene Gäste vom Leib.

Bescheiden kann man es nicht nennen, wie sich die Götter eingerichtet haben. In Asgard gibt es nämlich viele prächtige Häuser und Festsäle, und es ist klar, daß das allerschönste Schloß Odin gehört. Es ist in- und auswendig vergoldet und liegt genau in der Mitte. Hier hat Odin seinen Hochsitz. Wenn er sich auf seinem Thron niederläßt, kann er die ganze Welt überblicken. Er sieht, daß die Erde rund ist, natürlich nicht wie ein Ball, sondern wie eine große Scheibe mit Kreisen, die ineinander liegen wie die Jahresringe eines alten Baumes. Ganz draußen schäumt das große Weltmeer. Im äußersten Rand des Erdkreises liegt Jotunheim und Einöd, wo die Riesen oder Trolle zu Hause sind, im inneren liegt Mitgard, wo die Menschen wohnen; ganz im Zentrum, in Asgard, haben sich die Asen eingerichtet, und in der Mitte der Mitte wohnt Odin, der sein Schloß auf einer großen Wiese gebaut hat.

Genau dort haben die Götter auch ihren Hofbaum gepflanzt, die Esche Yggdrasil. Ihre Krone reicht bis in den Himmel, und ihre immergrünen Äste streckt sie über die ganze Welt aus.

Eigentlich könnte Odin zufrieden sein. Hat er nicht alles wunderbar eingerichtet? Aber manchmal macht er sich Sorgen; denn er sieht allerhand Dinge, die ihn bekümmern. Zum Beispiel die Sache mit den Alben. Wo diese sonderbaren Geschöpfe nur herkommen? Er kann sich nicht erinnern, daß die Asen sie geschaffen haben.

Klar ist nur, daß sie mit den Trollen und mit den Zwergen verwandt sind. Vielleicht machen sie sogar gemeinsame Sache mit ihnen? Er muß feststellen, daß die Alben manchmal heimlich über die Mauern von Mitgard klettern. Es gibt weiße und schwarze Alben. In tausenderlei Verkleidungen schleichen sie sich unter die Menschen ein. Die sagen dann, sie hätten nachts Gespenster gesehen oder Meerungeheuer – unterirdische Wesen mit Klauen und Schwänzen. Das sind die Huldren. Manchmal locken sie die Menschen in tiefe Höhlen unter der Erde, um sie dort gefangenzuhalten und zu heiraten. Wieder andere sind arge Kinderdiebe. Oft vertauschen sie die Neugeborenen in der Wiege und hinterlassen der Mutter einen Wechselbalg. Odin weiß, daß das keine bloße Einbildung ist. Er weiß Bescheid; er kennt die Mächte der Finsternis und ihre Verwandlungskünste, und es ist ihm klar, daß sie sich vermehren können wie die Hasen, wenn man sie gewähren läßt. Allerdings nicht nur die schwarzen Alben, sondern auch die weißen. Das sind freundliche Geister. Auch unter den Huldren gibt es viele, die den Menschen, die sie ehren, gern zu Hilfe kommen.

Aber auch Odin versteht nicht alles, was es gibt auf der Welt. Was sind das alles für Wesen, die er nicht geschaffen hat? Wo kommen sie her? Wenn er den Blick gen Süden wendet, auf das glühende Muspilheim, dann entgeht es ihm nicht, daß auch dort ein Volk von fremden Wesen haust, die wie lebende Fackeln brennen.

Aber das ist noch gar nichts! Was ihn noch viel mehr erschreckt: Er merkt, daß es noch andere Götter als die Asen gibt auf der Welt. Sie nennen sich die Wanen und wohnen auf einer Burg, die Wanheim heißt. Es scheinen friedliche Götter zu sein, die sich vor allem um die Pflanzen und die Tiere kümmern. Die helfen auch den

Bauern bei ihrer Arbeit, und mit den Alben stehen sie auf vertrautem Fuß. Das wäre nicht so schlimm; nur fragt sich Odin manchmal, ob die Welt denn Platz für zwei Göttersippen hat. Wer weiß, ob das auf die Dauer gutgehen kann! Odin denkt, daß man immer mit dem Schlimmsten rechnen muß. Vielleicht stellt sich eines Tages heraus, daß diese Wanen gefährlich werden können. Und deshalb versammelt er die Asen um sich und sagt ihnen: Wir müssen auf alles gefaßt sein. Wenn es Krieg gibt, ist es aus und vorbei mit dem sorglosen Leben auf Asgard! Dann geht es ums Ganze. Seid ihr bereit?

•

Zweites Kapitel DER KRIEG DER GÖTTER

Noch war es nicht soweit. Denn die Welt war jung. Alles mußte erst gelernt und ausprobiert werden. Die Vögel mußten lang üben, bis sie so gut singen konnten wie heutzutage, und die Bienen wußten noch nicht so genau, wie sie an den Honig kamen. Fliegen, Schwimmen, Laufen – das alles wollte gelernt sein. Noch war das Leben nicht festgelegt und festgefahren, alles konnte sich ändern. Auch die Menschen fanden erst nach und nach heraus, wozu sie fähig waren, zu Liebe und Treue, aber auch zu Haß und Verrat. Wer war Freund und wer Feind? Das war nicht immer leicht zu entscheiden. Die Zeit war voller Unsicherheit und Neugier. Zum Beispiel sahen die Menschen gar nicht ein, warum ein Mann nicht viele Frauen haben kann, und auch die Frauen nahmen es nicht so genau mit der Treue und wußten nicht, ob sie sich an einen halten sollten, oder ob es nicht lustiger mit mehreren war.

So war es auch bei den Göttern. Odins Frau war Frigga, die erste und vornehmste unter den Göttinnen. Mit ihr hatte er auch seinen erstgeborenen Sohn, der Baldur hieß. Aber das hinderte ihn nicht daran, sich auch mit andern Frauen einzulassen. Seinen zweiten Sohn, den Donnergott Thor, zeugte er mit einer Trollfrau, obwohl es zwischen Asen und Riesen einen uralten Streit gab. Aber man kann sich auch in eine Feindin verlieben – warum nicht? Vielleicht ist das sogar spannender.

Damals hat es auch Überläufer gegeben. Loki zum Beispiel, dessen Eltern Riesen waren, hat sich schon sehr früh mit Odin angefreundet und ist in Asgard, der Burg

der Götter, eingezogen. Ja, es war eine recht verworrene Zeit, das muß man schon sagen.

Auch Odin war rastlos. Es gab so vieles, was er nicht wußte, und das war ihm sehr unangenehm; denn als der oberste aller Götter wollte er sich wohl ganz genau auskennen in der Welt, über die er herrschte. Deshalb begab er sich auf die Wanderschaft, und damit ihn nicht jeder gleich erkannte, verkleidete er sich in tausenderlei Gestalten. Er sprach mit Tieren und Menschen, mit Trollen und Wahrsagerinnen, wo er sie traf. Wer die Welt erschaffen hat, sagte er sich, muß sie auch verstehen.

♦

Er wagte sich weit ins Land der Riesen, nach Jotunheim, hinein. Er hatte nämlich gehört, daß dort einer lebte, von dem es hieß, er sei das klügste von allen Geschöpfen. Dieser Troll hieß Mime. Er war ein Einsiedler, der sich fern von den andern Riesen hielt, und der Weg zu seiner Behausung war voller Gefahren. Was scherten Odin solche Hindernisse! Er wollte wissen, woher Mime seine Weisheit hatte, und als er ihn heimsuchte, sah er, wie der Troll aus einer Quelle trank. Das war Mimes Geheimnis; denn das Wasser aus diesem Brunnen macht jeden, der davon trinkt, jedesmal ein wenig klüger als zuvor.

»Ich will auch von deiner Quelle trinken«, sagte Odin. »Da könnte ja jeder kommen«, antwortete Mime. »Wer bist du überhaupt? Und wer hat dich eingeladen?« – »Ich bin nur ein gewöhnlicher Wanderer«, sagte Odin, der nicht wollte, daß jeder wußte, wer er war. »Diese Quelle ist nicht für jeden hergelaufenen Landstreicher da«, rief Mime. »Der einzige, der aus ihr trinken darf, bin ich!«

Odin versuchte es zuerst mit Versprechungen, doch Mime sagte: »Was kann ein Kerl wie du mir schon versprechen, das ich nicht selber hätte?« Und als sich Odin auf Drohungen verlegte, lachte er ihn aus. Nun muß man wissen, daß Odin damals noch ein sehr junger Gott war, dem es an Selbstvertrauen fehlte. Seiner Allmacht war er ganz und gar nicht sicher, und er hatte nicht das Gefühl, daß er der Klügste war. Vielleicht hat Mime mich durchschaut, dachte er, und er macht sich lustig über mich?

Aber so war es nicht, denn plötzlich fuhr ihn Mime an: »Gib mir eins von deinen Augen!« Odin traute seinen Ohren nicht. »Her damit!« rief der Troll. »Dann kannst du von meinem Brunnen trinken, soviel du willst.« Odin aber ließ sich durch Mimes Verlangen nicht abschrecken; denn noch nie war einer im Himmel oder auf der Erde so auf Weisheit und Erkenntnis erpicht wie er. Ohne einen Moment zu zögern, riß der Fremde sich ein Auge heraus, legte sich an die Quelle und trank. Da fiel es Mime wie Schuppen von den Augen, und er begriff, mit wem er es zu tun hatte. Er war schließlich der Klügste unter den Riesen. Das war kein gewöhnlicher Landstreicher, das war ein Gott! Und Mime beschloß, sich Odin anzuschließen, sein Freund und Ratgeber zu werden.

Mimes Quelle lag unter einer gewaltigen Baumwurzel. »Warum schlägst du diese Wurzel nicht ab?« fragte Odin. »Dann ist es bequemer, aus ihr zu trinken.« – »Wo denkst du hin? Weißt du nicht, daß es kein gewöhnlicher Baum ist, aus dem diese Quelle ihr Wasser zieht? Es ist die Weltesche Yggdrasil, die drei Wurzeln hat, eine hier, wo du jetzt sitzt, die zweite in Niflheim, weit im nördlichen Nebel, und die dritte …«

»Die dritte dort, wo ich herkomme«, sagte Odin. »Bei allen Göttinnen in Asgard.« – »Dann begreifst du wohl, daß man die Wurzeln dieses Baumes nicht antasten darf, denn er ist heilig, und wehe uns allen, wenn ihm jemand etwas zuleide tut. Ja, mein Freund, wer die Welt verstehen will, der muß wissen, was es mit Yggdrasil auf sich hat.«

Das nahm Odin sich zu Herzen, und als er wieder zu Hause war, legte er sich auf die große Wiese und blickte nach oben. Er sah, daß die Weltesche einer Säule glich, auf der der Himmel ruht. Aber er bemerkte auch, daß in ihrer Krone und unter ihrem Geäst allerhand Getier hauste. Von dem Honigtau, der aus ihrem Laub tropfte, lebten die Bienen. Die waren harmlos, aber von den vier

Hirschen, die zwischen den starken Ästen herumsprangen, konnte man das nicht sagen, denn sie rauften das Laub ab und nagten an den frischen Trieben. In Yggdrasils Wipfel nistet ein kluger Adler und zwischen seinen Augen hat sich ein Habicht niedergelassen. Und das ist noch nicht alles! Odin hat auch von der großen Schlange Neidhieb reden hören, die im fernen Niflheim zu Hause ist, an einer der drei Quellen. Ausgerechnet an der Wurzel soll sie sich niedergelassen haben. An der nagt und nagt sie, und wer weiß, wie lange die Esche das aushalten kann.

So geriet Odin ins Grübeln. Was geschieht, wenn der Baum verrottet oder wenn jemand ihn fällt, fragte er sich. Doch zögerte er auch, das zu ändern, was er nicht verstand, oder das zu vernichten, was er nicht leiden mochte. Lieber wollte er versuchen, zu schützen und zu hüten, was ihm gut und teuer schien. Vor allem mußte er sich um seine eigene Quelle kümmern, die mitten in Asgard entsprang. Ihr frisches Wasser speist einen Teich, auf dem zwei Schwäne schwimmen, und drei mächtige Frauen, die man die Nornen nennt, behüten sie: Urd, Werdande und Skuld, die das Gute und das Böse bestimmt. Also bat Odin als erstes die Nornen, die Wurzel jeden Tag reichlich zu wässern, damit die große Esche nie vermodern sollte. Außerdem befahl er, um Yggdrasil Ehre zu erweisen, daß die Asen fortan, um ihren Rat zu halten, an der Quelle sitzen sollten.

•

Das war auch dringend nötig, denn lange währte der Frieden nicht. Eines Tages tauchte in Asgard eine Hexe auf. Odin war nicht geneigt, sie zu empfangen. Aber er war und ist ja der Gott der Gastfreundschaft, und so blieb ihm nichts anderes übrig, als sich an seine eigenen Gesetze zu halten. Gullveig – so hieß der unerwünschte

Gast – leuchtete die Gier aus den Augen. Gold und Reichtum, das war für sie das Wichtigste auf der Welt, und mit dieser Liebe zum Gold suchte sie auch alle anderen anzustecken. »Wie könnt ihr nur glücklich sein, wenn ihr keine Schätze habt?« geiferte sie. Das waren starke Worte, die auch auf die Asen Eindruck machten. Schon dachten einige daran, auf Beute auszugehen.

Aber Odin sah beizeiten, wohin das führen mußte, und er warnte seine Leute. »Ohne diese Hexe«, sagte er, »wäre die Welt ein besserer Ort. Wir müssen sie loswerden.« Da ergriffen die Asen Gullveig, stachen mit ihren Speeren auf sie ein und warfen sie ins Feuer. Aber die Hexe war zäh. Als die Flammen abgebrannt waren, stand sie wieder auf und war so lebendig wie zuvor. Dreimal versuchten die Asen, sie auf den Scheiterhaufen zu werfen, doch jedesmal stieg sie frisch und munter aus dem Feuer. Die Götter konnten ihr nicht den Garaus machen, denn Gullveig war eine äußerst trickreiche Trollfrau, und noch dazu eine, die zaubern konnte. Den Asen aber war es nicht gegeben, mit Schwarzer Magie umzugehen. Ihre Kraft bestand nicht darin, zu trügen und zu lügen, sondern darin, Neues zu erschaffen.

Höhnisch lachend ging Gullveig ihres Weges, und seitdem wandert sie unter tausend falschen Namen und Masken durch die Welt und verleumdet die Asen. Überall stiftet sie Unfrieden unter den Menschen und freut sich jedesmal, wenn sie wieder eine Freundschaft zerstört oder einen Familienstreit angezettelt hat.

Zuerst aber machte sie sich auf den Weg nach Wanheim zu den unbekannten Göttern, die dort lebten. Mit herzbewegenden Worten schilderte sie den Wanen, welche Grausamkeiten sie in Asgard zu erdulden hatte. Die Wanen waren empört. Vielleicht war ihnen die Hexe auch sympathisch, weil sie, wie es heißt, selber reichlich viel Gefallen an der Zauberkunst fanden. Jedenfalls wußte Gullveig, wie sie es anstellen mußte, sie gegen die Asen aufzuhetzen. »Mag schon sein«, sagte sie, »daß die Asen die Welt erschaffen haben. Aber das heißt noch lange nicht, daß sie über alle andern herrschen sollen. Immer führen sie das große Wort, so als hätte unsereiner nichts zu sagen.«

Diese Reden gefielen den Wanen, die sich schon lange darüber geärgert hatten, daß sich niemand um sie kümmerte. »Recht hast du!« riefen sie. »Wir haben es satt, die zweite Geige zu spielen. So kann man mit uns Wanen nicht umspringen. Laßt uns ein Heer rüsten und denen auf Asgard zeigen, wer auf dieser Welt die Stärkeren sind.« Und das ließen sich die Wanen nicht zweimal sagen.

Aber Odin entgeht so leicht nichts, was auf der Welt vorgeht. Er bemerkte von seinem Hochsitz aus, wie sich die Wanen zum Kampf rüsteten. Schon von weitem sah er sie mit ihren Reitern anrücken, und er befahl den Seinen, sich zu rüsten. Vor den Mauern von Asgard trafen die beiden Heere aufeinander. Einen Augenblick lang standen sie Auge in Auge. Dann zögerte Odin nicht länger und warf seinen Speer in die Schar der Feinde. Der erste Krieg der Welt hatte begonnen.

Anfangs sah es ganz so aus, als behielten die Wanen die Oberhand. Sie hatten die stärkeren Flüche, die sie den Asen an den Kopf warfen, aber das war nur ein Teil ihrer Zaubertricks. Manche benützten Tarnkappen, andere täuschten Angreifer vor, die gar nicht da waren; wenn die Asen auf sie losgingen, fanden sie nur tote Baumstümpfe, auf die sie einschlugen. Sogar die Mauern der Götterburg erzitterten unter den Zaubersprüchen, und hie und da gelang es den Wanen, Breschen in die Festung zu schlagen und auf die große Wiese vorzudringen. Aber auf die Dauer waren die Machenschaften der Wanen der Kraft der Asen nicht gewachsen, und die Angreifer wurden in die Flucht geschlagen. Das Heer der Götter trieb sie vor sich her bis in ihr eigenes Gebiet, und nun begann ein Plündern und Brandschatzen in Wanheim, das den Besiegten die Tränen in die Augen trieb. Der Kampf kostete auf beiden Seiten vielen das Leben. Odins Brüder fielen, aber auch die alte Hexe Gullveig überlebte nicht.

Doch die Wanen wehrten sich erbittert, und je länger der Krieg dauerte, desto mehr mußten die Kämpfer einsehen, daß keine der beiden Seiten gewinnen würde. Wenn keiner diesem Wahnsinn ein Ende machte, stünde bald die ganze Welt in Flammen. Deshalb beschlossen die Anführer zu verhandeln. Ein Treffen der Gesandten wurde vereinbart, und nach langem Hin und Her riefen sie einen Waffenstillstand aus. Als Unterpfand des Friedens tauschten sie Geiseln aus. Die Wanen sandten einen ihrer besten Männer nach Asgard. Er hieß Njord, und er brachte einen Sohn und eine Tochter mit, Frei und Freia. Dafür mußten die Asen Huhne, einen der Ihren, nach Wanheim schicken, und Mime, der klügste aller Trolle, Odins Freund, mußte ihn begleiten.

Odin wollte den Streit ein für allemal zu Ende bringen. Deshalb befahl er, daß die drei Geiseln aus Wanheim wie Gäste behandelt werden sollten. Er räumte ihnen sogar einen Platz im Rat der Götter ein. »Von nun an«, sagte er, »sollen sie gleiche Rechte und Pflichten wie wir alle haben und zu uns gehören.« Im Gegenzug wählten die Wanen Huhne zu ihrem Häuptling.

Odins Entscheidung war klug, denn auf diese Weise erfuhren die Asen vieles, was sie von ihren Gegnern nicht gewußt hatten: wie es in Wanheim zuging, und was für seltsame Sitten dort herrschten. Zum Beispiel war es bei den Wanen immer noch der Brauch, daß Geschwister einander heirateten. Njord war einer von denen, die ihre eigene Schwester geschwängert hatten, und so waren Frei und Freia enger miteinander verwandt als andere Leute.

Noch viel spannender war das, was die Asen über die magischen Künste der Wanen zu hören bekamen: daß Njord sich darauf verstand, den Wind, die See und das Feuer zu beherrschen; wenn er will, kann er Glück beim Fischen und Heil bei der Jagd herbeizaubern. Und Frei ist noch mächtiger als sein Vater, denn er kann gutes

und schlechtes Wetter machen und ist Herr über alles, was wächst. Auf diese Weise bringt er denen, die er schätzt, Wohlstand und Frieden. Aber die reizendste und gefährlichste unter den Wanen ist doch seine Schwester Freia. Keine auf der Welt ist schöner als sie. Sie fährt einen Wagen, der von zwei Katzen gezogen wird, und wenn sie fliegen will, verwandelt sie sich in einen Falken. Wenn sie weint, vergießt sie Tränen aus schierem Gold. Vor allem aber ist sie die Göttin der Liebe, und von allen Mächten, die das Leben der Götter und der Menschen beherrschen, ist die Liebe die stärkste.

•

Das alles vernahmen die Asen, und sie konnten von diesen neuen Wundern nicht genug kriegen. Odin merkte sich alles, was er zu hören bekam, aber auch Loki, der Riesensohn, der mit ihm Blutsbrüderschaft geschlossen hatte, spitzte die Ohren. Loki ist ein ausgesprochen hübscher Troll, aber man kann ihm nie ganz über den Weg trauen, denn er ist listig und gemein. Insgeheim hält er es immer noch mit dem Clan der Riesen. Doch Odin hat von Anfang an einen Narren an ihm gefressen und vertraut seiner glatten Zunge. Loki versteht sich auf die Kunst, Worte zu verdrehen und alles zu seinem Vorteil zu wenden. Schon vorher war ihm die Zauberkunst nicht fremd, aber was er nun von den Wanen gelernt hat, macht ihn noch viel gefährlicher.

Der erste, den er in seiner Bosheit aufs Korn nahm, war Thor, Odins erstgeborener Sohn. Der hatte von der Klugheit seines Vaters kaum etwas geerbt. So simpel, wie er war, bot er sich Loki als leichtes Opfer an. Außerdem ist er hitzig und kann sich nur schwer beherrschen. Andererseits fehlt es ihm nicht an Gerechtigkeitssinn; gern beschützt er die Schwachen, wenn ihnen jemand Unrecht tut. Jedesmal, wenn die Riesen in Mitgard einfallen, um die Menschen zu plagen, ist Thor zur Stelle, um ihnen zu helfen. Da sind die Trolle gut beraten, wenn sie von ihren Opfern ablassen und fliehen; denn Thor ist groß und stark, und wenn er seinen Gürtel anlegt, verdoppeln sich seine Kräfte. Er haßt Verrat und Ränkespiele. Wahrscheinlich war das der Grund dafür, daß Loki sich gerade ihn ausgesucht hat, um eine Probe seiner Tücke zu liefern.

•

In der Nacht können sich die Asen sicher fühlen. Sie schlafen ruhig, denn sie wissen, daß Heimdal, der Gott, der am Fuß der Regenbogenbrücke wohnt, Wache hält. Der braucht weniger Schlaf als ein Vogel, und er kann, ob es Tag oder Nacht ist, hundert Meilen weit sehen. So gute Ohren hat er, daß er nicht nur das Gras, sondern auch die Wolle an den Schafen wachsen hört. Kein Feind kann sich den Mauern von Asgard nähern, ohne daß Heimdal es merkt.

Aber diesmal kommt der Feind nicht von draußen. Der Schwarzgewandete, der sich da von Haus zu Haus schleicht, ist einer von den eigenen Leuten. Jetzt nähert er sich einem riesigen Gebäude, das vierhundertfünfzig Zimmer hat. Thor hat sich in seinem Übermut dieses Haus gebaut. Aber heute schläft er nicht in seinem Bett. Er ist hinausgeritten, um gegen die Riesen zu kämpfen.

Alle Lichter sind gelöscht, und es ist still im ganzen Haus. Der Eindringling geht auf Zehenspitzen durch die Flure und blickt durchs Schlüsselloch in jedes Zimmer. Endlich findet er, was er gesucht hat. Der Mond scheint durchs Fenster, und in seinem schwachen Schein sieht er Thors Frau daliegen. Die heißt Siv. Ihr langes, weiches Haar fällt über die Bettkante. Der Schwarzgekleidete lächelt. Dann macht er sich so klein, daß er durchs Schlüsselloch in Sivs Schlafzimmer kommt.

Am andern Morgen kommt Thor nach Hause. Wieder einmal hat er die Riesen besiegt. Jetzt ist er müde und möchte sich ausschlafen. Er ruft: »Liebe Siv, laß mich herein!« Aber Siv antwortet ihm nicht. Er hört, wie sie weint, und hitzig, wie er ist, sprengt er sogleich die Türe auf. »Schau mich nicht an«, bittet ihn seine Frau, »bitte, schau mich nicht an!« Und sie versteckt sich unter der Bettdecke. Ungeduldig reißt Thor die Decke in die Höhe, und was er da zu sehen bekommt, erfüllt ihn mit rasender Wut. Denn Siv, die so wunderbares Haar hatte, daß sogar Freia, die Liebesgöttin, neidisch wurde, ist am ganzen Kopf kahl wie eine Puppe. »Wer hat das getan?« brüllt Thor. »Ich weiß es nicht«, sagt Siv. »Ich bin eingeschlafen, und als ich aufwachte …« Sie bricht in Tränen aus. Thor glaubt ihr; ja, er ahnt sogar, wer das gewesen sein könnte. Und er hat richtig geraten.

Denn zur gleichen Stunde sitzt Loki bei seinen Kumpanen und prahlt. »Oh, bei Siv war ich mehr als willkommen. Sie hatte nichts dagegen, im Bett Besuch zu bekommen.« Großes Gelächter. »Kein Wunder«, sagen

Lokis Freunde. »Thor ist ja fast nie zu Hause.« Aber das Lachen vergeht ihnen rasch, denn nun steht Thor in der Tür. Seine Augen sprühen Funken, und er hat drohend seine Faust erhoben. »Immer mit der Ruhe«, zwitschert Loki. »Du wirst doch ein wenig Spaß verstehen, oder nicht?« Thor geht auf ihn los, und es sieht ganz so aus, als wolle er ihm alle Knochen brechen. Im letzten Augenblick werfen sich Lokis Kumpane dazwischen.

»Ich bringe dich um, wenn du ihr nicht neues Haar verschaffst«, ruft Thor und versucht sich loszureißen. »Ich verspreche es«, winselt Loki, »hoch und heilig!« – »Dir werde ich Beine machen! Neues Haar, und zwar sofort. Ich will, daß es noch schöner wird als das, das du ihr abgeschnitten hast.« – »Ja, ja«, jault Loki. »Gib mir nur ein paar Tage Zeit.« Erst da löst Thor den Würgegriff um Lokis Kehle, und der Übeltäter rennt davon. »Versuche ja nicht, dich zu drücken«, brüllt Thor ihm nach. »Sonst kannst du etwas erleben! Ich finde dich überall, und wenn du dich in den Gluten von Muspilheim versteckst.«

Wie wird sich Loki aus der Schlinge ziehen? Ach, dieser Kerl ist nie um Rat verlegen. Er macht sich auf den Weg zu den Schwarzalben, die unter der Erde wohnen. Die Strecke kennt er von früher, und in den Höhlen und Grotten kennt er sich aus. Die einzigen, die ihm helfen können, sind die Zwerge; denn sie verstehen sich auf die Schmiedekunst.

»Ich brauche Fäden aus Gold, Tausende von langen, feinen Fäden, so dünn wie Menschenhaar.« – »So«, sagen die Zwerge. »Wozu denn?« – »Meine Frau«, antwortet Loki, »hat bei einem Feuer ihre Haare eingebüßt, und ich will ihr neue schenken.« – »Das ist aber viel Arbeit«, erwidern die Zwerge. »Und überhaupt, warum sollen wir dir helfen?«

Aber Loki weiß immer eine Antwort. »Stellt euch nur einmal vor, wie berühmt ihr in Asgard werden könnt, wenn ihr tut, was ich von euch verlange! Man muß sich gut mit den Asen stellen, denn sie sind sehr mächtig, besonders Odin. Ihr solltet ihn als Freund und Beschützer gewinnen.«

Schon haben die Zwerge mit ihrer Arbeit angefangen. Überall hört man sie hämmern, und in unbegreiflich kurzer Zeit haben sie tausend Goldfäden fertig geschmiedet. Nun murmeln sie Beschwörungen und Zauberformeln. »Deine Frau braucht sich das Goldhaar nur auf den Kopf zu setzen«, versichern sie Loki, »schon wird es festsitzen und weiterwachsen.«

Aber Loki ist noch nicht zufrieden. In seinem Übermut bittet er die Zwerge noch um ein paar andere Gefälligkeiten.

»So flink, wie ihr seid, wird euch das sicher nicht viel Mühe machen. Die Sache ist nämlich so: Ich möchte nicht gern ohne ein paar Geschenke nach Asgard zurückkehren. Wißt ihr nicht ein oder zwei andere

Kunststücke, mit denen ihr euch bei den Göttern einschmeicheln könnt?«

Gutmütig, wie sie sind, machen sich die Zwerge von neuem ans Werk. Zuerst schmieden sie einen Speer, der Gügne heißt. Das ist keine gewöhnliche Waffe. Denn diesen Speer kann kein Schild und keine Mauer aufhalten, und er trifft immer mitten ins Ziel.

»Habt ihr nicht eine Idee für die Seefahrt?« fragt Loki, der Nimmersatt. »Warum nicht«, sagen die Zwerge, und sie bauen ein Schiff, das nicht nur auf dem Wasser, sondern auch auf dem Land fahren kann. Außerdem ist es so beschaffen, daß es immer Rückenwind hat; es heißt Skidbladner, und obwohl es groß genug ist, um alle Asen samt ihren Waffen zu tragen, kann man es, wenn man es nicht mehr braucht, wie ein Tuch zusammenfalten und in die Tasche stecken.

»Wunderbar«, sagt Loki. »Das wird ein Aufsehen machen in Asgard! Vielen Dank für eure Hilfe!« Und schon ist er auf dem Heimweg. Ein paar Höhlen weiter kommt er an einer anderen Werkstatt vorbei und hört, wie dort zwei Zwerge klopfen und hämmern. Brokk und Sinder sind Brüder, und unter den Schmieden sind sie für ihre Kunst berühmt. Was gilt es, ich versuche bei denen noch einmal mein Glück, denkt Loki, tritt ein und zeigt den beiden seine Kostbarkeiten.

»So etwas Feines habt ihr gewiß noch nie gesehen. Schaut nur, was eure Vettern da zustande gebracht haben! Da können Zwerge wie ihr nie und nimmer mithalten. Darauf will ich meinen Kopf wetten.«

»So?« rufen die beiden Brüder wie aus einem Mund. »Da kennst du uns aber schlecht! Was die können, können wir auch.« Sie tuscheln miteinander und verschwinden in der Schmiede. Loki muß draußen warten. »Sollen wir die Wette eingehen?« fragt Brokk. »Dieser

Loki ist doch nur ein Windbeutel. Eine Pest und eine Plage.« – »Das mag schon sein. Aber daß wir schlechtere Schmiede sind als unsere Vettern, das können wir nicht auf uns sitzen lassen«, meint Sinder. »Und was haben wir schon zu verlieren?« – »Also gut«, sagt Brokk. »Meinetwegen. Machen wir uns an die Arbeit.«

Vor der Schmiede sitzt Loki und lauscht ihrer Unterhaltung. Ich bin gespannt, was ihnen einfallen wird, denkt er. Am besten ist es, ich behalte sie im Auge, damit sie keinen Unsinn treiben. Und er verwandelt sich in eine winzige Mücke, fliegt in die dunkle Schmiede und setzt sich an die Wand.

Er sieht, wie Sinder Gold in kleine Stücke schneidet, sie in die Esse legt und eine große Schweinehaut darüber wirft. »Ich muß ein wenig Luft schnappen«, sagt er. »Du, Brokk, paßt solange auf den Blasebalg auf, damit das Feuer nicht ausgeht.« Kaum ist Brokk allein, da setzt sich eine Mücke auf seinen Arm und kitzelt und sticht ihn. »Verfluchtes Biest«, ruft er, aber stören läßt er sich nicht, und als sein Bruder wiederkommt, holen sie ihr Werk aus der Esse. Siehe da, es ist ein großes Schwein geworden, ein Eber mit Borsten aus reinem Gold.

Als nächstes schmiedet Sinder einen starken goldenen Armring. »Damit auch die Frauen etwas Schönes haben«, sagt er. Doch das dritte und letzte Meisterstück macht er nicht aus Gold, sondern aus Eisen. Das ist eine schwere Arbeit. Lange muß Sinder hämmern, bis er den Klotz in die Esse werfen kann. »Bei dieser Hitze schwitzt man sich das Fleisch von den Knochen. Ich muß hinaus an die frische Luft. Hüte mir solange den Blasebalg«, bittet er den Bruder, »aber paß gut auf! Wenn du auch nur einen Augenblick lang aussetzt, ist die ganze Arbeit umsonst.«

Schon ist die aufdringliche Mücke wieder zur Stelle. Diesmal setzt sie sich genau zwischen Brokks Augen. Als sie zusticht, tut es so weh, daß der Zwerg einen Augenblick lang den Blasebalg fahrenläßt, um sie zu verscheuchen. Ausgerechnet jetzt kommt Sinder wieder. »Hab ich dir nicht gesagt, du sollst aufpassen?« ruft er ärgerlich. Vorsichtig nimmt er das Werkstück aus der Esse. »Das war aber knapp«, murmelt er. »Um ein Haar hätten wir es zum alten Eisen werfen können. Aber zum Glück hat es nur den Schaft getroffen. Er ist ein bißchen zu kurz geraten. Doch ansonsten ist es ein Hammer, der nicht seinesgleichen hat!«

»Ach, ihr seid schon fertig«, sagt Loki mit seiner besten Unschuldsmiene, als Brokk und Sinder aus der Schmiede kommen. »Das ist aber schnell gegangen.« Er grinst, während Sinder ganz erschöpft ist. »Das ist aber ein schönes Hämmerchen!«

»So, und jetzt verschwindest du«, sagt Sinder. »Und du, Brokk, nimmst den Hammer, den Ring und den Eber mit und folgst ihm nach Asgard. Die Götter sollen entscheiden, wer die Wette gewonnen hat, und ich bin sicher, daß sie diesen Kerl um einen Kopf kürzer machen.«

•

Schon von weitem sieht Heimdal, der Wächter, Loki kommen. Thor kann es kaum erwarten, ihn dafür zu strafen, was er Siv angetan hat, und er ruft die Götter zusammen. Odin nimmt auf seinem Thron Platz, und als Loki mit heiterster Miene auftaucht mit dem Zwerg im Gefolge, ist die Stimmung eisig. »Ihr werdet staunen über die großartigen Geschenke, die ich mitbringe«, prahlt er. »Sechs Wunderdinge, die ich den Zwergen abgehandelt habe für viele gute Worte!« – »Weh dir«, brüllt Thor, »wenn kein goldenes Haar dabei ist«, und Brokk murmelt: »Rede nur, solange du noch eine Zunge hast, alter Lügner!« Den Asen erklärt er mit gerunzelter Stirn die Wette, die er und Sinder mit Loki abgeschlossen haben. »Es geht um seinen Kopf«, ruft er. Aber wer soll entscheiden, ob die Zwerge recht behalten? Die Götter beschließen, daß Odin, Thor und Frei das letzte Wort in dieser Sache haben sollen.

Aber zuvor zeigt Loki, was er sonst noch alles mitgebracht hat. Er will gut Wetter bei den Richtern machen. Und tatsächlich macht seine Beute großen Eindruck. Die Asen bewundern Gügne, den Speer, der nie sein Ziel verfehlt. Loki überreicht ihn Odin, der sich begeistert zeigt. Das wunderbare Schiff Skidbladner schenkt er Frei, und schon ist der zweite Richter hoch erfreut. Nur Thor blickt immer noch drohend in die Runde. Da zieht Loki das Goldhaar aus der Tasche und überreicht es Siv. Kaum hat sie es sich auf den Kopf gesetzt, ist es schon angewachsen, und Thor muß gestehen, daß sie nie schöner ausgesehen hat.

»Und jetzt zu eurer Wette«, spricht Odin. Brokk tritt vor und zeigt den Asen seinen goldenen Ring. »Er heißt Draupne«, erklärt er. »Aber ihr ahnt gar nicht, wie wertvoll er ist. Denn über Nacht tropfen aus diesem Ring acht genauso große Ringe hervor. Dies ist ein Geschenk meines Bruders für Odin.« Dann zeigt er den goldenen Eber vor. »Er heißt Gullborste und ist schneller als das schnellste Pferd«, erklärt er. »Er kann durch die Luft und auf dem Wasser laufen, und wo er hinrennt, da wird es nie dunkel, so hell schimmern seine Borsten. Das, Frei, ist unser Geschenk für dich.« Endlich holt er den Hammer hervor, den Sinder geschmiedet hat. »Der ist für dich, Thor. Er ist härter als Diamant, und wohin du ihn auch wirfst, er wird immer zu dir zurückkehren. Sieh nur!« Und er schleudert den Hammer weit fort und fängt ihn wieder auf. Jetzt ist Thor glücklich über sein neues Spielzeug. »Oh, das ist noch nicht alles«, setzt Brokk hinzu. »Wenn du es wünschst, kannst du den Hammer auch verstecken. Du brauchst ihn nur in deiner Hand verschwinden zu lassen. So!« Er macht es vor. Thor kann es nicht erwarten, diese neue, mächtige Waffe auszuprobieren. »Hat er auch einen Namen?« fragt Odin. »Der Hammer heißt Mjölner«, sagt Brokk und verneigt sich vor dem Götterkönig.

Welches von diesen Geschenken ist das allerschönste? Die Wahl fällt den Asen schwer. Loki hat es mit der Angst bekommen und mischt sich ein. »Der Hammer ist es auf keinen Fall«, behauptet er. »Schaut euch nur den Schaft an. Der ist doch viel zu kurz.« Doch Odin, Thor und Frei sind anderer Meinung. Sie wissen, daß Mjölner der beste Schutz vor Angreifern ist, den sich die

Asen wünschen können. »Brokks Geschenk ist unübertroffen«, urteilen sie. »Du, Loki, hast deine Wette verloren.«

»Das kostet dich deinen Kopf«, sagt der Zwerg und zieht sein Schwert. »Aber mein Lieber«, wendet Loki ein, »was hast du denn davon, wenn du mich umbringst? Mit einem Totenkopf kannst du doch nichts anfangen. Willst du nicht lieber einen Haufen Gold haben? Ich zahle dir Kopfgeld, soviel du willst.« – »Gold haben wir selber«, sagt Brokk. Da versucht Loki, sich aus dem Staub zu machen, doch Thor ist auf der Hut und fängt den Übeltäter ein.

»Also gut«, ruft Loki, »wenn es sein muß, dann nimm eben meinen Kopf. Nur den Hals und den Nacken darfst du nicht antasten, denn so haben wir nicht gewettet.« Die Asen lachen. Wieder einmal hat Loki es fertiggebracht, den Kopf aus der Schlinge zu ziehen. Nur Brokk ist wütend. »Verdammt sei deine Lügenzunge«, schimpft er, und im Nu hat er einen Pfriem und einen Lederriemen aus der Tasche gezogen und näht damit dem verblüfften Loki die Lippen zusammen. Das ist fast so schlimm für ihn, als hätte ihn seine Wette Kopf und Kragen gekostet; denn ohne sein loses Maul ist er verloren. Die Götter machen sich lustig über ihn, und Loki läuft wütend nach Hause.

»Was ist denn mit dir los«, fragt seine Frau Sigyn, aber er bringt nur ein unverständliches Stöhnen hervor. Sie ruft ihre beiden Söhne herbei, und gemeinsam ziehen sie den Riemen aus seinen Lippen. Das tut allerdings weh. »Eine Schande, wie sie dich zugerichtet haben«, schimpft Sigyn, »wo du doch so klug und tüchtig bist. Eigentlich bist du der Gescheiteste unter den Asen. Nicht einmal Odin kann dir das Wasser reichen.« – »Wohl wahr«, brummt Loki und tupft sich das Blut von den Lippen. »Aber meine Zeit kommt noch, und dann werde ich es ihnen heimzahlen.«

•

Immerhin herrscht jetzt Frieden in Asgard. Der Krieg mit den Wanen ist glücklich überstanden. Nur die große Mauer um das Heim der Götter liegt immer noch in Trümmern. Schon seit langem ist es beschlossen, sie wieder aufzubauen. Aber der Frieden hat die Asen faul und bequem werden lassen, und sie sagen sich: »Wenn uns die Riesen angreifen, wird Heimdal uns schon rechtzeitig warnen, und den Rest besorgt dann Thor mit seinem unfehlbaren Hammer.«

Eines Tages kommt ein Mann geritten und bittet Heimdal, ihn über die Brücke zu lassen. »Ich habe euch einen Handel vorzuschlagen«, erklärt er den Asen. »Ich biete euch an, die große Mauer um Asgard wieder aufzubauen, und zwar so hoch und so stark, daß es niemand mehr wagen wird, gegen sie anzurennen.« »Wie lange brauchst du, um das Werk zu vollenden?« fragt Odin. »Eineinhalb Jahre«, antwortet der Baumeister. »Und welchen Lohn verlangst du? Ganz umsonst wirst du wohl nicht für uns arbeiten wollen.«

»Oh«, sagt der Mann, »ich fordere weiter nichts, als daß ihr mir Freia zur Frau gebt. Und als Mitgift hätte ich gerne die Sonne und den Mond.« Die Götter wissen nicht, ob sie wütend werden oder lachen sollen. Odin hätte den Kerl am liebsten hinausgejagt, aber da mischt Loki sich ein. »Wir schulden unserm Gast jedenfalls eine Antwort auf sein Angebot«, meint er. »Laßt ihn draußen vor dem Tor warten, während wir uns beraten.«

Der Baumeister wird vor die Tür gesetzt. Odin ruft: »Was gibt es da schon zu beraten! Der Kerl ist ja verrückt.« Aber Loki hat eine Idee. »Wir geben ihm einfach eine so kurze Frist, daß er unmöglich beizeiten fertig werden kann. Auf diese Weise schuftet er mit aller Kraft, und am Ende geht er leer aus. Wir bekommen den größten Teil der Mauer umsonst und brauchen keinen Finger zu rühren.« Das leuchtet den Asen ein, und der Baumeister wird wieder in den Saal gerufen.

»Morgen fängt der Winter an«, sagt Odin. »Wenn du bis zum ersten Sommertag fertig wirst, sollst du den Preis bekommen, den du verlangst.« – »Was?« ruft der Besucher, »die ganze Mauer im Lauf eines einzigen Winters?« – »Und zwar ganz allein, ohne fremde Hilfe.« Der Baumeister denkt nach. Es ist ihm gar nicht wohl bei dieser Forderung. »Aber mein Pferd darf ich wohl brauchen?« fragt er endlich. Odin ist unschlüssig und wendet sich an Loki. Der zischt ihm ins Ohr: »Sag ja! Es ist doch ganz und gar unmöglich, daß er es schafft.« Und so wird es mit Handschlag abgemacht und beschworen. Die Asen lachen froh und loben Loki für seinen schlauen Plan.

Doch als der Baumeister sich an die Arbeit macht, stellt sich heraus, daß er wirklich über Riesenkräfte verfügt, und auch sein Pferd kann unglaubliche Lasten ziehen. Es sieht ganz so aus, als bräuchten beide keinen Schlaf, denn sie arbeiten Tag und Nacht. Untertags zieht der Meister die Mauern hoch und nachts schleppt er mit seinem Pferd die großen Steinbrocken herbei. Manchen unter den Asen wird die Sache unheimlich. »Und wenn er nun tatsächlich fertig wird, was machen wir dann?« fragen sie. Aber Loki wiegelt ab. »Wartet nur, bis es schneit«, sagt er. »Dann wird es langsamer vorangehen.«

Der Wind heult fast wie ein verlassener Hund, dicke Schneewehen decken die große Wiese von Asgard zu, es ist so kalt, daß die Suppe auf dem Tisch gefriert, doch den Baumeister scheint das nicht zu stören. Die Mauer wächst von Tag zu Tag, und Odin macht sich Sorgen.

Als es zu tauen anfängt, sieht es schlecht für die Asen aus. »Was machen wir nur, wenn der Mann fertig wird?« fragen sie sich. »Sollen wir ihm wirklich Sonne und Mond geben und die Welt zugrunde richten? Und was ist mit Freia? So rede doch, Odin!« – »Das kommt gar nicht in Frage«, ruft der Götterkönig. »Die Göttin der Liebe mit diesem hergelaufenen Handwerker! Obwohl ... obwohl ... Ein Versprechen ist ein Versprechen, und ein Schwur ist ein Schwur. Das ist alles deine Schuld«, sagt er und schaut Loki schief an.

Die Stimmung in Asgard ist trübe. Thor ist wütend und hält es nicht mehr zu Hause aus. Er zieht in den Osten, um seiner Lieblingsbeschäftigung, dem Kampf gegen die Riesen, nachzugehen. Freia läßt sich nicht mehr blicken; sie hat sich eingeschlossen und will mit niemand reden.

Drei Tage vor Sommeranfang ist der Baumeister so weit, daß er nur noch die Burgpforte fertigstellen muß. Da beruft Odin eine Ratsversammlung ein. Alle klagen

Loki an. Das kommt davon, sagen sie, wenn man auf diesen Lügner hört. Aber Lokis Frau erinnert daran, daß alle mit seinem Vorschlag einverstanden waren, und damit hat sie recht. Frei läßt sich nicht beschwichtigen. »Falls dieser Lumpenkerl mit meiner Schwester Freia davonzieht, Loki«, brüllt er, »dann hast du nichts mehr zu lachen. Dann breche ich dir sämtliche Knochen im Leib, und du stirbst einen langsamen und schmerzhaften Tod.«

Loki fleht Odin um Hilfe an, aber der hört nicht auf ihn. Sein Blick ist kalt und unerbittlich. »Und wenn du hundertmal mein Milchbruder bist«, ruft er, »das wird dir nichts nützen. Du hast uns in diese Klemme gebracht. Nun sieh zu, wie du uns und dir wieder heraushilfst!«

Am selben Abend – der Baumeister ist gerade dabei, die letzten Steine herbeizuschaffen – erscheint plötzlich aus dem Wald eine fremde Stute. Sie wiehert verspielt, schlägt mit den Hinterläufen, schlägt übermütig mit dem Schwanz und tanzt um den großen Hengst des Baumeisters herum. Der kann ihr nicht widerstehen, und die beiden Pferde verschwinden im Wald. Der Baumeister stolpert durch die Nacht und versucht sie einzufangen, aber er kann sie nirgends finden.

Am andern Morgen kehrt sein Hengst zurück, aber da ist es zu spät. Für die Burgpforte fehlen die Steine. Er kann den Bau nicht fertigstellen. Die Asen sind herbeigeeilt und schauen ihm zu. Seine ganze Arbeit war vergebens. »Ihr habt mich hereingelegt!« schreit er und droht ihnen mit der Faust. Vor lauter Wut zeigt sich seine Trollnatur. Er sprengt seine Verkleidung, und die Asen merken, daß er kein Mensch ist, sondern einer von den Riesen. Immer größer bäumt er sich auf, und schon will er handgreiflich werden, da kehrt Thor von seinem Ausflug zurück. Der Hammer Mjölner saust durch die Luft und zerschmettert den Schädel des Trolls.

Aber wo ist Loki? Er hat sich vorsichtshalber aus dem Staub gemacht und wagt sich erst spät im Herbst wieder nach Hause. Er humpelt, und hinter sich zieht er ein graues Fohlen her, das acht Beine hat. »Was ist denn das?« fragt Odin. »Das ist mein Geschenk für dich«, sagt Loki. »Dieses Fohlen heißt Sleipnir, und wenn es aufgewachsen ist, wird sich kein anderes Pferd mit ihm messen können. Auf Sleipnir kannst du ins Totenreich reiten und unversehrt wiederkehren.« – »Sag mir, wo du es herhast«, fragt Odin und streichelt das Fohlen. »Ganz einfach«, antwortet Loki, »ich habe es selber zur Welt gebracht.« Da verstand Odin, daß die Stute, die sich mit dem Hengst des Baumeisters herumgetrieben hatte, eine von Lokis Verwandlungen war. »Du mit deinen Zauberkünsten!« murmelt er und schenkt ihm einen bewundernden Blick. Soviel ich auch weiß, denkt er, aus Loki werde ich wohl nie richtig klug werden.

•

Lange Zeit hat der Frieden zwischen Asen und Wanen gehalten, aber eines Tages geht er zu Ende. Etwas Großes, Blutiges wird über die Mauer nach Asgard herein-

geworfen. Es ist ein Kopf, der über die große Wiese rollt – Mimes Kopf. Die Wanen haben ihn abgeschlagen, und niemand weiß, warum. Vielleicht, weil er ein alter Freund Odins war? Der König der Asen hebt ihn auf und reibt ihn mit einer Salbe aus Kräutern ein. Er kennt auch die richtigen Beschwörungsformeln; denn mit der Zeit ist Odin ein Meister der Zauberkünste geworden. Und tatsächlich, das Wunder geschieht. Der Kopf wird wieder lebendig. Mime schlägt die Augen auf, er macht den Mund auf und fängt an zu reden.

»Was ist passiert?« fragt Odin. »Es sieht übel aus«, antwortet Mimes Kopf. »Die Wanen finden, daß sie einen schlechten Handel gemacht haben, als sie Njord, Frei und Freia gegen Huhne und mich ausgetauscht haben.« – »Aber dieser Tausch war doch das Unterpfand des Friedens. Außerdem haben die Wanen selber den Huhne zu ihrem Häuptling gewählt. Worüber beklagen sie sich?« – »Ja«, spricht Mimes Kopf, »das ist es eben! Diese Wahl haben sie oft bereut. Anfangs ging alles gut, und sie waren froh, daß der Krieg vorbei war.« – »Na also! Und was Huhne betrifft, so ist er stark und hochgewachsen, ein echter Häuptling.« – »Ja, er sieht gut aus, das kann niemand bestreiten. Aber das ist auch alles, was für ihn spricht. Breite Schultern und schmale

Hüften. Nur, um ordentlich zu regieren, braucht es auch ein wenig Verstand, und daran fehlt es ihm.« – »Er hatte doch dich als Ratgeber, Mime«, sagt Odin. »Da konnte er kaum etwas falsch machen.« – »Gewiß«, antwortet der Kopf. »Aber wie sollte ich denn Tag und Nacht aufpassen, daß er keine Dummheiten macht? Solange ich dabei war, ist alles gutgegangen. Aber kaum ließ ich ihn aus den Augen, da wußte er nicht, was er machen sollte. ›Das müßt ihr selber entscheiden‹, sagte er. ›Wie soll ich das wissen?‹ Und dabei bildete er sich noch wunder was ein. Du mußt wissen, daß er ziemlich größenwahnsinnig geworden ist. Er wäre es, behauptet er, der mit dir zusammen die Welt erschaffen hat; auch den Menschen hat er angeblich die Seele eingehaucht.« – »Dummes Gerede«, sagt Odin. – »Ja, das fanden die Wanen auch. Und eines Tages hatten sie es satt, ihm zu folgen.« – »Aber warum haben sie dann dich umgebracht und nicht ihn?« fragt Odin. – »Ich glaube, sie wollten der Welt zeigen, was für ein Dummkopf dieser Huhne ist. Ohne mich bringt er nichts zustande und macht sich zum Gespött von ganz Wanheim.« – »Das geht zu weit!« ruft Odin erbost. »Nicht nur lachen sie Huhne aus, der immerhin einer der Unseren ist, sie vergreifen sich auch noch an dir, meinem alten Freund!« – »Ja«, antwortet der Kopf ruhig. »Es reut sie, daß sie Frieden mit den Asen geschlossen haben. Sie glauben, daß sie besser und klüger sind als ihr.« – »Wenn sie Krieg haben wollen, sollen sie Krieg haben«, sagt Odin. »Und diesmal werden wir bis zum Ende kämpfen.«

•

Die Asen rüsten ein mächtiges Heer. Odin teilt seine Truppen in zwei Teile. Die größte Schar, angeführt von Tyr, zieht auf dem Landweg gen Wanheim. Tyr ist nicht der stärkste unter den Asen, aber keiner ist kühner und unverfrorener. Odin selbst steht an der Spitze der zweiten Truppe. Er wählt den Seeweg. Von Frei leiht er sich das Zauberschiff, das ihm die Zwerge geschenkt haben, und das auf dem Land so gut wie auf dem Wasser fährt. Frei und Njord, die von den Wanen abstammen, erlaubt Odin nicht, mit ins Feld zu ziehen, damit sie nicht gegen ihre Verwandtschaft kämpfen müssen. Sie bleiben in Asgard, um die Burg im Notfall zu verteidigen.

Der zweite Krieg wird härter als der erste, aber diesmal haben die Asen bessere Waffen, und auch in der Zauberkunst sind sie den Wanen ebenbürtig geworden. Der Gegner merkt, daß er der Übermacht der Asen nicht gewachsen ist, und zieht sich nach Wanheim zurück. Immer wieder greifen die Asen die belagerte Festung an, aber die Mauern halten stand, bis endlich dunkle Wolken aufziehen und ein seltsames Dröhnen die Luft erfüllt. Die Asen haben noch eine unangenehme Überraschung für ihre Feinde bereitgehalten. Ein Fuhrwerk, von zwei Böcken gezogen, rollt donnernd über den Himmel. Sein Lenker ist Thor, der, mit Eisenhandschuhen angetan, Blitze in die Festung schleudert. Mit der einen Hand treibt er die Zauberböcke an, in der anderen schwingt er Mjölner, seinen Hammer.

Bald fällt die Festung, und die Wanen ergeben sich. Huhne besiegelt den Frieden und kehrt zu den Asen zurück. Aber diesmal endet der Krieg nicht wie beim ersten Mal. Diesmal sind die Wanen endgültig besiegt. Odin hat keine Lust, ihnen eine dritte Chance zu geben. Er ist schon lange zu dem Schluß gekommen, daß die Welt nicht Platz für zwei Göttersippen hat. Es muß ein Ende haben mit Eifersucht und Rangelei. Aber muß man deshalb alle Wanen umbringen? Nicht unbedingt. Alle, die Odins Herrschaft anerkennen, sollen am Leben

bleiben. Odin ist sogar bereit, sie in Asgard aufzunehmen.

Er läßt ein großes Gefäß aufstellen und versammelt alle Überlebenden, Asen wie Wanen, um diesen Napf. Jeder muß in das Gefäß spucken, als Zeichen dafür, daß er sich vor Odin beugt. Wer sich weigert, muß sterben. Und so geschieht es. Aus dem Speichel der Götter erschafft Odin eine lebendige Gestalt, einen Mann, den er Kvasir nennt, und gibt ihm eine Zunge. »Geh zu den Menschen«, sagt Odin, »erzähle ihnen von unserm Sieg und lehre sie Weisheit. Weil du aus Götterspucke erschaffen bist, wirst du so klug sein, daß niemand dich etwas fragen kann, ohne daß du die Antwort weißt.«

Nun wird auf Asgard ein großes Fest ausgerichtet. Die Asen haben allen Grund zu feiern. Nur Odin findet keine Ruhe. Es gibt etwas, was er mit sich allein abmachen muß. Deswegen verläßt er heimlich den Festsaal und reitet nach Jotunheim zu den Riesen. Unter seinem Mantel trägt er Mimes Kopf. Er sucht die Quelle auf, an der sich die beiden vor langer Zeit zum ersten Mal

begegnet sind. Behutsam bettet er den Kopf auf das Moos am Brunnenrand.

»Ich werde einen langen Schlaf tun«, flüstert Mimes Kopf. »Doch wenn einer kommt, um aus dieser Quelle zu trinken, werde ich erwachen und ihn verjagen. Denn dieses Wasser gehört uns beiden allein. So war es, und so soll es bleiben.« – »Ich werde wiederkommen«, sagt Odin. »So oft du willst«, antwortet der Kopf. »Tot oder lebendig, ich werde immer dein Freund und Ratgeber bleiben.« So nimmt Odin Abschied von Mime und reitet langsam nach Asgard. Er ist kein junger Gott mehr. In seinem Bart zeigen sich schon die ersten grauen Haare. Gewiß, er ist Odin, der Einäugige, Herr über alles, was schwimmt, kriecht und fliegt. Und trotzdem liegt ihm die Rastlosigkeit im Blut. Nach wie vor gibt es viele Entdeckungen zu machen und viele Rätsel, die es noch zu lösen gilt.

Drittes Kapitel DER EINÄUGIGE KÖNIG

Jeden Morgen, ganz früh in der Dämmerung, fliegen zwei Raben in die Welt hinaus. Sie heißen Hugin und Munin. Hoch über Göttern und Menschen, Alben und Zwergen schweben sie, und nichts entgeht ihnen, nicht einmal in Jotunheim und in Einöd.

Sie erblicken Riesenfrauen, die auf rasenden Wölfen heimreiten. Sie sehen, wie gewaltige Trolle in Gebirgsschluchten und Grotten schlüpfen. Die meisten von dieser Sippe können nämlich das Tageslicht nicht ertragen. Über ganz Einöd verstreut liegen die moosbewachsenen Überreste von Riesen, die zersprungen und zu Stein geworden sind, weil sie getrödelt und nicht beizeiten ihre Schlupfwinkel erreicht haben, bevor die Sonne aufging. Wie Findlinge und Geröll liegen sie herum, hier ein Finger, dort ein Fuß.

Bis hinaus auf das wilde Weltmeer fliegen die beiden Raben. Sie sehen, wie die Meermänner und die Meerfrauen in den Wellen spielen. Bis zum Nabel sehen diese wie Menschen aus, aber am Unterleib gleichen sie Fischen. Zwischen ihren Fingern spannen sich Schwimmhäute, und ihre Hände sind riesengroß.

Hier draußen herrscht der Troll Ägir. Er ist der Bruder des Feuers und des Windes. Seine Frau heißt Ron, und ihre Töchter sind die Wogen. Ron wirft ein Netz aus und fischt nach den Seefahrern. Wer sich nicht vor ihr hütet, den zieht sie in die Tiefe.

Wenn die Sonne aufgegangen ist, fliegen die Raben über Mitgard, der Heimat der Menschen. Dort lecken

die Leute immer noch ihre Wunden; denn der Krieg zwischen Asen und Wanen war langwierig und blutig. Wenn die Großen und Mächtigen miteinander kämpfen, haben die Kleinen am meisten unter ihrem Streit zu leiden. Doch jetzt herrscht wieder Frieden. Die Asen haben ja gesiegt, und nie wieder soll es andere Götter neben ihnen geben. Trotzdem sind die Menschen ängstlich und fühlen sich unsicher. Denn es ist eine Sache, Krieg zu führen, und eine ganz andere, die Welt in Friedenszeiten zu regieren. Die Menschen fragen sich, ob Odin und seine Söhne dieser Aufgabe gewachsen sind.

Die Raben spähen und lauschen. Sie folgen einer hochgewachsenen, bleichen Gestalt, die von Ort zu Ort, von einem Dorf zum andern geht. Keiner weiß so viele Geschichten zu erzählen wie dieser Wanderer, und keiner kann so viele Fragen beantworten. Überall scharen sich die Menschen um ihn, und bereitwillig gibt er ihnen Auskunft. Dennoch ist und bleibt er seltsam einsam. Denn Kvasir ist nicht so wie andere Männer. Nie ist er ein Kind gewesen. Keine Frau hat ihn geboren.

Er ist erwachsen zur Welt gekommen, als Geschenk der Götter, zu den Menschen gesandt, um sie Weisheit zu lehren. Die Götter erschufen ihn gemeinsam, als einer nach dem andern hervortrat, um in den großen Napf zu spucken.

Wenn es Zeit wird zu frühstücken, fliegen die beiden Raben nach Asgard zurück. Sie flattern ins Haus und setzen sich auf Odins Schultern. Während er ißt, flüstern und krächzen sie ihm ins Ohr und sagen ihm alles, was sie gesehen und erlebt haben. Auf diese Weise erfährt der Götterkönig jeden Morgen, was es von nah und fern Neues auf der Welt gibt.

Wenn ihre Botschaft ihn neugierig macht, dann zieht Odin selber hinaus, um sich mit eigenen Augen Gewißheit zu verschaffen; denn er will alles ganz genau wissen. Dazu wählt er eine Verkleidung. Er zieht einen dunklen Mantel an und verbirgt sein Gesicht im Schatten eines Hutes mit breiter Krempe. Wenn er etwas nicht versteht, sucht er die drei Nornen auf. Das sind die Göttinnen, die an den Wurzeln der Weltesche Yggdrasil wohnen.

Die Nornen heißen Urd, Werdande und Skuld. Die erste ist die Göttin der Vorzeit, die zweite der Gegenwart, die dritte der Zukunft. Sie wissen alles, was geschehen ist, geschieht und geschehen wird. Wenn ein Kind geboren wird, ist immer eine der Nornen zur Stelle. Sie sieht das Schicksal, das dem Kind bestimmt ist. Keiner lebt länger, als es die Nornen ihm vorausgesagt haben. Die drei sind nicht die einzigen ihrer Art; es gibt auch andere Nornen, aus der Sippe der Alben und der Zwerge. Manche sind gut, manche böse, aber keine von ihnen ist so mächtig wie die drei, die an der Quelle leben.

Am liebsten möchte auch Odin teilhaben an ihrer Gabe, in die Zukunft zu sehen. Wenn er den dreien zuhört, wird er unruhig. Ist denn wirklich alles im voraus bestimmt? Kann keiner etwas daran ändern? Spielt es keine Rolle, was wir tun oder lassen?

Er fragt seine Frau Frigga. »Was geschehen soll, geschieht«, sagt sie. Auch Frigga hat das Zweite Gesicht. Ein Stück weit kann sie in die Zukunft sehen, aber ihr Blick reicht nicht weiter als ein paar Winter. Odin hört ihr zu und schweigt. Für ihn liegt das Kommende im Nebel. Eigentlich ist ihm das ganz recht; denn er will die Geschicke der Welt lenken. Er möchte kämpfen, um zu erreichen, was er sich vorgenommen hat, und er braucht den Glauben daran, daß dieser Kampf einen Sinn hat. Und trotzdem kann er es nicht lassen, die drei Nornen aufzusuchen. Er fragt, und sie antworten. Wenn ihre Antwort anders ausfällt als er hofft, wird er ärgerlich.

»Nein«, ruft er, »so soll es nicht gehen. Was ihr seht, ist nur eine unter tausend Möglichkeiten. Wir selber haben die Wahl!« Dann lächeln die Nornen, und Odin wird wütend.

Er hat noch so viel vor, daß er keine Zeit mit Schachspielen und Turnieren verschwenden kann. Selten geht er mit den anderen Asen auf die Jagd. Meistens sitzt er allein da und grübelt. »Was hast du denn, Milchbruder?« fragt Loki. »Komm lieber mit nach Jotunheim. Laß uns den Trollmädchen nachlaufen, so wie früher.« Loki hat dort eine neue Freundin gefunden. »Lüstern wie ein Fohlen ist sie«, sagt er, »und wild wie eine Katze.« Aber Odin schüttelt den Kopf. Er hat Wichtigeres zu tun. Es ist nicht mehr so wie früher. Jetzt lastet die Verantwortung auf ihm für alles, was er erschaffen hat. Er will die Welt so gut wie möglich regieren. Aber wie kann er das, wenn die Nornen recht haben und alles seine eigenen Wege geht, so wie es vorbestimmt ist? Wie kommt es, daß sie mehr wissen als er selber? Schließlich sind diese drei auch nur ein paar Wahrsagerinnen – oder bestimmen sie am Ende wirklich, was geschehen soll? »Dein

eines Auge hast du schon eingebüßt«, sagt Loki. »Nimm dich in acht, daß du nicht auch noch den Verstand verlierst! Wer viel grübelt, geht viel in die Irre.«

•

Eines Morgens kehren die beiden Raben zurück und bringen schlechte Nachrichten mit. Kvasir der Weise soll gestorben sein. In Mitgard sagen die Leute zum Spaß, er sei an seiner eigenen Weisheit erstickt. »Da siehst du es«, sagt Loki. »Laß es dir eine Lehre sein!« Aber Odin ist bekümmert. Kvasir war die Stimme der Vernunft, und jetzt ist sie verstummt. Odin will sich nicht mit bloßen Gerüchten begnügen. Er will der Sache auf den Grund gehen. Er greift zu seinem Wanderstab und macht sich auf den Weg.

Bald entdeckt er, wie es zugegangen ist. Zwei Zwerge, Fjalar und Galar, haben Kvasir in ihr Reich gelockt. »Wir wollen mit dir sprechen, wo uns niemand stören kann«, sagten sie, und er folgte ihnen. Die Zwerge warfen sich über ihn und stachen mit scharfen Messern auf ihn ein. Das Blut spritzte aus seinen Adern, aber kaum ein Tropfen ging verloren; denn die Zwerge fingen es in zwei Krügen und einem großen Kessel auf. Dann mischten die Zwerge Honig in das viele Blut und brauten daraus einen Trank. Wer von diesem kostbaren Met trinkt, wird ein Dichter oder ein Weiser.

Doch die Zwerge wollen diesen Trunk mit niemandem teilen. Er soll ihr Geheimnis bleiben. Trotzdem hat sich die Sache herumgesprochen. Denn die beiden gierigen Zwerge waren mit dem Mord an Kvasir nicht zufrieden. Sie brachten auch noch einen Riesen um, der ihnen im Wege war; und als dessen Frau ihnen mit ihrem Jammer in den Ohren lag, haben sie einen Mühlstein auf ihren Kopf fallen lassen.

Als aber der Troll Suttung hörte, was die Zwerge seinen Eltern angetan hatten, verfolgte er Fjalar und Galar, fing sie und band sie an einer Schäre fest, die so flach ist, daß das Meer sie bei jeder Flut überspült. Die Zwerge winselten und baten um Gnade. Sie versprachen Suttung Gold und geschmiedete Kostbarkeiten, doch er lachte sie aus, bis sie in ihrer Not verrieten, was es mit dem Met auf sich hatte. Da ging Suttung auf einen Handel ein. Er bekam den Met und schenkte den Zwergen das Leben.

•

Odin ist außer sich, als er erfährt, wie Kvasir umgebracht worden ist. Er will sich an den Zwergen rächen. Noch wichtiger ist es ihm, den magischen Met zu kosten. Hat er nicht bestimmt, daß Kvasirs Weisheit den Menschen zugute kommen soll? Odin gönnt den Mächten der Finsternis ihren Triumph nicht. Er will sein Geschenk zurückfordern.

Das wird nicht leicht sein, denn Suttung ist ein reicher und mächtiger Riese. Schon heißt der Trunk nicht mehr

Kvasirs Blut; die Leute nennen ihn Suttungs Met. Er hat ihn an einem sichern Ort versteckt, tief im Innern eines Berges. Hätte Odin Thor mitgebracht, so könnte er den Troll zum Kampf herausfordern; Thors Hammer wäre rasch mit ihm fertig geworden. Aber ohne Waffen muß Odin es mit List versuchen. Er geht nicht zu Suttung, sondern zu dessen Bruder Bauge. Auf dem Hof begegnet er neun Leibeigenen, die dabei sind, das Heu zu mähen. »Soll ich euch eure Sensen dengeln?« fragt er sie. Damit sind sie gerne einverstanden. Odin holt einen Wetzstein hervor und macht sich ans Werk. Am Ende sind die Sensen so scharf wie nie zuvor. Die verwunderten Schnitter wollen ihm seinen Wetzstein abkaufen. »Ich will ihn hoch in die Luft werfen«, sagt Odin, »und derjenige, der ihn auffängt, soll ihn haben.« Alle strecken gleichzeitig die Hände nach dem Stein aus, und in dem Durcheinander schneiden sie einander mit ihren Sensen die Hälse ab.

Nun geht Odin weiter und klopft an Bauges Tür. Er gibt sich für einen armen Wanderer aus und bittet den Riesen um Unterkunft für die Nacht. Am andern Morgen beklagt sich Bauge darüber, daß seine neun Leute sich gegenseitig umgebracht haben. »Ich weiß nicht, wie ich nun mein Heu einbringen soll«, sagt er. »Oh, das kann ich gern übernehmen«, antwortet Odin. Der Riese lacht ihn aus. »Was, du willst ganz allein die Arbeit von neun Männern tun?« Aber der Gast bleibt bei seinem Vorschlag. »Also gut«, sagt der Riese. »Doch sag mir, welchen Lohn du dir ausbedingst.« – »Ich möchte nur von Suttungs Met trinken«, antwortet Odin. »Ho«, lacht der Riese, »das kann ich dir wahrhaftig nicht versprechen. Denn darüber bestimmt allein mein Bruder. Und es würde mich wundern, wenn er bereit wäre, dir etwas davon abzugeben.« – »Du könntest ihn wenigstens fra-

gen«, meint Odin. »Das schon«, sagt Bauge. »Aber was ist, wenn er nein sagt?« – »Dann versprichst du, mir den Met auf andere Weise zu verschaffen.« Da kann sich Bauge kaum halten vor Lachen. »Versprechen kann ich alles, das kostet nichts«, sagt er, weil er ganz genau weiß, daß er Odins Verlangen unmöglich erfüllen kann.

Den ganzen Sommer übernimmt Odin die Arbeit der neun Männer, und als der Herbst kommt, verlangt er seinen Lohn. Doch Suttung weigert sich, auch nur einen Tropfen von dem Met herzugeben. »Dann müssen wir es eben mit einer List versuchen«, sagt Odin und erinnert Bauge an sein Versprechen.

Hinterm Berg, wo Suttung die beiden nicht sehen kann, holt Odin eine Bohrwinde hervor und wendet sich an seinen Schuldner: »Worauf wartest du? Bohr mir ein Loch in den Berg! Stark genug bist du doch.« Und der Riese macht sich an die Arbeit. Langsam, aber sicher frißt der Bohrer sich in Suttungs Festung hinein.

»Nun ist das Loch durch«, behauptet Bauge. Odin bläst hinein, doch es wirbeln ihm Staub und Späne ins

Gesicht. »Du willst mich für dumm verkaufen«, ruft er. »Weiterbohren!« Beim nächsten Mal fliegt ihm kein Staub mehr entgegen, und nun weiß er, daß der Bohrer in die Festung eingedrungen ist. »Was soll das Ganze«, fragt sich Bauge. »So ein winziges Loch, damit kannst du doch nichts anfangen.« Aber sein Grinsen verrät, daß er sich seiner Sache nicht mehr sicher ist. Und ehe er sich's versieht, hat Odin sich in eine Schlange verwandelt und ist im Bohrloch verschwunden. Bauge sticht mit der Spitze des Bohrers nach ihm, aber er kann ihn nicht treffen.

Kaum in der Burg des Riesen angekommen, nimmt Odin wieder seine wahre Gestalt an. Er weiß, daß Bauge es nicht wagen kann, ihn zu verraten; denn dann müßte er seinem Bruder gestehen, daß er Odin geholfen hat. Vorsichtig tastet sich Odin von einem Zimmer zum andern und sucht nach dem Met. Im tiefsten Keller der Bergfestung wird er fündig. Der Riese hat seine Tochter Gunnlod als Wächterin neben die Gefäße mit dem Trank gesetzt. Sie ist groß und stark, aber Odin wirft einen Zauberbann über sie, und als sie ihm entgegentritt, vergißt sie, daß sie kämpfen wollte, und umarmt ihn. Als der Gott sie küßt, gibt sie ihm nach. Sanft wie ein verliebtes Lamm kann sie ihm nichts verweigern.

Drei Nächte lang schläft Odin mit ihr, und jede Nacht läßt sie ihn den Met schmecken. In der ersten Nacht trinkt er den ersten Kessel aus, und in den folgenden Nächten leert er die übrigen. Dann denkt er nur noch daran, sich aus dem Staub zu machen. Als die Trolltochter schläft, schleicht er sich hinaus. Er verwandelt sich in einen Adler und fliegt davon. Das Mädchen erwacht. Ihre Schreie wecken Suttung. Der Riese versteht, was geschehen ist. Auch er nimmt die Gestalt eines Adlers an und jagt Odin nach. Der fliegt, so schnell er kann,

aber er ist schwer, weil er so viel Met getrunken hat. Sein Verfolger kommt immer näher. Ob Odin die Burg der Götter heil erreichen wird?

Auf der großen Wiese in Asgard blicken die Asen zum Himmel und sehen zwei Adler, die einander jagen. Beide kommen immer näher. Erst als Odin ruft, erkennen sie ihn. »Schnell«, ruft er, »holt so viele Krüge und Schüsseln herbei, wie ihr könnt!« Dann flattert er nieder und speit Kvasirs Met in die Gefäße. Doch schon schwebt Suttung über ihm und droht ihm seine Klauen ins Genick zu schlagen. Da weiß Odin keinen andern Rat, als ihn zu blenden, indem er ihm eine Ladung Met ins Gesicht spritzt. Nun können die andern Asen ihn mit Steinen und Speeren verjagen.

•

So hat Odin Kvasirs Blut zurückerobert. Seitdem heißt dieser Met auch der Trunk der Zwerge, Suttungs Met und Odins Beute. Auch nennt man ihn den Met der Dichter; denn Odin sagt, daß nur jene Götter und Menschen davon trinken dürfen, die sich auf die Dichtkunst verstehen. Als Hüter des Trankes bestellt er einen seiner Söhne. Brage soll von nun an der Gott der Poesie und der Redekunst sein. Odin hat erkannt, daß er allein sich nicht um alles kümmern kann. Um über die ganze Welt zu herrschen, müssen sich die Asen die Arbeit teilen.

»Meinetwegen«, sagt Loki. »Soll Brage nur über das Zeug verfügen, das wir in Krügen und Schüsseln gesammelt haben. Aber was ist mit dem Rest, den du dem Troll ins Gesicht gepinkelt hast?« – »Der soll uns nicht kümmern«, sagt Odin. »Was davon zu Boden gefallen ist, kann da liegenbleiben. Wer davon kosten will, soll es haben.« Loki grinst. »Wir wollen es das Getränk der schlechten Dichter nennen«, schlägt er vor, und die Asen stimmen ihm lachend zu.

An diesem Abend feiern die Asen ein Fest, um Odin willkommen zu heißen. Es wird gesungen und getanzt. Jeder möchte eine neue Geschichte erzählen und mit seinen Taten prahlen. Einer übertrifft dabei den andern, doch als Loki das Wort ergreift, wird es still im Saal. Denn er weiß von einer Trollfrau zu berichten, mit der er sich den ganzen Frühling über herumgetrieben hat. Drei Kinder hat sie ihm geboren. »Das erste Kind ist ein Wolf«, erzählt er, »das zweite eine Schlange, und das dritte ein Mädchen. Sie ist weiß auf der rechten und blauschwarz auf der linken Seite.«

Alle haben das Gefühl, daß dies ein böses Zeichen ist. Sogar Lokis Frau Sigyn, die sich alles von ihm gefallen läßt, wird es dabei ängstlich zumute. »Diesmal bist zu wirklich zu weit gegangen«, sagt sie. Aber Loki lacht nur. »Wer von uns hat sich wohl noch nie mit den Trollfrauen eingelassen?« fragt er. »Wer hat keine Kinder in Jotunheim?« Aber mit seinen Späßen kann er die beklommene Stimmung nicht vertreiben. Odin verlangt, daß er seine drei Kinder nach Asgard bringt, damit die Asen sehen können, was es mit ihnen auf sich hat.

•

Noch in derselben Nacht reitet eine bewaffnete Schar von Asen über die Regenbogenbrücke gen Osten. Thor und Tyr sind mit von der Partie, und Loki weist ihnen den Weg. Die Asen wissen ganz genau, daß die Trolle ihnen die drei Kinder Lokis nicht aus freien Stücken überlassen werden. Also gehen sie gleich zum Angriff über. Die Riesen verteidigen sich so gut sie können, aber gegen Thors Hammer kommen sie nicht auf. Bald haben die Asen die Kinder in ihre Gewalt gebracht und schleppen sie mit nach Asgard.

Es sind sehr sonderbare Sprößlinge. Weder Riesen- noch Menschengestalt ist ihnen anzusehen. Fenris, der Wolfswelpe, ist für sein Alter entsetzlich groß. Seine Kiefern gleichen starken Eisenscheren, und seine Augen erinnern an tückische Moorlöcher. Die Schlange ist ein unheimliches, giftsprühendes Reptil. Und was das Mädchen Hel angeht – niemand hat je ein Kind mit so kaltem Gesicht und so gierigen Augen gesehen. »Sind sie nicht erstaunlich, meine Kinder?« fragt Loki und lacht triumphierend.

Aber die Asen wollen seine Brut am liebsten gleich umbringen. »Deine Bankerten sind eine Schande für Asgard«, sagen sie, »und wer weiß, ob sie uns nicht Verderben bringen.« Doch Odin erinnert sie an ein altes Versprechen. »Habt ihr nicht alle gelobt, daß Asgard eine heilige Freistatt sein soll? Dieses Gesetz gilt für alle, die zu uns kommen, ob wir sie mögen oder nicht.« – »Es muß doch Wege geben, diese drei Ungeheuer loszuwerden«, murmeln die Asen.

Odin beschließt, die Nornen um Rat zu fragen. Und was sagt Urd? »Mächtigere Feinde als diese haben sich nie in Asgards Mauern eingenistet. Eines Tages werden sie sich an die Spitze aller Mächte der Finsternis stellen.« – »Ich sehe Blut«, sagt Werdande, die zweite der Nornen.

»Das ihrige oder das meine?« fragt Odin. Darauf wollen die Seherinnen nicht antworten, doch Odin ist hartnäckig und wiederholt seine Frage. Da sagt Skuld, die dritte: »Der Fenriswolf wird dich eines Tages verschlingen«, und schlägt die Augen nieder. Odin ballt die Fäuste. »Und was ist, wenn ich ihn jetzt gleich umbringe, solange er noch ein Welpe ist?« – »Niemand kann sein Schicksal ändern«, flüstern die Nornen, und mehr bekommt Odin nicht aus ihnen heraus. Als er nach Asgard zurückkehrt, ist er so klug wie zuvor.

Er weiß, daß die Nornen das Leben als ein großes Gewebe betrachten. Die Schicksalsfäden aller Geschöpfe sind mit denen aller anderen verflochten. Odin hat großen Respekt vor allem, was sie sagen. Nie würde er ihrem Rat offen zuwiderhandeln; denn er hat gelernt, mit allem, was er nicht versteht, vorsichtig umzugehen. Doch zugleich hat er die Hoffnung noch nicht aufgegeben, daß sein Wille etwas ändern kann; er glaubt, daß es immer einen Ausweg gibt.

Deshalb schickt er Hel weit weg in die Verbannung, nach Niflheim, in den hohen Norden, wo es immer dunkel, kalt und neblig ist. Dort wird sie über das Reich der Toten herrschen. Die Schlange schleudert er weit ins tiefe Weltmeer hinaus. Nur das Wolfskind soll in Asgard bleiben, damit die Asen ein Auge auf das Untier haben können. Sie lassen den Fenris wie einen wilden Hund frei in der Götterburg herumlaufen, obwohl er so gefährlich ist, daß selbst sein Vater Loki sich nicht in seine Nähe wagt. Der einzige, der kühn genug ist, den Fenris zu füttern, ist Tyr.

Frigga, Odins Frau, gefällt das nicht. »Warum schickst du ihn nicht ans Ende der Welt, wo er keinen Schaden stiften kann?« fragt sie ihn. Odin hat ihr erzählt, was die Nornen ihm anvertraut haben. Nun schüttelt er

den Kopf und antwortet ihr: »Wenn dieser Wolf ein Teil meines Schicksals ist, dann nützt es nichts, ihn fernzuhalten. Lieber habe ich ihn in der Nähe. Dann sehe ich, was er tut und läßt.«

•

Odin weiß, daß auch die Götter nicht ewig leben. Doch anders als die gewöhnlichen Sterblichen wissen sie, was sie tun können, um jung zu bleiben. Sie halten sich an Iduna. Diese Göttin besitzt einen Schrein, der den wertvollsten aller Schätze birgt, die in Asgard zu finden sind. Das sind ihre Zauberäpfel. Wer davon einen Bissen nimmt, der wird im Nu viele Jahre jünger. Ohne Idunas Äpfel wären die Asen längst ergraut; denn sie haben ja viel länger gelebt als alle andern Wesen auf der Welt.

Aber was wird geschehen, wenn eines Tages alle ihre Äpfel verzehrt sind? Leider hat Iduna vergessen, wo sie diesen Schatz herhat. Sie findet den Weg zu dem Baum, der diese Früchte trägt, nicht wieder. Deshalb sind die Asen sehr vorsichtig geworden. Sie beißen immer nur ein winziges Stückchen von den Äpfeln ab. Auch Odin geht sparsam mit ihnen um. Er muß oft an den Tod denken, weil er weiß, wie leicht er durch einen Speer oder eine Axt umkommen kann, oder durch die scharfen Fänge eines Raubtiers. Wie oft hat er mit ansehen müssen, daß einer der Götter gestorben ist, sei es im Kampf oder durch ein Unglück!

Mächtig sind sie, die Asen, aber alles hat seine Grenzen. Freia zum Beispiel herrscht über die Liebe, bei den Göttern und bei den Menschen. Und dennoch hat Odin erlebt, wie sie verzweifelt die Hände rang und Tränen schieren Goldes weinte, als ihr erster Mann sie verraten und verlassen hat. Anderen kann sie helfen, aber sie selber bleibt nicht vom Kummer der Liebe verschont. Allmächtig ist niemand. Das weiß Odin, auch wenn er sich nicht damit abfinden kann.

Jedesmal, wenn ihn dieser Gedanke streift, ist ihm, als tanze er auf glühenden Eisen. Er möchte alles verstehen und alles können. Das ist seine Stärke, aber auch sein Fluch.

Der Winter zieht sich hin. Draußen auf der großen Wiese streift der Fenriswolf unter den Schneewehen umher. Jeden Tag wird er stärker und gefährlicher. »Was kann denn ein Vater dafür, daß er so schreckliche Kinder bekommt?« sagt Loki und zuckt die Schultern. Odin behält den Wolf wohl im Auge, doch lieber betrachtet er den großen Weltenbaum Yggdrasil, der immer grün bleibt, sommers und winters. Kein Sturm kann ihn umwerfen, kein Frostwind ihm die Blätter von den Zweigen raufen. Tag und Nacht grübelt Odin über das, was Mime ihm einst ins Ohr geflüstert hat: »Wer die Welt verstehen will, muß Yggdrasil verstehen.« Was bedeutet es eigentlich, zu leben? Was bedeutet es, zu sterben? Das möchte Odin wissen.

Eines Morgens nach dem Aufstehen bietet sich den Asen ein furchtbares Schauspiel. Der Göttervater hat sich einen Speer in die Rippen gestoßen und ist hoch in die Äste Yggdrasils geklettert. Dort hängt er jetzt in einer Gabel wie an einem Galgen. Freia läuft hin und will ihn herunterholen. »Laßt mich in Ruhe!« ruft Odin. »Ich will mit keinem von euch reden, und ich brauche weder Essen noch Trinken.«

So hängt er dort oben, mehr tot als lebendig, neun Tage und neun Nächte lang. Die Schmerzen machen ihn blind für alles, was um ihn herum vorgeht. Er sieht alles nur durch einen roten Nebel. Doch in der Ferne, jenseits des Leidens, schimmern andere Orte und andere Welten auf. Er ist an die Grenzen der Wirklichkeit gelangt. Hin und her pendelt er in der großen Esche zwischen Leben und Tod. Keiner hat sich so nach Weisheit gesehnt wie Odin. Von den Lebenden kann er nichts mehr lernen. Jetzt sucht er Hilfe bei den Toten.

Sie suchen ihn heim, Bekannte und Unbekannte. Jene, die erst vor kurzem aus dem Leben geschieden, und andere, die vor langer, langer Zeit fortgegangen sind. Er begegnet seinen eigenen Eltern, den Riesen, die am Leben waren, bevor die Welt geschaffen wurde. Odin ruft sie, er fragt, er spricht mit ihnen, und die Alten antworten ihm.

Er erfährt, daß alles einen Namen hat, und daß alle diese Namen etwas zu bedeuten haben für den, der sich Zeit nimmt, ihnen nachzuhorchen. Er lernt Runen zu ritzen, geheimnisvolle und mächtige Zeichen in Holz und Stein zu schneiden. Auch achtzehn starke Zauberlieder erlernt er, mit denen er jedes Feuer löschen und alle Bande und Ketten sprengen kann. Er kann den Sturm fesseln und das Meer bändigen, bösen Hexen Sinn und Verstand rauben. Er kann die Waffen der Feinde stumpf machen und den fliegenden Pfeil in der Luft anhalten. Die Zauberlieder können ihm in der Liebe helfen und ihn gegen Sorgen und Krankheiten feien.

Als er heruntersteigt vom Baum Yggdrasil, ist er zum wahrhaften Allvater geworden, zum mächtigsten von allen, zum König der Toten und der Lebendigen. Und dennoch fühlt er, daß dies alles nicht genug ist, daß es kein Genug geben kann. Denn seine Rastlosigkeit ist ihm geblieben. Er weiß, daß er sich niemals ruhig und sicher fühlen wird. Doch darüber wird er schweigen.

•

Unterdessen ist der Fenriswolf so groß geworden, daß es gefährlich wäre, ihn frei herumlaufen zu lassen. Auch hat er gelernt zu sprechen. Jetzt lacht er die Götter aus. Weil die Asen es fast nicht mehr wagen, ohne Wachen und unbewaffnet aus dem Haus zu gehen, verhöhnt er sie.

Zweimal haben die Asen gewaltige Ketten geschmiedet. Beim erstenmal haben sie so getan, als wollten sie nur die Kräfte des Ungeheuers auf die Probe stellen. Der Fenris ließ sich festketten, ohne sich zu sträuben. Aber kaum war er gefesselt, da brach er seine Ketten entzwei. Beim zweiten Versuch schmiedeten sie eine viel stärkere Kette. »Wenn du die sprengst, wirst du in der ganzen Welt berühmt werden«, sagten sie, um ihm zu schmeicheln, und so ließ er es sich gefallen, daß sie ihn an Haupt und Gliedern fesselten. Doch dann stemmte er sich mit seinen Pranken gegen den Boden und riß sich los, so daß die schweren Eisenglieder durch die Luft wirbelten.

Da ist guter Rat teuer. In ganz Asgard gibt es keinen, der eine noch stärkere Kette schmieden könnte. Und dabei ist der Wolf noch gar nicht ausgewachsen! Die Asen sehen nur einen Ausweg. Sie müssen noch einmal Hilfe bei den Unterirdischen suchen.

So schickt Odin einen von Freias Dienern zu den Zwergen. Damit es rascher geht, leiht ihm Frei seinen Eber Gullborste, der schneller ist als jedes Pferd. Er läuft auch auf dem Wasser und durch die Lüfte, und seine Borsten glänzen so hell, daß es um ihn herum nie dunkel wird.

Die Zwerge freuen sich über Odins Geschenke und über die Zeichen seiner Freundschaft. »Wir helfen euch gerne«, sagen sie und fangen sogleich an, eine ganz besondere Kette zu schmieden. Sie besteht aus den Wurzeln der Berge, den Sehnen der Bären, dem Speichel der Vögel, dem Atem der Fische, dem Bart der Frauen und dem Lärm der Katzenpfoten. Diese Kette ist glatt und weich wie ein Seidenband. Seit diesem Tag tragen die Frauen keinen Bart mehr, die Berge haben keine Wurzeln, und die Katzen kommen lautlos daher.

Die Asen sind von dem Werk der Zwerge sehr angetan. Sie locken den Wolf zu einer Insel im See und zeigen ihm die Kette. »Sie ist stärker, als sie aussieht«, sagen sie. »Wir haben versucht, sie mit den Händen zu zerreißen, aber keiner von uns war stark genug dafür. Das kannst nur du schaffen.« Aber der Fenriswolf ist mißtrauisch und will sich auf keinen Versuch einlassen. »So ein dünnes Band«, sagt er. »Das zu sprengen würde mir kaum viel Ruhm einbringen. Vielleicht steckt doch eine List dahinter, sonst hättet ihr mich wohl nicht hierhergelockt. Aber das lasse ich nicht mit mir machen.« – »Früher warst du nicht so ängstlich«, antworten die Asen. »Die stärksten Eisenketten hast du wie Strohhalme zerfetzt, und jetzt schreckst du vor einer solchen Schnur zurück? Übrigens, sollte es dir nicht gelingen, die Kette zu sprengen, so bräuchten wir dich nicht mehr zu fürchten. Dann würden wir dich augenblicklich lösen.«

Da lacht der Wolf. »Das soll ich euch glauben?« ruft er. »Wenn ich mich wirklich nicht von diesem lächerlichen Band befreien könnte, dann wärt ihr sicherlich die letzten, die mich freiließen. Aber sei's drum! Niemand soll mir nachsagen, daß es mir an Mut fehlt. Nur verlange ich, daß einer von euch seine Hand in mein Maul steckt, als Pfand dafür, daß ihr keinen Hinterhalt im Sinn habt.«

Jetzt stecken die Asen in der Zwickmühle. Sie sehen einander an, und keiner zeigt große Lust, die Hand in den Rachen des Wolfes zu stecken, Odin nicht, und auch Thor nicht. Am Ende aber tritt Tyr hervor. Er ist nicht der stärkste der Asen, aber keiner ist so tollkühn wie er. Er hat sich in vielen Kämpfen bewährt, und er weiß, daß man etwas wagen muß, wenn man siegen will.

Er legt die Hand in den Wolfsrachen, und der Fenris läßt sich fesseln. Die Asen lachen, denn je heftiger das Ungeheuer zappelt und stößt, desto strammer schlingt

sich das Band um seine Glieder. Er begreift, daß er gefangen ist und daß die Asen ihn nie wieder befreien werden. Nur Tyr lacht nicht, denn der Wolf beißt ihm die Hand ab.

Die Asen ziehen das Ende der Kette unter einem großen Felsblock hindurch und vergraben es tief in der Erde. Darüber wälzen sie einen noch größeren Stein. Der Fenriswolf knurrt und schnappt wild um sich. Thor tritt hervor und stößt sein Schwert in den Schlund des Untiers, so daß der Griff gegen den unteren, die Spitze aber gegen den oberen Gaumen stößt. Gegen diese Maulsperre kann der Wolf nichts ausrichten. Er legt sich nieder, doch heult er furchtbar, und der Schaum tritt ihm aus den Lefzen.

Noch einmal sucht Odin die Nornen auf. »Habe ich den Kampf gewonnen?« fragt er sie. Doch die drei Nornen schütteln den Kopf. »Alles geschieht, wie es geschehen muß«, antwortet Urd. »Wir haben den Wolf doch gebunden«, wendet Odin ein. »Eines Tages wird er sich befreien«, sagt Werdande, und Skuld fügt hinzu: »Alles ist im voraus bestimmt. Auf die Namen mußt du achten. Jeder Name hat etwas zu bedeuten.« Odin weiß nicht, was er mit diesem Rat anfangen soll. »Hast du

vergessen, daß du unter den Menschen zuweilen Ygg genannt wirst?« fragt Urd. »Und dieser Name bedeutet *der Schreckliche*. Und das Wort *Drasil* heißt soviel wie *Pferd*. Wenn du nun diese beiden Namen zusammenlegst, was kommt dabei heraus?« – »*Yggdrasil*«, sagt Werdande, »und das bedeutet: Odins Pferd. Weißt du noch, wie du dich selbst in die Esche aufgehängt hast? Man kann sagen, daß du auf ihr geritten bist. Und der Baum hat nur darauf gewartet, daß du ihm Sinn und Bedeutung verleihst. Doch du hast nichts dergleichen getan.«

»Hört auf«, ruft Odin. »Ich will nichts davon wissen. Sagt mir lieber, wozu ich da bin, wenn ohnehin alles im voraus bestimmt ist! Wer bin ich? Könnt ihr mir das sagen?« – »Du bist Odin«, flüstern die drei Nornen. »Du bist der, der kämpft, der nie aufgibt.« – »Und der, der siegen wird«, schreit Odin, bleich vor Wut. Doch die Nornen lächeln nur und schweigen.

•

Kaum ist er nach Hause gekommen, da ruft Odin Heimdal zu sich, den Torwächter der Asen, der die Regenbogenbrücke zwischen Mitgard und Asgard hütet. Der braucht weniger Schlaf als ein Vogel, und er sieht gleich gut bei Tag und bei Nacht. Er ist sehr stattlich und hochgewachsen, und Zähne hat er aus purem Gold. »Wie stark die Mächte der Finsternis sind«, sagt Odin, »das weißt du selbst am besten. Von deinem Posten aus siehst du ja täglich, wie die Trolle uns belauern.« Heimdal nickt. »Und was das Schlimmste ist«, sagt er, »sie sind zahlreich wie der Sand am Meer, und sie werden immer mehr.« – »Das ist bei den Asen anders«, meint Odin. »Wir Asen sind wenige, und wir zeugen nicht so viele Kinder wie sie. Wie soll das nur weitergehen? Eines Tages werden sich die Riesen stark genug fühlen, um über uns herzufallen.« – »Das wird ein böser Tag werden für Mitgard und Asgard«, antwortet Heimdal. »Von den Menschen ist kaum viel Unterstützung zu erwarten. Die meisten von ihnen sind schwach und ängstlich.« – »Um so dringender muß bald etwas geschehen«, sagt Odin. »Ich möchte, daß du nach Mitgard gehst. Nicht alle Menschen sind Duckmäuser. Mit den besten von ihnen müssen die Götter ihr Blut mischen. Leg dich zu ihren Frauen, damit sie Kinder von dir bekommen, so viele wie möglich! Wir brauchen viele starke und mutige

Krieger.« Das läßt Heimdal sich nicht zweimal sagen. Er geht nach Mitgard, um Stammvater einer neuen, stärkeren Menschenverwandtschaft zu werden.

Odin befiehlt inzwischen den Bau eines neuen Hauses in Asgard. Es soll ein Gästehaus werden für die Krieger, die Heimdal eines Tages herbeischaffen wird. Sechshundertundvierzig Türen soll es haben, sagt Odin, und jede Tür soll so breit sein, daß neunhundertsechzig Männer gleichzeitig durch sie eintreten können. Er verlangt, daß das Dach mit goldenen Schilden gedeckt wird. Auch einen Namen gibt er dem Haus. Es soll Walhall heißen.

Während die Asen sich an das große Werk machen, hält Odin sich abseits. Er sitzt ganz allein auf seinem Thron und blickt in die Welt hinaus. Er sieht, daß Lokis scheußliche Tochter Hel nun wie eine Königin über Leichen und wurmzerfressene Kadaver herrscht. Er sieht, daß aus dem Schleim, der aus dem Rachen des Fenriswolfes rinnt, ein breiter Strom geworden ist. Er sieht auch, daß das dritte der Geschwister, die Schlange, so groß geworden ist, daß sie sich um die ganze Welt ringeln und in den eigenen Schwanz beißen kann. Weil sie auf diese Weise ganz Mitgard umspannt, nennt man sie jetzt Mitgardschlange. Alle Welt fürchtet sich vor ihrem Gift. Die ganze Welt ist umzingelt von Bosheit, denkt Odin. Doch in der Ferne sieht er auch Heimdal. Beeile dich, denkt er und ballt die Fäuste, schaffe uns Krieger herbei! Denn wir geben nie auf! Nie!

Wenn die Zeit zum Essen gekommen ist, sitzt Odin mit den andern Göttern am Tisch, aber er hat keinen Appetit. »Ich brauche nichts«, behauptet er. Nur auf den Wein will er nicht verzichten.

Auf seinen Schultern sitzen Hugin und Munin, die Raben, und zu seinen Füßen liegen zwei Wölfe. Geri und Freke heißen die beiden. Odin hat sie selber gezähmt, und nun sind sie folgsam und wedeln mit dem Schwanz wie Hunde. Odin kann es sich leisten, dem Schicksal ins Gesicht zu lachen; denn ist es ihm nicht geweissagt worden, daß es ein Wolf sein wird, der ihn einst umbringen wird, ihn, den höchsten der Götter? Doch es ist kein frohes Lachen, und die andern Asen merken, daß seine Miene sich verdüstert, wenn er daran denkt.

•

Viertes Kapitel HEIMDALS SÖHNE

Ein Mann, der sich Rig nennt, geht am Strand spazieren. Auf grünen Pfaden ist er durch ganz Mitgard gewandert. Er ist groß und blond, und überall wird er als Gast willkommen geheißen. Noch nie hat ihm jemand das Dach über dem Kopf verweigert. Die Männer suchen seine Freundschaft, und die Frauen wissen ihn als Liebhaber zu schätzen, obwohl er wenig spricht und selten lacht. Würde er nämlich seine Zähne zeigen, dann könnten alle sehen, daß er kein Mensch ist. Rig ist nicht Rig, sondern Heimdal, der Gott, der bei Nacht ebenso gut sieht wie am Tag, der das Gras auf der Wiese und die Wolle auf den Schafen wachsen hört, und seine Zähne sind aus schierem Gold.

Aber warum hat er seinen Wachposten auf der Regenbogenbrücke verlassen, die von Asgard nach Mitgard führt? Warum wandert er als Mensch verkleidet durch die Welt? Odin, der Götterkönig, hat ihn geschickt, mit einem Auftrag, der so geheim ist, daß die Trolle und die Riesen nichts davon erfahren dürfen.

Nie sind die Asen mächtiger gewesen als heute, und doch macht Odin sich Sorgen wegen der alten Feindschaft, die zwischen Asen und Riesen herrscht. Er weiß, daß es Feuer gibt, die nie verglühen. Manchmal fallen sie in sich zusammen und brennen so niedrig, daß es aussieht, als wären sie erloschen. Doch unter der Asche glimmt es weiter, und die kleine rote Glut wartet nur darauf, daß man sie mit neuem Holz und neuem Reisig schürt, und schon zischt und knistert es, und das Feuer beginnt von neuem zu lodern. Ein solches Feuer ist der Haß.

Odin weiß sehr wohl, daß die Asen in der Minderheit sind, und daß sich Riesen und Trolle vermehren wie die Karnickel. Er hört den Fenriswolf, der bald so groß gewachsen ist wie ein Pferd, unter den Sternen heulen. Er liegt an der Kette, aber was ist, wenn die Kette reißt? Auch denkt Odin an die giftige Mitgardschlange, die sich um die ganze Welt ringelt. Die Asen hatten sie ins Meer geworfen, aber was ist, wenn sie ans feste Land kriecht? Ist ihm nicht geweissagt worden, daß sich alle Mächte der Finsternis eines Tages sammeln und wie ein Sturmwetter über die Erde hinziehen werden? Nicht nur, daß die Feinde der Asen in Mitgard, der Heimat der Menschen, einfallen, diese ausplündern und zerstören werden; sie werden auch versuchen, die Steine, die die gewaltige Burg Asgard schützen, zu lockern und die Festung zu stürmen.

So heißt es, und Odin geht dieser Gedanke nicht aus dem Kopf. Wenn es aber eines Tages dazu kommt, sind die Asen dann dem Ansturm gewachsen? Ist ihr Heer stark genug, um den Feind zu schlagen? Dazu braucht Odin viele kräftige Kämpfer. Aus diesem Grund hat er seinen Sohn Heimdal nach Mitgard geschickt. Er will, daß er mit den Frauen dort Kinder zeugen soll, als Stammvater eines neuen und stärkeren Menschengeschlechts.

Heimdal sieht sich lange um, bevor er sich entscheidet. Dreimal wählt er, und seine Wahl ist recht sonderbar. Die erste Frau, mit der er sich einläßt, heißt Edda. Sie ist alt und grau, arm und in Lumpen gekleidet, und wohnt mit ihrem Mann in einer baufälligen Kate. Es stört Heimdal nicht, daß sie bereits Urgroßmutter geworden ist, als er ihr begegnet. Nach dem Abendessen darf er zwischen den Eheleuten in ihrem Bett schlafen. Drei Tage hält er es dort aus, bevor er weiterzieht.

Das zweite Mal trifft Heimdal es schon besser, denn Amma, die Bäuerin, die er nun wählt, ist eben erst Großmutter geworden, und die dritte, die mit einem Häuptling verheiratet ist und Mor heißt, ist sogar so jung, daß sie zwar eigene Kinder, aber noch keine Enkel hat.

Jedesmal macht Heimdal sich auf dieselbe Art und Weise an die Arbeit. Er teilt Tisch und Bett mit seinen Wirtsleuten und bleibt drei Tage und drei Nächte lang bei ihnen. Kurz nachdem er sich verabschiedet hat, merken die Frauen, daß sie ein Kind erwarten. Neun Monate später werden drei Jungen geboren. Eddas Sohn Trell ist groß und stark, Ammas Sohn Karl hat rote Haare und klare Augen, und Mors Sohn Jarl fängt schon als kleines Kind an, mit Schild und Speer zu spielen.

Es sind diese drei Kinder, aus denen ein neues Menschengeschlecht hervorgehen sollte. Daher kommt es auch, daß die Dichter und Sänger uns heute noch die Söhne Heimdals nennen.

•

Unterdessen ist in Asgard allerhand geschehen. Der Frühling ist gekommen, und die große Wiese blüht. Eine junge Frau wandert barfuß über das weiche Gras, singt vor sich hin und pflückt die ersten Blumen. Es ist Iduna. Ihr Mann ist Brage, der Gott der Dichtkunst, aber alle in Asgard wissen, daß Iduna es mit der Ehe nicht so genau nimmt; sie treibt ihre Liebesspiele auch gern mit andern. Trotzdem wirkt sie immer wie ein unschuldiges kleines Mädchen. Keiner, auch Brage nicht, macht ihr Vorwürfe oder versucht, sie zu ändern. Denn sie besitzt einen kostbaren Schatz, den wertvollsten, den es in Asgard gibt: einen Schrein mit magischen Äpfeln. Wer von ihnen ißt, der altert nicht; er bleibt ewig jung. Ohne Idunas Äpfel wären die Asen schon längst zahnlos und altersschwach.

Allerdings müssen die magischen Äpfel sorgsam gehütet werden, denn leider ist Iduna vergeßlich. Sie kann sich einfach nicht daran erinnern, wo sie sie gepflückt oder gefunden hat. Das sieht ihr ähnlich, denn sie weiß nie, was sie früher getan hat, und macht sich keine Gedanken über das, was ihr bevorsteht.

Doch noch reichen Idunas Äpfel für alle. Deshalb führen sich die Asen auf, als wären sie jung. Ausgelassen, ja sogar übermütig sind sie auf Mutproben und gefährliche Abenteuer aus und jederzeit bereit zu einem Flirt oder einer neuen Liebschaft. Sie halten sich an Freia, die Liebesgöttin, die ihnen gerne ihr Ohr leiht und ihnen mit Rat und Tat zur Seite steht, wenn es um solche Sehnsüchte geht.

Nur sich selbst kann Freia nicht helfen. Jede Nacht weint sie sich in den Schlaf. Sie hat Liebeskummer, weil ihr Mann Od sie verlassen hat. Sie weiß nicht, wo er ist, und vermißt ihn schmerzlich. Es ist schon lange her, daß er sich aus dem Staub gemacht hat, aber sie denkt immer noch an ihn. Wenn sie einen anderen umarmt, schließt sie die Augen und träumt, daß es Od ist. In diesem Frühjahr ist es noch schlimmer als sonst. Freia weint Tränen aus purem Gold, und manchmal vergißt sie sogar, ihre Katzen zu füttern.

Die andern Frauen besuchen sie auf Folkwang, ihrem Sitz, und versuchen sie zu trösten. Drei von ihren Freundinnen kennen sich besonders gut in den Künsten der Liebe aus. Die erste kann einen Mann und eine Frau dazu bringen, daß sie sich ineinander verlieben; die zweite kann Paaren helfen, die ein widriger Umstand daran hindert, sich zu treffen. Aber was nützen Freia ihre Gaben? Verliebt ist sie ja schon, und keine feindliche Macht ist daran schuld, daß sich Od von ihr getrennt hat. Vielleicht kann die dritte etwas für sie tun, die es mit der Treue hält; sie weiß, was sich alle Liebenden geschworen haben, sie vergißt nichts, und sie kann dafür sorgen, daß sich jeder Verrat rächt. »Ich werde deinen Mann bestrafen«, ruft sie wütend. »Er hat sein Gelübde gebrochen.« – »Und was hätte ich davon, daß er bestraft wird und leiden muß?« fragt Freia. »Ich will ihn doch nur zurückhaben!« Sie ist derart außer sich, daß sie sich die Kleider vom Leib reißt und nackt, wie eine läufige Katze miauend, untröstlich unter dem Mond umherirrt, während die Tränen wie ein goldner Regen ihr zu Füßen auf die Erde fallen.

Auch Odin kann nicht schlafen. Er denkt über die Liebe nach, über die Macht, die sie nicht nur über die Menschen, auch über die Asen und Trolle hat. Wie ein Sturm fällt sie her über alles, was atmet und lebt. Daß sie die Menschen überwältigt, ist vielleicht nicht so merkwürdig, denn die Menschen sind schwach, und ihr Leben ist kurz. Aber Freia, die Liebesgöttin, die schon Tausende von Jahren gelebt hat! Wie kommt es nur, daß sie dieser Leidenschaft nicht Herr wird? Odin hört sie heulen und rufen, und er weiß, daß auch er nicht imstande ist, ihr zu helfen.

Er betrachtet seine Frau Frigga, die friedlich neben ihm schläft, und er erinnert sich, wie er einmal von einer Reise zurückgekehrt ist, die viele Jahre gedauert hatte. Damals mußte er entdecken, daß sie sich inzwischen mit seinen beiden Brüdern Wile und We zusammengetan hatte. Das ist lange her, und die beiden Brüder sind schon längst nicht mehr am Leben. Und doch spürt er einen kleinen Stich ins Herz. Odin beugt sich über

Frigga und streichelt sanft über ihre Wangen. Draußen aber hört er Freia jammern, als bräche ihr das Herz vor Kummer.

Am andern Morgen ist sie in Asgard das Gespräch des Tages. Die meisten Asen finden, daß sie sich ungebührlich benimmt. Ihr Bruder gerät in eine Rauferei, als er sie gegen die Schandmäuler verteidigen will. Ihr Vater versucht, ihr Vernunft zu predigen. Aber Freia will nicht auf ihn hören, sie knurrt und zischt ihn an.

•

Odin hat das Ganze satt. Der Klatsch der Asen ödet ihn an. Er macht sich wieder einmal auf eine seiner Wanderungen. Denn die Welt ist groß, und es gibt immer noch vieles zu entdecken. Diesmal bittet er den schlauen Loki und seinen alten Gefährten Huhne, ihn zu begleiten.

Die drei Asen ziehen über die Ödmark und in die Berge. Dort kann man allerdings verhungern. Starke Leute wie die Asen werden auf die Dauer von Beeren und Wurzeln nicht satt. Deshalb sind die Wanderer froh, als sie in einem Tal auf eine Rinderherde stoßen. Sie fackeln nicht lange und töten einen Ochsen. Dann lassen sie sich im Schatten einer großen Eiche nieder und graben eine Grube, in der sie Feuer machen. Das Fleisch kocht und kocht, aber es will nicht gar werden. Plötzlich hören sie eine Stimme: »Der hier oben sitzt, sorgt dafür, daß euer Fleisch roh bleibt.«

Die Asen blicken empor und sehen einen riesigen Adler im Geäst hocken. »Wenn ihr wollt, könnt ihr bald essen, aber nur, wenn ihr versprecht, mit mir zu teilen.« – »Meinetwegen«, antwortet Odin, und schon flattert der Adler herunter und macht sich über das Fleisch her. Aber was ist das für ein gieriger Vogel! Schon hat er zwei Keulen und zwei Schulterstücke verschlungen. Loki wird wütend. Er greift nach einem langen Pfahl und drischt auf den Adler ein. Der weicht zurück, doch der Stock bleibt im Rücken stecken. Loki will nicht loslassen, der Adler aber versucht, sich in die Luft zu erheben, und zerrt den kleinen Gott mit sich. Loki hängt an ihm und schreit: »Willst du mir die Arme aus dem Leib reißen?« Der Adler ist nicht stark genug, um ihn davonzutragen. Auf halber Höhe schleppt er Loki mit, über Stock und Stein.

»Laß mich los!« bettelt er, und der Adler antwortet: »Nur wenn du mir eines versprichst.« – »Alles, was du willst.« – »Schwör mir, daß du mir Idunas Äpfel bringst!« – »Ich schwör's dir«, schreit Loki, der um sein Leben fürchtet. Da kehrt der Adler um und bringt ihn zu den andern zurück, die unter der Eiche lagern. Dort wird Loki endlich losgelassen. Ziemlich mitgenommen und ganz schwindlig im Kopf fällt er zu Boden.

Die drei Asen machen sich auf den Heimweg. Aber in Asgard ist immer noch keine Ruhe eingekehrt. Nach wie vor ist Freia das Tagesgespräch. Sie hatte es satt, auf Od zu warten, und hat sich ihrerseits auf den Weg gemacht, um ihn zu suchen. Lange Jahre werden die Asen sie nicht wiedersehen.

Doch bald werden sie von ganz anderen Sorgen heimgesucht. Wieder einmal hat Loki sich eine Suppe eingebrockt, die er nun auslöffeln muß. Er geht zu Iduna und versucht, sie zu beschwatzen. »Ich war unterwegs, und in einem fernen Wald habe ich ein paar merkwürdige Apfelbäume gesehen. Die Äpfel, die dort wachsen, duften genau wie die deinen. Vielleicht haben sie auch dieselbe Zauberkraft? Du weißt doch, daß wir alle fürchten, eines Tages könnte dein Vorrat zu Ende gehen. Laß uns der Sache nachgehen! Komm mit mir, nimm deine

Äpfel mit, damit wir sie vergleichen können, und alle werden es dir danken.«

Iduna ist eine treuherzige Seele. Sie glaubt Loki, holt ihre Äpfel aus dem Schrein und zieht mit Loki hinaus in den Wald. Auf einer Lichtung geschieht es: Ein dunkler Schatten, ein Flattern in der Luft, und schon hat der riesige Adler Iduna gepackt und davongetragen. Nach Nordosten fliegt er, zu einem großen Hof im Gebirge, der Trymheim heißt. Dort wirft der Adler seine Vogelgestalt ab und zeigt, wer er ist: der gefürchtete Riese Tjatse.

»Jetzt gehörst du mir«, sagt er zu Iduna, »und mit deiner Hilfe werde ich bald der Mächtigste auf Erden sein. Denn ohne deine Äpfel ist Odin verloren. Mitsamt seinem ganzen Göttergesindel wird er alt werden und sterben. Sogar Thor wird zu kraftlos sein, um seinen Hammer zu schwingen. Aber wir beide, du und ich, wir werden ewig leben!«

Die Asen ahnen noch nichts von der Gefahr. Nur Brage merkt, daß seine Frau Iduna verschwunden ist. Er wartet vergebens auf sie. Obwohl sie so zerstreut und unbekümmert ist, findet sie gewöhnlich doch nach Hause, bevor es dunkel wird. Aber diesmal muß Brage alleine schlafen.

Auch Heimdal kann er nicht fragen, ob der seine Frau gesehen hat. Denn der Wächter der Regenbogenbrücke ist nach Mitgard geritten. Er will nachsehen, wie es seinen drei Söhnen geht. Sie sind inzwischen erwachsen und haben selber schon Kinder. Trell, dem Bauern, und Karl, der Schmied geworden ist, gibt sich Heimdal nicht zu erkennen. Er weiß, daß sie ihr Auskommen finden werden. Aber gespannt ist er, was aus seinem dritten Sohn Jarl geworden ist. Odin hatte es doch besonders auf Krieger und Häuptlinge abgesehen! Heimdal lauert ihm hinter einem Baum versteckt auf. Als Jarl ihm entgegenreitet, regt sich der Stolz auf diesen Sohn in ihm, denn der ist stark und ohne Furcht.

»Ich bin Rig«, begrüßt er ihn, »und du weißt wohl, was dieser Name bedeutet – soviel wie König. Du bist mein Sohn, und so wie ich ein König bin, so werdet auch ihr, du und deine Nachkommen, unter den Menschen die Ersten sein.«

Und dann bringt er ihm alles bei, was er selber versteht, und das ist nicht wenig. Auch die Runenschrift lehrt er ihn. Das sind mächtige Zeichen, die gegen seine Feinde helfen sollen und die das Leben leichter machen können.

So wie Heimdal es beschlossen hat, so geschieht es. Jarl wird Land gewinnen und Herr über achtzehn Höfe sein. Seine Söhne werden ihn an Kühnheit noch übertreffen, vor allem der Jüngste. Der wird stärker sein als acht gewöhnliche Männer, und an Weisheit und Runenkunst wird er es so weit bringen, daß er sogar die Sprache der Vögel versteht. Das alles sieht Heimdal voraus, und er weiß, daß er Odins Auftrag erfüllt hat.

•

Aber nach Asgard zurückgekehrt, merkt er bald, daß es dort nicht zum besten steht. Seit Iduna verschwunden ist, sind die Asen bekümmert, und man sieht es ihnen an. Wie steif und morsch sie geworden sind! Die Frauen stehen vor dem Spiegel und zählen ihre Falten und ihre grauen Haare.

Endlich reißt Odin die Geduld, und er beruft eine Ratssitzung ein. »Wo ist Iduna hin? Was ist mit den Äpfeln geschehen? Wer hat etwas gesehen? Weh dem, der mir etwas verschweigt!« ruft er. Einer von den kleineren Göttern rückt mit der Sprache heraus. »Ich habe einmal Loki mit ihr gesehen«, sagt er. »Mit ihm zusammen hat sie Asgard verlassen.«

Nun ist Loki in der Klemme. Zuerst versucht er noch, zu leugnen. Aber es hilft ihm nichts. »Schluß mit deinen Ausflüchten«, sagt Odin. »Wo hast du sie hingeführt?« – »Das war nicht ich«, windet Loki sich. »Ein Adler hat sie geraubt. Ich habe versucht, sie zu verteidigen, so gut ich konnte. Aber der Adler war stärker, und was aus ihr geworden ist, weiß ich nicht.« – »Und warum hast du uns das verschwiegen?« – »Weil ihr immer, wenn etwas Schlimmes passiert, einen Sündenbock braucht, und der bin ich.«

Aber damit geben sich die Asen nicht zufrieden. »Jetzt spielt er auch noch den Beleidigten«, sagen sie. »Das geht zu weit! Wir reißen dir Arme und Beine aus, wenn du nicht gestehst. Und wenn du Iduna nicht nach Asgard zurückbringst, machen wir dich um einen Kopf kürzer.«

Loki sieht ein, daß ihm nichts anderes übrigbleibt. »Ich will sie suchen und wiederbringen. Ich verspreche es«, fleht er. »Aber dazu brauche ich Freias Falkengestalt.« – »Gut«, sagen die Asen, aber sie trauen ihm nicht über den Weg und begleiten ihn nach Folkwang. Die Herrin des Hauses ist nicht da, sie ist immer noch auf der Suche nach ihrem Mann. In der großen Halle liegen ihre verlassenen Katzen herum. Doch ihre beiden Töchter können aushelfen. Sie wissen, wo das Falkenkleid liegt, und erlauben Loki, es sich auszuleihen. Sofort verwandelt er sich in einen Falken und fliegt davon.

Es ist weit nach Trymheim, aber gegen Abend kommt Loki im Haus des Riesen an. Iduna ist allein, denn Tjatse ist hinaus aufs Meer gefahren, um zu fischen. Loki verzaubert die Göttin in eine Nuß, packt sie mit seinen Klauen, und flattert auf und davon. Den Schrein mit den Äpfeln trägt er im Schnabel. Aber es dauert nicht lange, da kehrt Tjatse von seinem Fischzug heim und findet das Haus leer. Er begreift sogleich, was geschehen ist, wirft sich die Adlergestalt über und setzt dem fremden Falken nach.

Aber es ist nicht so leicht, Loki einzuholen. Er hat seinen Vorsprung genutzt und ist schon in Sichtweite von Asgard, als der Adler hinter ihm herjagt. Einer der Asen hat die beiden Vögel kommen sehen und die andern Götter herbeigerufen. Sie wissen, was zu tun ist. Eilig sammeln sie Holzspäne und häufen sie an den Mauern der Festung auf. Kaum ist der Falke sicher in Asgard gelandet, da zünden sie die Späne an. Der Adler kann in seinem Sturzflug nicht ausweichen und stürzt in die himmelhoch lodernden Flammen. Seine Schwingen fangen Feuer, und der große Vogel schlägt mit versengten Federn vor Asgards großer Pforte auf. Jetzt ist es kein Kunststück mehr, ihn zu ergreifen, und ohne zu zögern, schlagen ihn die Asen tot.

Nun ist Loki wieder ganz der alte. Stolz wie ein Hahn kräht er: »Ich bin doch der Schlaueste von euch allen. Was würdet ihr nur ohne mich anfangen?« Aber niemand hat Lust, mit ihm zu zanken, auch Iduna nicht, die sich wie immer an nichts erinnern kann. Außerdem, denkt Odin, wer weiß, ob Loki nicht recht hat? Vielleicht geben wir ihm wirklich oft die Schuld, wenn uns wieder einmal etwas Unangenehmes passiert ist? Jedenfalls sind alle in Asgard glücklich, daß Iduna wieder da ist, und daß sie alle Tage von ihren Äpfeln naschen können.

•

Aber damit ist die Sache mit Tjatse dem Riesen noch nicht aus der Welt. Denn der hat eine Tochter, die wenigstens so wild und kriegerisch ist wie ihr Vater. Nicht umsonst heißt sie Schad. Als sie erfährt, daß die Asen den alten Tjatse umgebracht haben, holt sie Helm und Harnisch hervor und macht sich auf den Weg nach Asgard.

Dort empfängt Odin sie, der keine Lust hat, mit ihr und ihrer Sippschaft eine Blutfehde anzufangen. Er versucht, den Streit zu schlichten, und bietet ihr einen Haufen Gold als Wergeld an. Aber die Riesin lacht ihn aus. »Ihr wißt wohl nicht, wer mein Vater war?« ruft sie. »Der Sohn des reichsten Riesengeschlechts, das je gelebt hat! Als er sich mit seinen Brüdern in die Erbschaft teilte, da haben sie für ihren Goldschatz ›ein Mundvoll‹ als Maß genommen, und obwohl sie das Maul aufrissen, bis sie sich beinah die Kiefer ausgerenkt hatten, mußten sie tagelang ihre Münder aufsperren, bevor der ganze Schatz zwischen ihnen nach Recht und Billigkeit aufgeteilt war. Und da wollt ihr mir Eindruck machen mit euerm bißchen Gold? Ich verzichte auf eure Almosen!«

Schließlich, nach langem Hin und Her, macht Schad den Asen einen Gegenvorschlag. »Ich will Frieden geben, aber unter zwei Bedingungen«, sagt sie. »Erstens will ich mir einen Ehemann unter den Asen aussuchen. Und zum andern müßt ihr mich wenigstens einmal zum Lachen bringen. Das ist gar nicht so einfach. Laßt euch etwas einfallen! Dann soll der Streit begraben sein.«

Was bleibt Odin anderes übrig, als sich mit diesem Handel abzufinden? Aber er besinnt sich und fügt der Abmachung noch eine Klausel hinzu. »Von dem Mann, den du auswählst, sollst du nur die Füße sehen, mehr nicht. Sonst wird nichts aus deiner Hochzeit.«

Murrend geht die Riesin darauf ein, und sogleich ziehen die Männer ihre Schuhe aus. In einer langen

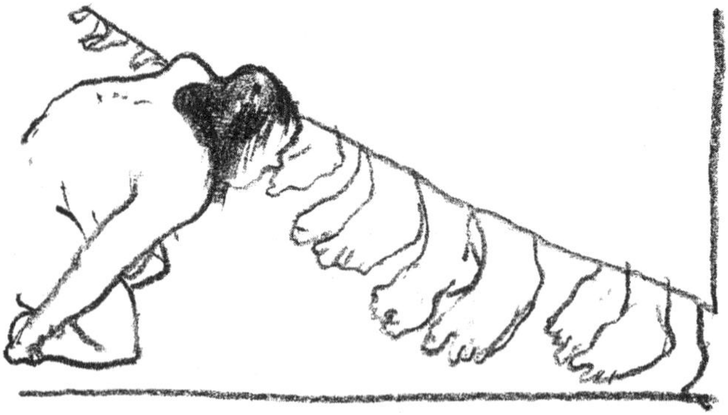

Reihe stellen sie sich hinter einem Wandbehang auf, der ihr Gesicht und ihren Leib verdeckt. Nun schreitet Schad langsam das Spalier ab. Ganz genau studiert sie bei jedem Rist, Ferse, Knöchel und Zehen. Sie versucht zu erraten, welche Füße Baldur gehören, dem schönsten Mann in Asgard; denn den möchte sie haben.

Endlich bleibt sie vor einem Paar Füße stehen, die ihr besonders schön vorkommen. »Den hier wähle ich zum Mann«, ruft die Riesentochter. »Das muß Baldur sein, an dem alles ohne Fehl und Makel ist.« Der Wandteppich fällt, und sie muß einsehen, daß sie sich getäuscht hat. Nicht Baldur ist es, den sie sich ausgesucht hat, sondern Njord, der älteste der Wanen, der einst nach dem großen Krieg als Geisel nach Asgard kam. In den alten Zeiten hatte er seine eigene Schwester geheiratet und mit ihr einen Sohn und eine Tochter gezeugt: keine andern als Frei und Freia, die mit ihm in die Burg der Asen kamen.

Nun steht Schad mit rotem Gesicht vor den Göttern, die vor Lachen nicht aus und ein wissen. Nur Odin, der Kluge, dämpft ihre Heiterkeit. »Was habt ihr nur?« sagt er. »Schad hat doch eine gute Wahl getroffen. Und

was Njord betrifft, unsern alten Witwer – der hat lange genug ohne eine Frau auskommen müssen.«

Aber Schad gibt sich nicht so leicht geschlagen. »Ihr vergeßt wohl, daß ich euch noch eine zweite Bedingung gestellt habe«, sagt sie. »Wenn ihr sie nicht erfüllt, gibt es Krieg!« Also müssen die Asen alles versuchen, um sie zum Lachen zu bringen. Sie denken sich allerlei Späße und Narreteien aus, aber Schad verzieht keine Miene dabei, und die Götter sind schon nahe daran, aufzugeben. Da springt Loki in die Bresche. Er zieht sich splitternackt aus, holt einen Ziegenbock aus dem Stall und wickelt eine lange Schnur auf. Das eine Ende knüpft er an den Ziegenbart, das andere bindet er an seinem Schwanz fest, und sogleich fängt der Bock an, daran zu zerren. Loki gibt nicht nach. Er schreit, der Bock meckert, das Tauziehen geht weiter, bis Loki endlich dem Bock um den Hals fällt. Da kann auch Schad nicht ungerührt zusehen, und sie hält sich den Bauch vor Lachen.

Die Nacht bricht an, und mit einem großen Fest wird der Frieden gefeiert. Auch Loki ist wieder in Gnaden aufgenommen. Mag er auch dann und wann eine Pest und eine Plage sein, sagen sich die Asen, am Ende müssen wir doch froh sein, daß wir ihn haben. Odin will auch Njords Braut etwas Gutes tun, um sie zu versöhnen. Er reißt ihrem toten Vater beide Augen aus und wirft sie an den Himmel, wo sie sich augenblicklich in zwei Sterne verwandeln. Dort leuchten Tjatses Augen bis auf den heutigen Tag, und wer will, kann sie im Sternbild des Kleinen Bären finden.

Aber mit der Ehe zwischen Njord und Schad wird es kein gutes Ende nehmen. Denn Njord will in Noatun wohnen, ganz nah am Meer, und Schad hat sich in den Kopf gesetzt, im Gebirge zu bleiben, auf Trymheim, dem Hof ihres Vaters. Vielleicht könnten sie sich darauf einigen, hin- und herzuziehen, neun Nächte an der Küste, neun Nächte im Gebirg? Aber dort kann Njord nicht schlafen, weil dort die Wölfe heulen, sobald es dunkel wird, und Schad beklagt sich, daß sie morgens immer vom Geschrei der Möwen aufgeweckt wird. Es wird ihnen wohl nichts anderes übrigbleiben als die Scheidung. Dann kann Schad in die Berge ziehen. Dort geht es ihr am besten, denn am liebsten nimmt sie ihre Skier und geht mit Pfeil und Bogen auf die Jagd. Auch wenn sie in Trymheim wohnt, wird sie nach wie vor zu den Asen gezählt, weil sie immerhin mit einem der Götter verheiratet war, und seither gilt sie als die Schutzherrin der Skifahrer.

•

In Asgard ist das Leben inzwischen zur Ruhe gekommen. Jeder der Asen kümmert sich um seine eigenen Angelegenheiten. Nur Odin ist wieder einmal rastlos und ungeduldig. Er schickt Hugin und Munin, seine beiden Raben, nach Süden und nach Westen aus, und wenn sie heimkehren, stellt er ihnen jedesmal dieselbe

Frage: »Ist die Zeit reif? Was ist mit Heimdals Söhnen? Sind sie zahlreich geworden?« Oft sitzt er auch im Schatten der großen Esche Yggdrasil und grübelt. Auch übt er sich in der Runenkunst und denkt daran, die Toten zu erwecken. Immer wieder dringt er darauf, daß sein Lieblingsprojekt Walhall endlich fertiggestellt wird. Es soll ein riesenhaftes Gebäude mit sechshundertundvierzig Türen werden. Aber die Asen haben wenig Lust, sich an die Arbeit zu machen. Sie fragen sich, wozu ein so gewaltiges Gästehaus gut sein soll. Für wen denn? Trotzdem schreitet der Bau voran. Odin lächelt, wenn er sieht, wie die Sonne sich in den goldenen Schilden auf dem Dach spiegelt. Die Asen begreifen, daß dieses Haus als Herberge für Krieger gedacht ist. Aber woher will Odin so viele Soldaten nehmen? Loki versucht Odin auszuhorchen, aber der schweigt, und auch Heimdal, der alles weiß, stellt sich taub. Und was die Raben sagen, kann ohnehin nur Odin verstehen.

Eines Tages steht ein altes, buckliges Weib vor Bifrost, der Regenbogenbrücke, und begehrt Einlaß. Heimdal will sie fortjagen, aber das Weib will nicht weichen. Es fuchtelt mit den Armen und deutet mit dem Finger auf die Burg der Götter. Heimdal versteht nicht, was sie will, denn ihre Stimme ist dünn und heiser wie ein Vogelschrei. Die Asen, die oben auf der Mauer stehen,

lachen die Frau aus und machen sich über Heimdal lustig, der es nicht fertigbringt, sie zu verscheuchen.

Da mischt sich Odin, der den Lärm gehört hat, unter die Zuschauer. Sobald er die alte Frau erblickt, erkennt er, wer sie ist. Er läuft über die Brücke, nimmt sie auf den Rücken und trägt sie hinauf in die Götterburg. Dort weiß auch der alte Njord sogleich, wer die Fremde ist, und kaum wittern die Katzen auf Folkwang ihren Geruch, kommen sie gesprungen und schmiegen sich um ihre Beine, denn das alte Weib ist Freia, die Liebesgöttin. Viele, viele Jahre ist sie umhergestreift, ohne Idunas Äpfel zu schmecken, und so ist sie alt und grau geworden. Es ist ein Wunder, daß sie überhaupt noch lebt.

Allmählich kommt sie wieder zu sich und erholt sich von den vielen Abenteuern, die sie erlebt hat. Unter fremden Namen hat sie viele Länder durchwandert und manches durchgemacht, von dem sie nichts erzählen will. Nur eines ist klar: ihren Mann Od hat sie vergeblich gesucht. Er ist für immer verschollen.

Doch wenn sie sich auch selber wortkarg gibt, die andern flüstern und tuscheln. Es ist vor allem der große Halsschmuck, den sie Brisingam nennt, was ihre Neu-

gier weckt. Wie Feuer glüht und flammt er um Freias Hals. Wie immer ist es Loki, der das große Wort führt. Nicht nur, daß ihm kein Gerücht in Asgard entgeht, er lauscht auch auf das Gerede der Riesen und der Unterirdischen.

»Ach, dieser Brisingam! Wißt ihr wirklich nicht, wie sie zu dem gekommen ist? Ich will es euch verraten«, flüstert Loki. »Vier Zwerge haben ihn geschmiedet. Freia ist auf ihren Wanderungen ganz zufällig auf ihre Schmiede gestoßen, und kaum hat sie gesehen, woran sie arbeiteten, da war sie schon wie verhext. Das Geschmeide wollte sie haben, koste es, was es wolle! Aber die Zwerge wollten es nicht für gute Worte und auch nicht für Gold und Silber hergeben; denn davon, sagten sie, hätten sie selber genug. Nein, aber wenn sie jedem von ihnen eine Nacht lang Gesellschaft leisten wollte, ja dann ließe sich darüber reden. Und obwohl die Schmiede ziemlich häßlich und am ganzen Leib behaart waren, war unsere Freia so scharf auf den Schmuck, daß sie sich auf den Handel einließ. Vier Nächte lang schlief sie mit den Zwergen, mit einem nach dem andern. Und dann gehörte der Brisingam ihr!«

Die meisten Asen sind empört über diese Geschichte. Nur Odin weist sie zurecht. »Wer wirft hier den ersten Stein?« sagt er. »Ihr wißt doch so gut wie ich, daß Freia bei weitem nicht die einzige ist, die sich hie und da mit Trollen oder Zwergen eingelassen hat. Und du, Loki, bist wahrhaftig der letzte, der das Recht hätte, über andere herzuziehen! Du tätest gut daran, den Mund zu halten.«

Trotzdem, viele gehen in dieser Zeit Freia aus dem Weg, so schwach und zerzaust, wie sie ist. Nur in Odins Augen wird sie mit jedem Tag schöner und vertrauter. Die beiden sehen sich jetzt öfter als früher. Odin hat das Gefühl, daß sie ihm näher steht als die anderen Asen. Sie hat, wie er, den Wahnsinn im Blut und wird nie müde, nach neuen Ufern zu streben. Immer, wenn er sie in Folkwang besucht, merkt er, wie die andern hinter seinem Rücken tuscheln. Er weiß auch, daß Frigga es nicht gerne sieht, wenn er aushäusig ist. Trotzdem kann er nicht davon lassen. Denn mit Freia versteht er sich, ihr kann er von seinen Wünschen, seinen Hoffnungen, aber auch von dem erzählen, was er fürchtet und wovor ihm graut. Sie reden über die Liebe und über den Tod – über alle Rätsel dieser Welt.

Da gibt es vieles, was schwer zu verstehen ist. Muspilheim und Niflheim zum Beispiel, die beiden Orte, die älter sind als alle andern, und die es schon lange, lange gab, bevor Odin und seine Brüder den Rest der Welt erschufen. Muspilheim mit seinem ewigen Feuer und Niflheim, wo alles nur Eis und Nebel ist. Oder Yggdrasil, den Weltenbaum, der mit seinen drei Wurzeln die ganze Erde zusammenhält, die Teile, die man kennt, ebenso wie die unbekannten. Aber am meisten beschäftigt die beiden Hel, die Königin der Toten. Einst haben die Asen sie verbannt in die tiefsten Abgründe des Nordens. Doch dort hat sie sich in der Einöde des Eises eingenistet; ihre Macht nimmt zu, seitdem sie die Herrschaft über das Totenreich angetreten hat. Alle, die durch die Krankheit oder durch das Alter ums Leben kommen, ruft sie zu sich, und ihr Ruf trägt bis in die entlegensten Gegenden. Alle müssen dieser Stimme gehorchen. Aus der ganzen Welt kommen sie, wenn sie ruft, durch tiefe und finstere Täler, bis an die Ufer des Totenflusses Gjöll. Dort führt eine goldene Brücke hinüber auf die andere Seite, wo hinter einer gewaltigen Pforte alles grau und düster ist. Hels Saal heißt Triefnaß, ihr Tisch Durst, ihr Messer Hunger, ihr Lager Siechtum. Neun Orte gibt es in ihrem Reich, und einer ist kälter und feuchter als der andere.

Von solchen Dingen sprechen Odin und Freia am Kamin, dessen Flammen flackernde Schatten an die Balken werfen, während die Katzen sich schnurrend an ihre Beine schmiegen. Sie malen sich aus, wie gierig diese Hel ist, was für eine ungeheure Macht sie über die Toten hat, wie groß das Heer von willenlosen Leichen ist, mit dem sie, wenn sie nur wollte und wenn sie es wagte, die Asen bedrohen könnte. Odin reut es, daß er sie damals, als sie noch ein Kind war, nicht umgebracht hat.

Aber auch Odin kann die Toten zu sich rufen, wenn er will, denn er denkt daran, ebenfalls ein Totenheer aufzustellen. Eines Tages wandern die beiden über die große Wiese, und er erzählt Freia von dem geheimen Auftrag, mit dem er Heimdal zu den Menschen geschickt hat. »Ein neues Menschengeschlecht wird tapfere Krieger für uns hervorbringen«, sagt er. »Alle, die im Kampf fallen, alle, die durch das Schwert sterben, sollen sich unserer Streitmacht anschließen. Wir werden weniger Kämpfer haben als Hel, wenn es zum Krieg kommt, aber die unsrigen werden mutiger sein.«

Er zeigt ihr Walhall, die große Herberge, die jetzt bereitsteht, um Heimdals Söhne aufzunehmen. Auch Hugin und Munin, die beiden Raben, sind wieder da. Sie setzen sich auf Odins Schultern und sagen ihm ihre Botschaften ins Ohr. Er lächelt. »Heimdals Saat ist aufgegangen«, sagt er. »Nun werden wir ernten. Meine Raben berichten mir, daß die Zeit reif ist.«

Dann versammelt er die Asen um sich und erklärt ihnen, was geschehen ist und was getan werden muß. »Unsere Krieger haben noch viel zu lernen«, sagt er. »Mit einem von euch will ich die Verantwortung teilen.«

Alle halten den Atem an. Wen wird er dazu ausersehen? Wer wird ihm zur Seite stehen? »Die eine Hälfte des Heeres soll bei mir in Walhall bleiben«, entscheidet er, »die andere aber …« Viele Blicke richten sich nun auf Thor, andere schauen sich verstohlen nach Tyr und nach Heimdal um. »Die andere aber soll Freia auf Folkwang befehlen.« Ein ungläubiges Murmeln geht durch die Reihen. Manchen steht die Enttäuschung ins Gesicht geschrieben, andere können ihre Verbitterung nicht verbergen. Loki sieht Freia an und lacht. Freia errötet, doch der Götterkönig hebt die Hand. »Ich habe gesprochen«, ruft er. »Es geschieht, wie ich gesagt habe.«

Schon am andern Tag reitet eine Schar junger Frauen hinaus über die Regenbogenbrücke. Sie tragen Helm und Harnisch, Schild und Speer. Ihre Pferde bewegen sich ebenso geschwind auf dem Wasser oder in den Lüften wie auf der Erde. Es sind die Walküren, die aufgebrochen sind, um auf dem Schlachtfeld über Leben und Tod zu entscheiden. Wo immer es zum Kampf kommt, nehmen sie teil und wählen die besten Krieger aus, um Asgard zu verteidigen.

Eine neue Zeit hat begonnen, für die Götter ebenso wie für die Menschen. Odin bleibt auf der Burgmauer stehen, bis die letzte Walküre hinter den Wolken verschwunden ist. Freia steht neben ihm. Nie ist sie ihm schöner erschienen.

Fünftes Kapitel DER DONNERGOTT

Nach Odin ist Thor der mächtigste unter den Göttern. Wenn er mit seinen Böcken über den Himmel fährt, dann bebt die Erde, und die Berge erzittern. Thor ist der Gott des Donners. Aber er ist auch der Beschützer der Menschen. Er hilft ihnen, wenn ihnen die Riesen drohen. In der Stunde der Gefahr wenden sich die Menschen an Thor.

Es sind aber nicht nur die fremden Ungeheuer, mit denen Mitgard zu kämpfen hat. Mit den langen Jahren des Friedens und des Vertrauens unter den Menschen ist es nämlich vorbei. Ein neues Geschlecht ist, wie Odin es wollte, herangewachsen; stärker und ausdauernder als seine Vorfahren, aber auch gnadenloser und gefährlicher. Jetzt weiß Thor nicht mehr, wem er trauen und an wen er sich halten soll. Denn jetzt kämpfen Menschen gegen Menschen; die Kinder nehmen es mit den Eltern auf, und Brüder stechen auf Brüder mit dem Messer ein.

Eine wilde und kriegerische Zeit ist angebrochen. Die Leute haben sich voneinander abgewandt. Jeder zieht eine Grenze zwischen sich und den andern. Alle versuchen, soviel Hab und Gut wie möglich an sich zu raffen. In kleinen und großen Banden ziehen sie in Mitgard umher und schlagen sich um Felder und Weideland. Sie streiten sich um Wälder und Bootsplätze, ja sogar wegen öder Klippen und nackter Felskuppen geraten sie sich in die Haare. Mein und dein – darum geht es ihnen und um nichts anderes.

Doch wenn dann endlich die Schwerter und Streitäxte ihr Werk getan haben, wenn die Überlebenden davongehinkt oder fortgesegelt sind und die Toten verlassen auf der Walstatt zurückbleiben oder wie leere Säcke auf dem Wasser schwimmen, dann kreisen nicht nur die Geier und die Raben über dem Schlachtfeld. Etwas Neues und Unerhörtes ist auf der Welt erschienen: eine Schar von himmlischen Reiterinnen, welche die gefallenen Krieger heimsuchen. Frauen in eiserner Rüstung sind es, die zu den Toten niederfahren.

Das sind die Walküren, von Odin, dem König der Götter, gesandt, um unter den Gefallenen die Besten, die Mutigsten, die Stärksten zu suchen. Sie betten die Toten vor sich auf den Rücken ihrer Pferde und ziehen mit ihnen davon durch die Lüfte. Über die große Regenbogenbrücke bringen sie ihre Beute nach Asgard, der Götterburg, die wie ein Berg im Zentrum der Welt hochragt.

Odin erwartet sie und nimmt die Toten entgegen. Sie haben bewiesen, daß sie tapfere Krieger sind, daß sie, wenn es um den Kampf Mann gegen Mann geht, vor keiner Gefahr zurückschrecken. Deswegen erweckt Odin sie zu neuem Leben. Von nun an sollen sie in seinem Dienst stehen, ein gewaltiges Heer von Untoten, die jedem Feind gewachsen sein werden. Die eine Hälfte soll in Walhall wohnen, die anderen werden bei Freia in Folkwang hausen.

Damit sie nicht aus der Übung kommen, leitet Odin selber seine Truppe an. Morgens legen die Kämpfer Helm und Harnisch an. Dann stellen sie sich auf dem Hofplatz von Walhall auf, und das Hauen und Stechen nimmt seinen Anfang. Aber ob es ihnen damit tödlicher

Ernst ist? Sie lachen und scherzen, während sie miteinander kämpfen; denn das Spiel mit Speer und Axt ist ihre größte Freude. Um die Mittagszeit, wenn Andrimne, der Koch, sie zum Essen ruft, zeigt sich, daß der blutige Streit ihnen nichts anhaben konnte. Zwar haben sie einander manchen Arm und manches Bein abgehackt, aber die fehlenden Glieder werden einfach wieder zusammengefügt, das ganze Heer stürmt freudig den Festsaal, und die Gegner lassen sich als Freunde brüderlich nieder, um zu essen und zu trinken.

Jeden Tag lassen sie sich dasselbe Gericht servieren: gekochtes Schweinefleisch mit Speck. Das ist ihnen ganz recht, denn es ist ihre Lieblingsspeise. Sonderbar ist nur, daß es ein und dasselbe Schwein ist, das sie tagaus, tagein verzehren. Es ist nämlich der berühmte Eber Särimne, den der Koch Andrimne jeden Morgen von neuem schlachtet und kocht, und er steht am Abend jedesmal wieder springlebendig da und grunzt fröhlich und zufrieden in seinem Koben.

Die schönen, stolzen Walküren schenken den Helden Met ein, soviel sie nur haben wollen. Den Met liefert eine Ziege, die Heidrun heißt; sie steht auf dem Dach Walhalls und nährt sich vom Laub der Weltesche Yggdrasil. Aus ihrem Euter rinnt der Met in Strömen. Man darf nur nicht vergessen, immer genug Eimer und Kessel unter sie zu stellen!

Odin ist immer in der Nähe. Mit seinen beiden Wölfen Geri und Freke bei Fuß und den zwei Raben Hugin und Munin auf den Schultern spaziert er in seinem gewaltigen Heerlager herum. Die von den Toten auferstandenen Kämpen sehen zu ihm auf. Sie bewundern ihn; denn sie wissen, daß sie sich keinen besseren Häuptling wünschen könnten. Sie geben ihm viele neue Namen. Einmal nennen sie ihn den Rabengott, dann wieder nennen sie ihn Ygg oder Flammenauge, Herjan oder Walvater. Das gefällt Odin sehr. Er redet von nichts anderm mehr als vom großen Krieg, der bevorsteht, der letzten Auseinandersetzung mit den Mächten der Finsternis. Früher oder später wird es soweit sein, denn die Nornen haben diesen Kampf vorhergesagt, und die Nornen irren sich nie. Auch alle Stern- und Mondzeichen deuten darauf hin. Wer in den Eingeweiden der Tiere zu lesen versteht, der weiß, daß dieser Krieg unvermeidlich ist. Jedesmal, wenn Odin die Augen schließt, sieht er den drohenden Untergang der Welt vor sich. Drachen, Lindwürmer, Trolle und Wölfe suchen ihn im Schlaf heim.

Auch die andern Asen wissen, daß es gilt, auf der Hut zu sein, und daß sie so viele Hilfstruppen brauchen, wie nur aufzutreiben sind. Doch nach und nach bringen die Walküren immer mehr Kämpfer mit nach Asgard. Das Heer der Untoten wächst und wächst, und fast wird es den Asen zuviel. Es wird eng auf der Götterburg. Vorbei sind die schönen alten Zeiten, wo jeder genug Platz hatte. Damals konnte man nach Herzenslust Feste feiern, ohne daß einem die Menschen auf die Zehen traten!

•

Loki, Frei, Thor und sein Stiefsohn Ull sind eines Morgens zur Jagd gegangen, und es gibt für sie nur ein Thema, das Gedrängel, das neuerdings in Asgard herrscht. Die vier Götter sind weit nach Norden geritten, und jetzt sind sie am Meeresstrand angekommen. Der Winter ist früh hereingebrochen, und der Fjord ist zugefroren. Wie immer ist es Loki, der einen kühnen Einfall hat. »Wenn wir schon in unserer eigenen Burg nicht mehr in Ruhe feiern können – wie wäre es, wenn wir uns an den Meeresriesen Ägir hielten? Vielleicht können wir ihn dazu bringen, daß er ein großes Fest für alle Asen ausrichtet? Keiner soll besseres und stärkeres Bier brauen als er, und er wohnt nicht weit von hier.«

Thor will dieser Vorschlag ganz und gar nicht gefallen. »Die Zeit, da Asen und Riesen miteinander am Tisch

saßen, ist längst vorbei«, murmelt er. »Und es ist auch gar nicht sicher, ob er Lust hat, uns einzuladen.« – »Aber mein Lieber«, lächelt Loki und klopft ihm auf den Rücken, »du wirst doch wohl stark genug sein, um ihm klarzumachen, daß ihm nichts anderes übrigbleibt!«

Die vier Götter springen von Eisscholle zu Eisscholle über den weiten Fjord. Aber in der Mitte klafft eine Lücke. Die See rings um die Insel, auf der Ägir wohnt, friert nie zu. Deshalb wird sein Hof auch Unkühle genannt, will heißen, der Ort, an dem es nie friert. Aber einer von den vieren, nämlich Frei, weiß Rat. Er zieht etwas Kleines aus dem Sack, das wie eine Nußschale aussieht. Aber kaum setzt er es aufs Wasser, da wird es größer und größer, und am Ende wächst es sich zu einem großen Schiff aus. Er hat mit Vorbedacht den Skidbladner mitgebracht, das magische Fahrzeug, das immer Wind in den Segeln hat; dasselbe, das einst zwei Zwerge für die Asen gebaut haben. Die vier gehen an Bord und steuern auf die Insel des Seeriesen zu.

Nun ist Ägir ein sehr mächtiger Troll. Seine Brüder sind Wind und Feuer. Ein Feind der Götter ist er nie gewesen, und so nimmt er die Gäste freundlich auf. Nur Ron, seine Frau, wirft ihnen scheele Blicke zu. Jeder kennt sie und weiß, wie böse und gefährlich sie ist. Ihr

größtes Vergnügen ist es, Seeleute in ihrem großen Netz zu fangen, um sie dann mit sich in die Tiefe zu ziehen. Das Trollpaar hat neun Töchter. Jede von ihnen ist eine Welle, und allesamt sind sie ebenso schön, wie ihre Mutter häßlich ist. Sogar Odin, heißt es, habe sich in eine von ihnen verliebt, damals, als die Welt noch jung und unschuldig war. Auch will es ein Gerücht, daß er mit ihr ein Kind gezeugt hat, nämlich seinen Sohn Heimdal, den geheimnisvollsten unter den Asen, der manchmal verkündet: »Neun Mütter habe ich, und neun Schwestern haben mich geboren.« Aber wie soll das zugegangen sein? Wer in aller Welt kann so viele Mütter haben? Ägirs Töchter wollen nichts davon wissen, und auch Odin schweigt sich, wie es seine Art ist, darüber aus.

Besonders angetan ist Ägir nicht von dem Vorschlag, die Asen zu einem Fest einzuladen. »Es sollte euch doch nicht schwerfallen, andere und bessere Wirtsleute zu finden«, sagt er. Doch die Asen bleiben bei ihrem Wunsch, und am Ende muß der Troll nachgeben; denn schon hat er gemerkt, daß Thor mit seiner Geduld am Ende ist. Seinen Augenbrauen, die sich drohend zusammenziehen, sieht man es an. »Also meinetwegen«, sagt Ägir. »Aber nur unter einer Bedingung!« – »Wenn es etwas Einfaches ist, warum nicht?« Die Götter nicken.

»Wenn Thor wirklich durstig ist, leert er ganz allein die tiefsten Brunnen aus. Das weiß doch jeder! Kein Kessel ist groß genug für seinen Durst. Wie soll ich euch da bewirten? Ich brauche einen Trog, der so riesig ist, daß ich das ganze Bier für euer Fest auf einmal brauen kann. Das ist doch nicht zuviel verlangt.«

Die Götter sehen sich an. Wie sollen sie diese Bedingung erfüllen? Es ist doch klar, daß es einen so großen Kessel nicht geben kann. Der Seeriese lacht. »Wenn ihr fertigbringt, was ich verlange, dann gebe ich nicht nur in diesem Winter ein Fest für euch; ihr könnt jedes Jahr wiederkommen!« Mit diesen Worten winkt er ihnen zum Abschied.

Als die vier aber in Asgard ankommen, fragen sich die Asen, warum Thor wohl so grimmig dreinblickt. »Was hast du nur? Ist dir eine Laus über die Leber gekrochen?« Aber Thor schweigt. Nur Loki findet nichts dabei, zu berichten, wie Ägir sie zum Narren gehalten hat.

Selbst Odin lächelt, als er die Geschichte hört. Doch Tyr eilt dem Donnergott zu Hilfe. »Wir werden diesem Riesen schon noch zeigen, wer hier den kürzeren zieht! Ich glaube, ich weiß, wo wir einen so riesigen Braukessel finden können«, sagt er leise. »Als ich klein war, habe ich gehört, daß Hyme, der Riese – ihr kennt ihn doch! –, einen Kessel haben soll, der ein paar Meilen tief ist. Den wollen wir uns holen. Aber allein werde ich das nicht schaffen. Wer will mich begleiten?« Da zögert Thor keinen Augenblick. Er will unbedingt mit von der Partie sein.

Sogleich spannt er die Böcke vor sein Fuhrwerk, und die beiden machen sich auf den Weg. Tyr weiß, wohin sie sich wenden müssen, nach Nordosten. Die Räder schlagen Funken, und sie fahren mit Dröhnen und Grollen über den Himmel. Tief unter ihnen liegt ein kleiner Hof im Gebirge. »Dort sollten wir landen und die Böcke absetzen«, sagt er. »Denn sonst sieht Hyme uns schon von weitem kommen, und mir wäre es lieber, wenn wir ihn überraschen.«

Die Leute auf dem Hof haben sich versteckt. Aber als sie sehen, daß es Tyr ist, der auf dem Hofplatz steht, kommt der Bauer mit seinen beiden Töchtern herbeigelaufen. Er verspricht, die beiden Böcke gut zu hüten und leiht den beiden Asen Skier, damit sie gut über die hohen Berge hinweg weiterkommen.

»Du kennst dich ja erstaunlich gut aus hier in der Gegend«, sagt Thor, als sie eine Weile gelaufen sind. »Ich bin doch hier aufgewachsen«, antwortet Tyr, »und was man als Kind gesehen hat, vergißt man nie wieder.« Weiter geht es an gefrorenen Wasserfällen und blauen Gletschern vorbei. Keiner von beiden sagt ein Wort. Erst als der Abend anbricht und sie sich durch eine Schneehöhle gegraben haben, in der sie übernachten wollen, sagt Tyr: »Morgen sind wir da. Dann werde ich meinen Vater und meine Mutter wiedersehen, zum ersten Mal, seit ich erwachsen bin.« – »So?« sagt Thor. »Wie kann das sein? Ich habe immer gedacht, wir wären Brüder?« – »Daß ich nicht von Friggas Fleisch und Blut bin, das ist doch kein Geheimnis«, erwidert Tyr mit einem schiefen Lächeln. »Nur glauben alle, daß Odin mein Vater ist. Wenn es nur so wäre! Aber meine Mutter, die Riesenfrau, hat sich zwar mit ihm ins Bett gelegt, aber Kinder hat sie keine von ihm bekommen. Übrigens konnte ich schon laufen, als sich die beiden zum ersten Mal trafen. Ich weiß noch, wie sie Odin beschworen hat, er möge mich nach Asgard mitnehmen und wie seinen eigenen Sohn erziehen. Das sei für alle das beste, hat sie gesagt. Und so ist es dann auch gekommen.«

Thor nickt, aber er weiß vor Verlegenheit nicht, was er sagen soll. »Weißt du«, sagt Tyr, »es ist nicht wahr, daß alle Trolle Übeltäter sind. Unsereiner kann so gut wie ihr unterscheiden zwischen Gut und Böse. Es kommt nur darauf an, wie sich einer entscheidet. Und du wirst zugeben, daß ich es verdient habe, einer von den Asen zu sein.« Er weist auf seinen verstümmelten Arm, der am Handgelenk endet. »Ja«, sagt Thor mit ernster Miene, »deine beste Hand hast du geopfert, um den Fenriswolf zu fesseln. Keiner von uns ist tapferer als du.« – »Ihr habt es gut«, gibt Tyr ihm trocken zurück. »Ihr habt nie beweisen müssen, auf welcher Seite ihr steht – obwohl es wahrhaftig Asen genug gibt, deren Mütter irgendwo in Jotunheim zu Hause sind. Nur daß ich der einzige bin, der ganz und gar von den Trollen abstammt.«

Thor will ihn trösten und legt ihm beide Hände auf die Schultern. »Mach dir nichts daraus«, sagt er. »Das alles bleibt unter uns. Du kannst mir alles sagen.« Tyr schaut ihm fest in die Augen und erklärt: »Der Riese Hyme, den wir morgen aufsuchen, das ist mein Vater. Und was meine Großmutter angeht, so hat sie neunhundert Köpfe.« – »Und wenn sie tausend hätte, was geht mich das an!« brummt Thor. »Du bist immer mein Bruder gewesen, und Brüder wollen wir auch in Zukunft bleiben.«

Aber in dieser Nacht kann keiner von beiden schlafen. Tyr denkt an seine Kindertage auf Hymes Hof, und Thor grübelt, wie sonderbar es mit der alten Feindschaft zwischen Asen und Trollen bestellt ist. Das sind doch beides uralte Geschlechter, älter als die Menschen und Tiere, älter als die Berge und das Meer. Wann mögen sich ihre Wege getrennt haben, und warum? Solche Fragen könnte höchstens Odin beantworten. Er wüßte, warum die Asen stets alles ordnen wollen, aufbauen,

etwas Neues schaffen, während die Riesen immer nur alles durcheinanderbringen, einreißen und zerstören. Die Trolle, denkt Thor, haben ein kaltes Herz, sie sind im Dunkeln zu Hause. Manche von ihnen scheuen das Licht der Sonne und können es nicht ertragen. Wenn es ihnen zu hell wird, erstarren sie zu Stein.

Doch dann fällt ihm wieder sein Blutsbruder Tyr ein, und er muß ihm recht geben: Nicht alle Riesen sind böse und grausam. Immer noch kommt es vor, daß Asen und Trolle einander in Freundschaft begegnen. Thor weiß, daß Odin so etwas nicht gerne sieht. Der Götterkönig hat sie gewarnt. Er sagt, die Zeit, da Asen und Riesen einander vertrauen konnten, neige sich ihrem Ende zu. Und trotzdem kommt es wie in alten Zeiten vor, daß ein Ase sich auf Freiersfüßen nach Jotunheim schleicht. Wer sagt denn, daß die Riesenfrauen alle häßlich sind? Thor denkt an die Trolltochter Eisenscher, die er, kaum ein Jahr ist's her, gekannt hat. Ihr Bauch ist warm wie eine Schäre in der Sonne, und ihre Schenkel sind stark wie zwei Türpfosten. Nie hat er eine Frau geliebt, die so stolz und lüstern war wie sie.

Am andern Tag kommen sie auf Hymes Hof an. Schon in der Halle erwartet sie die Großmutter mit den neunhundert Köpfen – ein wahres Monster. Aber auch Tyrs Mutter ist da. Sie weint vor Freude über das Wiedersehen mit ihrem Sohn. Hyme kommt erst am Abend zurück von der Jagd. »Versteckt euch dort drüben hinter dem Pfosten«, rät sie den Asen. »Mein Mann kann ziemlich heftig werden, wenn er Gästen begegnet, die er nicht erwartet hat.«

Mit so schweren Schritten, daß die Bohlen dröhnen, tritt der Riese ein. Eiszapfen klirren in seinem gefrorenen Kinnbart. »Willkommen zu Hause, mein Lieber«, ruft Tyrs Mutter mit einem Lächeln. »Wir haben Besuch bekommen, als du fort warst. Unser Sohn, an den wir so oft gedacht haben, hat eine lange Reise angetreten, um uns aufzusuchen, und er hat den Donnergott persönlich mitgebracht, den Beschützer der Menschen und Feind aller Unholde. Dort sitzen die beiden, hinter dem Pfosten.« Aber als Hyme das hört, wird er rot vor Zorn, denn auf Thor ist er nicht gut zu sprechen. Er wirft einen so scharfen, bösen Blick auf die Gäste, daß der Pfosten splittert und der Querbalken bricht. Acht Pfannen stürzen von der Wand auf die Köpfe der Götter und zerspringen an ihren Schädeln.

Schon springt Thor auf und will zurückschlagen. Der Schaft Mjölners, seines Hammers, zuckt in seiner Hand. Aber Tyr legt ihm die Hand auf die Schulter. »Erst müssen wir ihn so weit bringen, daß er uns verrät, wo er seinen großen Kessel hat«, flüstert er. Die Asen wissen sich zu beherrschen. So gelassen bleiben sie, daß sich am Ende auch Hyme beruhigt. Aber nach wie vor glotzt er Thor böse an. Dieser Besuch ist ihm gar nicht recht, und von seinem Sohn will er offenbar auch nichts wissen. Trotzdem befiehlt er, drei Kälber zu schlachten.

»Gäste hin oder her, ein bißchen was zu essen müssen wir haben!« sagt er mürrisch. Im Nu hat Thor ganz allein zwei von den Kälbern verschlungen.

»Wie soll ich derartig verfressene Gäste füttern?« fragt sich Hyme am nächsten Morgen, und er beschließt, daß es von nun an nur noch Fisch geben wird. Er macht sein Boot bereit, um auf Fang zu gehen. »Ich komme mit!« ruft Thor. »Wenn es sein muß«, brummt Hyme. »Aber für deinen Köder mußt du selber sorgen.« Da geht Thor in den Stall und dreht dem größten Ochsen mit einer Hand den Hals um, schleppt den Kopf ins Boot und rudert, daß es um den Bug nur so schäumt. Bald sind sie so weit draußen auf dem Meer, daß Hyme anfängt, sich zu ängstigen. Weit und breit ist kein Land mehr in Sicht, und wenn das Boot kentern sollte, wäre es zu weit, um schwimmend das Ufer zu erreichen.

Da tauchen vor dem Boot plötzlich zwei Wale auf. Hyme wirft seine Angelschnur hinaus und fängt beide. Er lacht und sieht Thor herausfordernd an, als wollte er sagen: Mach es nach, wenn du kannst! Thor hat sich achtern hingesetzt. Er befestigt den Ochsenkopf an der Angelrute und wirft ihn hundert Faden weit hinaus. Sogleich beginnt das Meer zu kochen. Wogen, so hoch wie Berge, schütteln das Boot, und aus der See erhebt sich ein fürchterliches Haupt. Es ist der Kopf der Mitgardschlange, die Thor am Haken hat. Das Ungeheuer brüllt, daß das Meer erzittert, und giftige Flammen züngeln aus seinem Maul, aber Thor holt mit letzter Kraft die Schnur ein. Als der Schlangenkopf an den Dollbord schlägt, hebt er seinen Hammer und trifft das Ungeheuer zwischen die Augen. Durch ganz Jotunheim dröhnt das Geheul der Schlange. Hyme ist so erschrocken, daß er sich fast die Zunge abbeißt. Als Thor zum zweiten Mal mit dem Hammer ausholt, hält es den Riesen nicht

mehr. Er zieht sein Messer aus der Scheide und kappt die Schnur. »Warte nur, Thor, es kommt die Zeit, wo ich dich besiegen werde!« gurgelt die Schlange. Der Donnergott winkt ihr zum Abschied mit dem Hammer, und sie ruft ihm zu: »So wird es geschehen, denn so ist's gewahrsagt und so steht's geschrieben!« Stöhnend und seufzend versinkt das Monster im Meer. »Nach Hause«, ruft Hyme, der an diesem Fischzug wenig Gefallen gefunden hat.

•

Als das schwere Boot knirschend den Sand des Ufers streift, sagt der Riese: »Was ist dir lieber, Thor? Willst du unsern Fang nach Hause tragen oder mein Boot an Land ziehen?« Thor würdigt ihn keiner Antwort, hievt den Kahn samt Ruder und Schöpfeimer – und den beiden Walen – aus dem Wasser und trägt ihn auf den Schultern über Stock und Stein bis vor die Haustür.

Hyme sieht es mit Neid und will dem Donnergott am Zeug flicken. »Rudern kannst du«, sagt er, »Lasten schleppen auch, aber das ist noch lange keine wirkliche Kraftprobe. Schau dir diesen Becher an! Glaubst du, daß du den zerbrechen kannst? Versuch es doch, wenn du Muskeln in den Armen hast und nicht nur Fett!«

Das läßt sich Thor nicht zweimal sagen. Er drückt und preßt, aber der Becher bleibt ganz. Er schmettert ihn mit voller Wucht gegen einen steinernen Pfeiler, aber nicht der Becher zerbricht, sondern der Pfeiler stürzt ein. Tyrs Mutter, die ihm zugeschaut hat, flüstert ihm ins Ohr: »Der größte Dickschädel auf der Welt, das ist mein Mann. Wirf den Becher gegen seine Stirn, und du wirst sehen, was geschieht.« Das tut Thor, und diesmal zerspringt der Becher in tausend Stücke.

Hyme ist benommen. Der Kopf schwindelt ihm. Er ist wütend darüber, daß er den stärksten Becher eingebüßt hat, den er je besaß, und brüllt: »Das ist noch gar nichts! Ich weiß eine Probe, die du nie und nimmer bestehen wirst.« Auf diese Herausforderung haben die Asen nur gewartet; denn jetzt zeigt Hyme ihnen, wo er seinen riesigen Braukessel versteckt hat. »Wer ihn haben möchte, der kann ihn meinetwegen mitnehmen«, ruft er lachend. Er ist fest davon überzeugt, daß keiner das Monstrum von der Stelle bewegen kann.

Tyr versucht es, aber auch beim zweiten Mal rührt sich der Kessel nicht vom Fleck. Dann ist Thor an der Reihe. Im Spagat stellt er sich über das Gefäß und spannt die Beine so weit, daß er kopfüber in den Kessel fällt. Mit letzter Kraft erhebt er sich, und nun ruht das Beutestück auf seinen Schultern. Wankend macht er sich auf den Weg. Tyr bleibt gerade noch Zeit, seine Mutter zum Abschied zu umarmen, dann eilt er seinem Blutsbruder nach.

Weit sind die beiden aber nicht gekommen, da hören sie in ihrem Rücken Waffenlärm. Hyme setzt ihnen mit einem ganzen Heer von vielköpfigen Trollen nach. Aus jeder Geröllhalde stoßen neue Riesen zu seiner Schar. Thor legt den Kessel weg und greift zu seinem Hammer. Mjölner ist eine furchtbare Waffe, denn er trifft stets sein Ziel und kehrt jedesmal in die Hand, die ihn geworfen hat, zurück. Es dauert nicht lange, bis die Verfolger den aussichtslosen Kampf aufgeben. Nun können die beiden Asen ihren Weg in aller Ruhe fortsetzen. Wenn es bergab geht, setzen sie sich auf den hinteren Henkel und rutschen auf dem Kessel zu Tal.

Dann aber geraten sie in ein Nebelfeld, und auf der Suche nach dem Bauernhof, wo Thor seine Böcke gelassen hat, verirren sie sich. Nachdem sie stundenlang umhergetappt sind, lichtet sich der Nebel, und sie merken, daß sie weit draußen an der Küste angekommen sind, nicht weit von der Stelle, wo der Riese Ägir wohnt. »Das trifft sich gut«, sagt Tyr. »Dort soll der Kessel hin, damit Ägir keine Ausrede mehr bleibt. Hier hast du ihn, du Meerestroll«, ruft er über den Fjord. »Fang nur beizeiten an zu brauen. Die Asen sind durstig!« Mit

diesen Worten schleudert er den Kessel über das Wasser, mit solcher Kraft, daß er über die glatte Fläche springt und springt, bis er auf Ägirs Insel landet, als wäre er einer von den Steinen, wie sie die Kinder am Strand auf die See hinauswerfen.

•

Nun trennen sich die beiden Weggefährten. Tyr will auf dem schnellsten Weg zurück nach Asgard, aber Thor muß noch seine beiden Böcke abholen. Unterwegs in den Bergen hört er einen Mann um Hilfe rufen. Auch der hat sich im Nebel verirrt. Im Schneesturm ist er im Geröll gestürzt und hat sich verletzt. Wenn Thor ihm nicht geholfen hätte, wäre er verhungert oder erfroren.

»Wie heißt du?« fragt er ihn. »Aurwandil ist mein Name«, flüstert der Mann und zeigt auf seine Zehe, die sich schon blauschwarz verfärbt hat. Thor versteht sogleich, daß der Wundbrand auf das ganze Bein übergreifen wird, wenn er nicht sofort handelt. »Es geschieht zu deinem Besten«, sagt er und bricht ihm die verletzte Zehe ab, so daß das Blut frisch und sauber aus der Wunde fließen kann. Damit das Opfer nicht umsonst ist, wirft er die Zehe hoch in den Nachthimmel und erschafft aus ihr einen neuen Stern. Der heißt seitdem Aurwandils Zehe, aber heute nennen ihn viele den Orion.

Erst am Nachmittag des folgenden Tages erreichen die beiden den Bauernhof, wo Thor zu seiner großen Freude die beiden Böcke bei bester Gesundheit antrifft. Warum schlachtet er sie dann, zieht ihnen das Fell ab und kocht sie? Warum bittet er alle am Hof, sich an den Tisch zu setzen und mitzuessen? Das sagt er nicht. Doch die Ziegenhäute legt er sorgsam vor den Kamin zum Trocknen, und von allen, die mitessen, verlangt er, daß sie alle Reste auf die Felle werfen. »Daß ihr mir vorsichtig mit den Gebeinen umgeht!« ruft er. »Nicht einmal das winzigste Knöchelchen darf zerbrechen.« Aber der Bauer hat zwei Kinder, einen Sohn, der Tjalve, und eine Tochter, die Roskva heißt, und die beiden hören nicht auf Thor.

So kommt es, daß Tjalve, der an einer Keule nagt, vor lauter Hunger mit dem Messer darauf einhackt, weil er das Mark aus dem Knochen schlürfen will.

Noch bevor der Morgen graut, steht Thor auf, nimmt seinen Hammer zur Hand und schwingt ihn über den Ziegenfellen. Sofort stehen die beiden Böcke wieder auf, so lebendig wie eh und je. Allerdings – einer von ihnen lahmt am Hinterlauf. Thor wird rot im Gesicht vor Wut, und die Knöchel seiner Hand werden weiß, so fest hält er den Hammer; denn er versteht sehr wohl, was geschehen ist. Einer der Schmausenden hat sich nicht an seinen Befehl gehalten! Der Bauer und seine Leute flehen um Gnade. Als er die Angst in ihren Augen sieht, läßt Thors Zorn nach, doch um eine Buße sollen sie nicht herumkommen. Der Bauer muß ihm seine beiden Kinder, Tjalve und Roskva, überlassen. Von nun an

sollen sie ihm folgen, ganz gleich, wo er hingeht! Und so kommt es auch.

Zu dritt nehmen sie nun Abschied und fahren nach Asgard. Thor führt den Wagen an, Tjalve und Roskva nehmen die Böcke an die Leine. So schnell geht es voran, daß die Kinder gar nicht auf die Idee kommen, zu jammern. Sie denken an das Abenteuer, das vor ihnen liegt. Hat der Donnergott ihnen nicht versprochen, daß sie beim großen Fest dabeisein dürfen, das bei Ägir stattfinden soll?

•

Unterdessen hat sich Odin wieder auf eine seiner Reisen begeben. Jedesmal, wenn ihn seine grüblerischen Gedanken heimsuchen, setzt er sich auf sein achthufiges Pferd Sleipnir, das ebenso leicht auf dem Wasser wie in den Lüften dahingaloppiert, und reitet so schnell davon, daß nicht einmal der Wind es mit ihm aufnehmen kann. Diesmal führt ihn sein Ausflug weit nach Jotunheim, ins Land der Riesen. Als er gerade umkehren will, tritt ihm ein Riese namens Rugne in den Weg. Auch er

kommt hoch zu Roß daher, und er ist berühmt für sein Geschick im Umgang mit den Pferden.

Die beiden Reiter wechseln ein paar Worte. Beide behaupten, ihr Pferd sei das beste auf der Welt. »Nicht umsonst heißt meines Gullfachse«, prahlt der Riese. »Sieh nur, wie sein Fell glänzt!« – »Du kennst meinen Sleipnir nicht«, antwortet Odin. »Was gilt die Wette, daß er schneller ist als deine Mähre?« – »Das wird sich zeigen! Ich halte dagegen«, ruft Rugne und gibt seiner Gullfachse die Sporen.

Aber Odin überholt ihn und hält seinen Vorsprung auf dem ganzen Weg nach Asgard. Rugne ist so hitzig, daß er gar nicht merkt, wohin die Reise geht, bis auch er mitten in der Götterburg angekommen ist. Schon eilen die Asen mit Speer und Axt herbei, doch Odin lächelt und sagt: »Diesmal soll der Troll nicht wie ein Feind, sondern wie ein Gast aufgenommen werden.«

Also wird Rugne nach Walhall eingeladen, und die Asen setzen ihm die großen Hörner vor, aus denen Thor zu trinken pflegt. Der Riese leert sie, eins nach dem andern, mit einem Zug, und bald ist er ziemlich betrunken. Nun nimmt er, wie es seine Art ist, große Worte in den Mund. »Wartet nur«, schreit er, »wenn ich nach Hause gehe, nehme ich euer ganzes Walhall unter dem Arm mit

nach Jotunheim. Dort soll mir euer Haus als Hundehütte für meine Jagdmeute dienen! Und euer Asgard will ich im Meer ersäufen. Mit jedem von euch werde ich fertig, keinen Gott und keine Göttin will ich am Leben lassen. Nur Siv und Freia, die will ich verschonen, und jede zweite Nacht will ich sie in meinem Bett haben!«

Er säuft und säuft, während er seine Drohungen brüllt. Anfangs lachen die Asen und ihre Kämpfer über ihn, doch allmählich wird ihnen seine Prahlerei zu dumm. Freilich, er ist immer noch ein gefährlicher Gegner, und nur Freia wagt es, ihm nachzuschenken.

In ebendiesem Augenblick kommt Thor von seiner weiten Reise nach Hause. Er ist ziemlich schlecht gelaunt, und was er in Walhall sieht, ist nicht dazu angetan, ihn aufzuheitern. »Wer hat diesem widerlichen Troll erlaubt, unser Haus zur Bude eines Säufers zu machen?« ruft er. »Und wie kommt Freia dazu, dem Schwätzer zur Hand zu gehen?« – »Odin selber hat mich eingeladen«, antwortet Rugne. »Trotzdem wirst du es noch bereuen, daß du zu uns gekommen bist«, brummt Thor und greift nach dem Hammer in seinem Gürtel. »Du hast wohl für uns Riesen nichts übrig«, lacht Rugne. »Dein Haß sitzt tief, wie mir scheint. Aber wie war das denn im vergangenen Frühjahr, als du die Trolltochter Eisenscher getroffen hast? Da saß wohl etwas anderes noch tiefer als der Haß, denn nun läuft sie mit dem dicksten Bauch von ganz Jotunheim herum.« Thor steht der Zorn ins Gesicht geschrieben; denn es gefällt ihm nicht, daß die Asen von dieser Liebschaft hören. Vor allem ärgert es ihn, daß seine Frau Siv davon erfährt. Schon wiegt er seinen Hammer in der Hand, und es hat nicht viel gefehlt, da hätte er ihn dem Riesen an den Kopf geworfen. Aber Rugne ruft ihm zu: »Ehrlos ist es, einen waffenlosen Gegner umzubringen. Du weißt genau, daß ich zu Hause meinen Schild und meinen berühmten Wetzstein liegen habe. Hätte ich sie mitgebracht, dann würde ich über deinen Hammer nur lachen. Auf der Stelle würde ich dich zum Zweikampf fordern.« – »Wann und wo du willst«, sagt Thor. »Gut!« brüllt der Troll. »Du triffst mich auf halber Strecke, am Wegweiser zu meinem Hof.«

Noch nie hat jemand gewagt, Thor zum Zweikampf herauszufordern. Er ist so überrascht von dieser Dreistigkeit, daß er sofort einwilligt. Rugne ist derart betrunken, daß er sich kaum aufrecht halten kann; die Gastgeber müssen ihm helfen und ihn auf sein Roß setzen. So schaukelt der Riese nach Hause.

•

Die beiden Kinder vom Bauernhof haben dem Spektakel atemlos zugesehen. Nun bringt sie Thor in ihr neues Heim, nach Trudwang, wo Siv sie erwartet. Mit großen Augen schauen sie sich um, denn Thors Haus ist größer als alles, was sie sich bisher träumen ließen. Fünfhundertundvierzig Zimmer hat es. »Kein Wunder«, murmelt Roskva, »daß ihr jemanden braucht, der hier Ordnung hält.« Die goldhaarige Siv nimmt die beiden freundlich

auf. Bald, denkt sie, werden sie sich auch mit ihren eigenen Kindern, Trud, der Tochter, und Mude, dem Sohn, gut verstehen.

Alle in Trudwang hüten sich, auch nur ein Sterbenswörtchen über Eisenscher zu verlieren. Nur Loki, der wie immer Bescheid weiß, kann seine Zunge nicht im Zaum halten. Sein alter Groll gegen Thor will sich Luft machen, und hier sieht er eine gute Gelegenheit, dem Hausherrn einen Streich zu spielen. Sogleich macht er sich auf den Weg ins Land der Riesen, um Eisenscher zu besuchen. »Weißt du, wer mich zu dir geschickt hat? Thor! Er vergeht vor Sehnsucht nach dir. Du sollst so bald wie möglich nach Trudwang kommen, damit dein Kind dort zur Welt kommen kann.«

Und weil Eisenscher ihm Glauben schenkt, klopft sie eines schönen Tages an der Pforte von Trudwang an. Siv ist von diesem Besuch keineswegs erbaut, und sie ist drauf und dran, der Fremden die Tür zu weisen. Aber dann bemerkt sie, daß Loki in der Ecke steht und sich ins Fäustchen lacht. Den Triumph, sie gekränkt zu sehen, will sie ihm auf keinen Fall gönnen. Lieber öffnet sie und läßt die Trollfrau ins Haus. Noch in derselben Nacht gebiert Eisenscher ihren Sohn Magne.

Sie weiß zu berichten, daß es in Jotunheim nur noch ein Gesprächsthema gibt: den Zweikampf zwischen Thor und Rugne. Alle rätseln darüber, wer ihn gewinnen wird, denn schließlich ist Rugne der stärkste Riese, den die Trolle je hatten.

»Sein Kopf ist aus Stein«, behauptet Eisenscher, »genau wie sein Herz, das zackig ist und drei Ecken hat. Und damit nicht genug! Die Riesen haben sich zusammengetan, um ihm einen Helfer zu machen, der ihn auf dem Kampfplatz begleiten soll, und zwar ist das ein Mann aus Lehm, neun Meilen hoch und drei Meilen breit über der Brust. Den haben die Trolle zum Leben erweckt und ihm das Herz einer Stute eingepflanzt.«

Als das die Asen hören, wird ihnen zweierlei zumute. Nur Loki lacht. »Na ja«, sagt er. »Wer weiß, vielleicht wird unser Fest bei Ägir mit einem Leichenschmaus enden; fragt sich nur, für wen.« – »Sei still!« ruft Odin, der das Schicksal nicht herausfordern möchte. »Übrigens, wenn Rugne mit einem Knappen anrückt, bringen wir auch unsere Helfer mit. Das ist nur recht und billig.« Und er zeigt stolz auf das gewaltige Heer der Untoten. »Bessere Krieger gibt es auf der ganzen Welt nicht.« Das wiederum hört Thor nicht gern. »Mag mein Vater es mit den Untoten halten; ich jedenfalls habe für lebendige Menschen mehr übrig. Ich nehme den jungen Tjalve mit.« – »Was?« fragt Loki grinsend. »Mit einem kleinen Jungen willst du den Riesen besiegen?«

Als der Tag der großen Kraftprobe gekommen ist, haben sich viele Asen und Trolle am Schauplatz versammelt. Der wilde Rugne ist mit einem starken steinernen Schild angetreten und hat seinen gewaltigen Wetzstein mitgebracht. Neben ihm ragt einer in die Höhe, der fast noch gefährlicher aussieht: ein enormer Riesenkerl aus Lehm mit Füßen wie Felskuppen und einem Dickschädel, der bis in die Wolken ragt.

Aber wo bleibt Thor? Ein Junge kommt über das Feld gelaufen und ruft dem Troll zu: »Ich habe dir etwas Wichtiges zu sagen!« Der Riese weiß nicht, wer Tjalve ist, und er ist überrascht, daß sich ein kleiner Mensch zu ihm auf den Kampfplatz wagt. Er beugt sich zu ihm hinab, um besser zu hören. »So, wie du deinen Schild vor dich hinhältst, wirst du sicher den Kürzeren ziehen«, sagt Tjalve ihm ins Ohr. »Denn Thor hat schon von weitem gesehen, wie du dastehst. Ich weiß, was er vorhat. Er hat sich nämlich einen Stollen unter der Erde gegraben, und wenn er in deiner Nähe angekommen ist, greift er dich von unten an.« – »Das soll ihm nichts nützen«, brüllt Rugne, legt seinen Schild auf den Boden und springt mit beiden Beinen darauf. Aber da hört man ein Donnern und ein Dröhnen, und schon zeigt sich Thor, Odins Sohn. Aus einer dunklen Wolke schießt er hernieder, aufrecht im Wagen stehend, die Zügel in der einen, den Hammer in der anderen Hand. Sein roter Bart leuchtet wie Feuer, und ein Sturmwind peitscht seine Böcke voran.

Jetzt greift Rugne wutentbrannt nach seinem Wetzstein. Der Goliath aus Lehm aber erschrickt so sehr über den rollenden Donner, daß er das Wasser nicht halten kann. Nach allen Seiten sprudelt es heraus, und auf dem Leib des Riesen zeigen sich nasse Flecken.

Jetzt schleudern die beiden Kämpfer einander ihre Waffen entgegen, Thor seinen Hammer, Rugne seinen Wetzstein. Dröhnend prallen Stein und Eisen aufeinander. Der Wetzstein zerspringt in tausend Scherben, die wie ein Hagelschauer über der ganzen Welt zu Boden fallen. Heute noch kann man an allen Küsten sehen, wo

sie niedergegangen sind, an den spitzen Schären, die aus dem Meer ragen.

Einer der Splitter aber hat Thor am Kopf getroffen, mit solcher Wucht, daß er aus seinem Wagen stürzt. Den Treffer überlebt er, bleibt aber benommen liegen, und kriechend versucht er, wieder in die Höhe zu kommen. Siv und ihre Kinder kreischen vor Angst, und Eisenscher, die ihrem Säugling Magne die Brust gibt, jammert. Aber mit Rugne nimmt es ein viel schlimmeres Ende. Thors Hammer spaltet ihm den Schädel, und der Riese fällt tot um. Jetzt jubeln Siv und Eisenscher und reichen sich vor Freude die Hand.

Doch der gefällte Riese stürzt so, daß einer seiner schweren Füße quer auf den Hals des Donnergottes zu liegen kommt. Thor ist eingeklemmt und kann sich nicht mehr rühren. Tatenlos muß er zusehen, wie der junge Tjalve nun ganz allein den Kampf mit dem Goliath aus Lehm aufnimmt.

Aber der zeigt sich ebenso ängstlich und feige, wie er groß und abscheulich ist, und der Junge bringt es fertig,

ihn umzulegen. Daran kann man wieder einmal sehen, daß es in dieser Welt nicht auf den Brustumfang und die Schuhgröße ankommt. Als die Trolle sehen, wie das Monster in Stücke springt, schlagen sie sich in die Büsche, und manche, die einen Schwanz haben, schleifen ihn mutlos hinter sich her.

•

Nun kümmert Tjalve sich um seinen Herrn Thor, der immer noch unter dem Fuß von Rugne daliegt. Er versucht, das Bein des Gefallenen hochzuheben, aber das geht über seine Kräfte. Die Asen eilen herbei, um ihm zu helfen, aber der Riesenfuß bewegt sich nicht; es ist, als wäre er festgenagelt. Alle kratzen sich am Kopf und überlegen, was sie tun sollen. Auch Siv und Eisenscher sind herbeigeeilt. Der kleine Magne, Eisenschers Sohn, der erst drei Tage alt ist, findet, daß er nun genug Milch getrunken hat. Er läßt die Brust der Mutter los, wischt sich zufrieden den Mund ab und springt aus ihren Armen. Dann krabbelt er zu Thor hin und greift nach dem Fuß des Riesen. Mit einem Ruck hat er ihn in die Höhe gehoben und seinen Vater befreit. »Schade, daß ich so durstig war«, sagt er, »sonst hätte ich den dummen Troll mit meinen bloßen Fäusten erschlagen.«

Thor ist so stolz auf seinen kleinen Sohn, daß er ihm auf der Stelle Rugnes Pferd, die herrliche Gullfachse, zum Geburtstag schenkt. Das will Odin nur halb gefallen. Er räuspert sich und sagt: »Wäre es nicht besser, ein so wunderbares Roß mir zu überlassen? Soll es denn wirklich in die Hände eines hergelaufenen Trollkindes fallen?« Aber Thor lacht nur über diesen Einfall und drückt den kleinen Magne an sein Herz. »Mag schon sein, daß er ein Trollkind ist, aber wer sein Vater ist, das steht fest!« Odin macht sich wortlos auf den Heimweg, doch Thor und Tyr, die Blutsbrüder, zwinkern sich verständnisinnig zu. Sie wissen, daß sie sich aufeinander verlassen können.

Thor ist immer noch halb betäubt vom Schlag des Wetzsteins, der in seinem Kopf festsitzt, und niemand weiß, wie man ihn herausholen soll. Er legt einen Arm um Siv und den andern um Eisenscher. Auf sie gestützt, kehrt er heim nach Trudwang, gefolgt von den Kindern. »Du warst auch nicht schlecht«, sagt Magne, spuckt weit aus und klopft Tjalve anerkennend auf den Rücken.

Unterwegs begegnet ihnen eine alte Frau, die berühmt ist für ihre magischen Künste. Sie legt ihre Hand auf den Wetzstein und singt und kräht die stärksten Zauberreime, die sie kennt. Nach einer Weile spürt Thor, wie der Stein sich langsam löst. Da fällt ihm ein, daß auch er der Alten etwas zu bieten hat. Denn sie ist mit Aurwandil verheiratet, dem Wanderer, den Thor hoch im Norden verwundet im Eis gefunden und gerettet hat. »Du hast dir sicherlich Sorgen um ihn gemacht«, sagt er, »aber keine Angst! Er wird sicherlich bald gesund nach Hause kommen.« Da ist die Alte außer sich vor Freude, daß sie darüber die letzten Strophen ihres Zauberreims vergißt und nicht mehr weiterweiß. Und so bleibt der Wetzstein wieder stecken.

Solange er lebt, wird Thor nun mit diesem Andenken an den Kampf mit Rugne herumlaufen müssen! Deshalb heißt es bis auf den heutigen Tag, daß man nie einen Wetzstein fortschleudern darf, denn dann rührt sich der Riesensplitter in Thors Stirn, und der Geplagte fängt an zu wüten. Mit einem Donnergott, der Kopfweh hat, ist aber nicht zu spaßen. Freund und Feind tun gut daran, sich vor ihm zu hüten!

Trotz allem steht es nicht so schlecht um Thor, daß er nicht von Herzen gern mitgekommen wäre, als Ägir endlich sein Bier im Kessel des Riesen fertiggebraut hat und die Asen zum großen Fest lädt. Alle finden sich ein, sogar Odin läßt sich zu diesem Ausflug überreden.

Der Festsaal auf Ägirs Hof heißt Brime, und das heißt soviel wie »der Schäumende«. Er macht seinem Namen alle Ehre, denn zu trinken gibt es mehr als genug. Die Biertonnen gleiten auf den Tischen hin und her und schenken ganz von selber nach, sobald ein Becher geleert ist. Um den großen Saal zu erleuchten, braucht es kein Feuer und keine Fackeln, denn Ägir hat ihn mit Gold verkleidet, das so rein ist, daß es im Dunkeln leuchtet. Auch Tjalve und Roskva sind eingeladen, und der kleine Magne sitzt auf Thors Schoß und trinkt mit seinem Vater um die Wette. Selten haben die Asen ein so vergnügliches Fest gefeiert.

•

Sechstes Kapitel DIE REISE ANS ENDE DER WELT

eit, weit drinnen in Jotunheim liegt eine große Burg, die in Fels und Eis gehauen ist. Nur im Sommer, wenn es taut, ist sie von Wald und grünen Wiesen umgeben. Dort herrscht der berühmte Geirröd. Er hat nur einen Kopf, der aber ist so groß und häßlich, daß nur seine beiden Töchter, die häßliche Greip und die abscheuliche Galp, seinen Anblick ertragen können.

Wie die drei Riesen da oben sitzen und sich anglotzen, kommt auf einmal ein Falke geflogen. Der läßt sich hoch oben an der Mauer nieder und späht durch einen Spalt hinein.

»Fangt ihn!« ruft Geirröd; denn er hat sich schon lange einen Jagdfalken gewünscht, den er zähmen möchte, um ihn am Handgelenk zu halten auf der Jagd nach Hasen und anderem Kleinwild.

Die Töchter strecken sich nach der Decke, sie hüpfen und springen und steigen auf Leitern, aber umsonst, sie erreichen den Falken nicht. Der sitzt jetzt ganz oben auf dem Dachbalken, und es sieht ganz so aus, als machte er sich über die Riesentöchter lustig.

Als er aber fortfliegen will, merkt er, daß seine Klauen in einer Ritze festhängen. Der Vogel flattert und schreit, und nun sind es die Riesen, die ihn auslachen.

Geirröd packt ihn am Hals und sagt: »Du bist mir ein schöner Vogel, und ich glaube, du wirst mir viel Freude machen.«

Aber der Falke faßt ihn kalt ins Auge, und Geirröd erschrickt. »Du blickst mich nicht wie ein Vogel an«, sagt er. »Du trägst ein Federkleid, aber deine Augen verraten dich.«

Der Vogel schweigt. »Entweder bist du ein Mensch oder einer von den Asen, die sich einbilden, daß sie alles können und alles am besten wissen!«

Aber der Falke hält seinen Schnabel geschlossen. »Na ja«, grunzt Geirröd. »Ich habe Zeit. Früher oder später werde ich dich schon zum Reden bringen.« Und er sperrt den Falken in eine Truhe und wirft den schweren steinernen Deckel zu.

All das sieht auch Odin, oder besser gesagt: er hätte es mit ansehen können. Denn wenn der Götterkönig auf seinem Thron sitzt, kann er die ganze Welt überblicken und merken, was Asen und Trolle, Zwerge und Alben, Menschen und Tiere treiben. Aber es gibt Wichtigeres auf der Welt als einen Falken, der sich verflogen hat. Odin richtet sein Augenmerk auf die finsteren Mächte, die sich sammeln. Er denkt an den drohenden großen Krieg. Er hält Ausschau nach Hels Heerscharen aus dem Totenreich. Er verfolgt, wie eine Schlange an der Wurzel der Weltesche nagt, und wie eine Riesin weit im Osten im Eisenwald immer mehr Junge wirft. Es sind Wölfe, die sie gebiert. Einer von ihnen heißt Skoll und jagt hinter der Sonne her, ein anderer heißt Hate und hetzt den Mond.

Odin hat die Welt erschaffen, und er ist ihr Schutzherr. Deswegen sucht er seinen Hochsitz auf und hält Ausschau. Von dort kann er alles sehen, was er sehen will. Nur nicht alles auf einmal. Geirröd und dem Falken schenkt er keinen Blick.

•

Drei Monate lang bekommt der Vogel weder Wasser noch Brot. Er sitzt im Dunkeln und schnappt nach Luft. Am Ende hält er es nicht länger aus. »Laßt mich raus!« ruft er. Da hebt Geirröd den Deckel, und wer sitzt in der Truhe? Kein anderer als Loki, einer der Asen, der noch dazu Odins Milchbruder ist.

»Wenn du schwörst, daß du nicht versuchst zu fliehen, und machst, was ich verlange, dann lasse ich dich raus«, brummt Geirröd. »Ich schwöre es«, antwortet Loki, richtet sich auf und streckt seine Glieder. Das zerfledderte Falkenkleid fällt von ihm ab und bleibt auf dem Boden der Truhe liegen.

•

Endlich bekommt der arme Gott etwas zu essen und zu trinken. Geirröd will wissen, was es in Asgard Neues gibt, und Loki berichtet ihm vom Klatsch der Götter. Der Riese schenkt ihm ein Glas nach dem andern ein, und bald ist Loki sturzbetrunken – kein Wunder nach seiner langen Hungerkur.

Sie sprechen von alten Zeiten. Damals herrschte noch eitel Freundschaft zwischen Asen und Trollen, und sie gingen miteinander zur Jagd und zum Fischen. »Aber wir sind die Ältesten«, trumpft Geirröd auf. »Die Riesen waren ja die allerersten Geschöpfe. Unsere Sippe ist älter als die Berge und älter als das Meer. Hat er das vergessen, euer einäugiger Götterhäuptling? Hat er vergessen, wie wir einmal fast Blutsbrüder geworden wären, damals in der Urzeit, als die Riesenmutter Besla ihm ihre Zitzen hinhielt?«

»Davon will er schon lange nichts mehr hören«, seufzt Loki, und Geirröd brüllt: »Dann solltet ihr euch lieber einen andern Häuptling wählen! Einen, der sich noch daran erinnern kann, wo er herkommt! Loki, wie wär's mit dir? Deine Eltern waren Trolle, und zwei von deinen Brüdern leben hier in Jotunheim. Du und kein anderer sollte König und Häuptling in Asgard sein!«

»Das meine ich auch«, greint Loki. Da fällt Geirröd ihm ins Wort: »Aber solange Thor, der Donnergott, wie ein Wilder mit seinem verdammten Hammer herumtobt, kann es mit euch keinen Frieden geben.« – »Das meine ich auch«, seufzt Loki. »Trink noch ein bißchen Met«, sagt Geirröd und schenkt ihm nach. Doch da ist Loki schon eingeschlafen. Der Kopf ist ihm auf die Tischplatte gesunken, und er schnarcht so laut, daß der ganze Saal davon widerhallt.

Am andern Morgen fliegt Loki davon. »Aber vergiß nicht, was du mir geschworen hast«, ermahnt ihn Geirröd. »Habe ich dir etwas geschworen?« fragt Loki, denn er kann sich an nichts erinnern, so dröhnt ihm der Schädel. »Ich habe versprochen, dir zu helfen, damit du König in Asgard wirst«, sagt Geirröd ernst. »Und dafür hast du versprochen, daß du mir Thor herbeischleppst – wie, das ist deine Sache! –, damit ich ihm alle Knochen brechen und ihn einsperren kann, in dieselbe steinerne Truhe, in der du so lange gewohnt hast.«

Und Geirröd droht ihm mit seinem Zeigefinger, der voller Warzen ist: »Daß er mir aber ja ohne seinen Hammer kommt, und ohne seinen Zaubergürtel, und ohne seine eisernen Handschuhe!«

»Das soll ich dir versprochen haben?« fragt Loki und wird bleich. »Du hast es geschworen«, knurrt Geirröd, und seine beiden Töchter nicken dazu; sie seien dabeigewesen, sie hätten es selbst gehört, sie seien Zeugen.

Auf dem Heimweg fliegt Loki vorsichtig und nur knapp über den Baumwipfeln, denn er hat einen gewaltigen Kater. Was habe ich nur getan, denkt er. Doch er weiß auch: Versprochen ist versprochen. Derjenige, der seinen Eid bricht, hat den Tod verdient. So hat Odin es bestimmt.

•

Als Loki nach Hause kommt, mit kalten Füßen und Reif am Schnabel, wird er von Sigyn, seiner Frau, und seinen Söhnen freudig empfangen. Sie sind erleichtert, ihn nach so langer Zeit wiederzusehen. Aber niemand fragt ihn, wo er sich aufgehalten hat. Sie sind daran gewöhnt, daß Loki kommt und geht, wie es ihm paßt, und daß er nie mehr erzählt, als er will. Diesmal aber sagt er gar nichts.

Am andern Tag schleicht er sich in die große Küche von Walhall, um sich umzuhören. Neugierig war Loki schon immer, und er weiß, daß es die Köche und die Mägde sind, die man fragen muß, wenn man erfahren will, was es am Sitz der Götter Neues gibt. Zum Beispiel, daß Thor gerade von einer Seefahrt heimgekehrt ist, mit ein paar bösen Schrammen, weil ihn auf einer Insel im Nordmeer eine Horde von Wolfsfrauen mit Eisenstangen überfallen hat.

Aber auch aus Mitgard gibt es Neuigkeiten. Die Dienstboten haben gehört, daß immer mehr Huldren auftauchen, die die Menschen heimsuchen und allerlei Unheil stiften. Alle schütteln den Kopf und fragen sich, was wohl aus dem Menschengeschlecht werden soll, wenn das so weiterginge. Vielleicht würden die Leute in Mitgard bald selber wie die Huldren aussehen, mit langen Kuhschwänzen und einem Rücken, der so hohl war wie ein Viehtrog?

»Ach was«, sagt Loki und steht auf. »Soweit kann es nicht kommen, genausowenig wie die Menschen je zu Göttern werden. Und es ist schließlich kein Wunder, daß sich Gegensätze anziehen, auch wenn es Odin nicht

paßt. Er will uns verbieten, in Jotunheim Liebkosungen zu sammeln, wie wir es schon seit eh und je getan haben.«

»Vielleicht will er die Riesentöchter nur für sich behalten«, grinst einer der Küchenjungen. »Das glaube ich kaum«, sagt ein anderer. »Es ist ja schon ewig her, daß der einäugige Ziegenbock dort in Jotunheim ins Bettstroh gehüpft ist.«

»Früher«, ruft Loki, »da war Odin einmal der geilste und wildeste von uns allen.« – »Oh«, sagt eine von den Mägden, »feurig und verrückt ist er immer noch.« Es ist das Kammermädchen, das bei Frigga im Dienst steht, Odins Frau, und sie weiß alles, was im Haus der Häuptlinge vorgeht. »Jedesmal, wenn es ihm paßt, verschwindet er ein paar Tage lang. Dann geht er nach Mitgard zu den Menschentöchtern. Wenn ihr wüßtet, wie er sich aufführt, sobald er merkt, daß er sich nicht mehr beherrschen kann!« Sie wird rot und schlägt die Augen nieder. »So wie damals, als er sich an die Tochter von Billing herangemacht hat«, lacht der Koch und trocknet sich die Hände an der Schürze ab. »Ich weiß nicht mehr, von wem ich es gehört habe, aber jedenfalls hat sich unser Odin bei dieser Gelegenheit ziemlich blamiert. Er hat sich bei ihr eingeschmeichelt. Als er aber, wie verabredet, zum Stelldichein kam, hitzig wie ein Ofen und geil wie ein Stier, da stürmten plötzlich ein paar Krieger mit brennenden Fackeln ins Schlafzimmer und fielen über ihn her. Sie hatte eben noch Zeit, ihm ins Ohr zu flüstern: ›Komm wieder, mein Schatz, wenn sie fort sind.‹ Und er ist darauf hereingefallen. Er verband seine Wunden und wartete draußen bis zum ersten Hahnenschrei. Dann schlich er sich über den Hof, an den schlafenden Wächtern vorbei, ins Haus und in ihr Bett. Es war ganz dunkel im Zimmer. Er flüsterte ihr heiße Worte ins Ohr, doch er konnte nicht sehen, wen er umarmte. Aber dann merkte er doch, daß es nicht Billings Tochter war, was sich dort auf dem Fell drehte und wand – sondern eine große Hündin, die man an den Bettpfosten festgebunden hatte. Und von allen Seiten hörte er Gekicher und Gelächter.« Jetzt lacht auch der Koch und schlägt sich mit der großen Holzkelle auf die Schenkel. »Das hatte er nun davon!«

»Eine scheußliche Geschichte«, sagt Loki und spuckt auf den Boden. »Mir wird ganz schlecht, wenn ich hören muß, wie sich die Götter mit den Menschen einlassen. Das sind doch Wesen, die wir selbst erschaffen haben, kleines Kroppzeug, das wir nur in die Welt setzten, weil uns langweilig war. Mit denen ins Bett zu gehen, das ist nicht viel besser, als schliefe man mit den eigenen Kindern!«

»Sehr richtig! Einverstanden!« rufen die Köche, die Mägde und die Kammermädchen. »Dagegen die Riesen! Das ist etwas anderes. Die sind wie wir, die sind uns ebenbürtig. Mit einer Riesentochter ginge ich allemal ins Bett.«

»Aber Odin kann die Riesen nicht leiden. Er will nichts mehr mit ihnen zu tun haben, und wir, sagt er, sollen gefälligst auch die Finger von ihnen lassen.«

»Der soll vor seiner eigenen Tür kehren«, antwortet Loki. »Und wir sind schön feige, wenn wir es nicht wagen, ihm zu widersprechen. Erst gestern bin ich von einem Besuch bei Geirröd nach Hause gekommen. Das ist ein erstklassiger Riese, und auf seinem Hof leben zwei der herrlichsten Geschöpfe, auf die je der Mond geschienen hat. Das sind seine Töchter, die zarte Greip und die schöne Galp. Mich wollten sie ja leider nicht haben, und ich weiß auch von anderen Freiern, denen sie die Tür gewiesen haben. Die beiden Schwestern träumen nämlich von ein und demselben Mann.«

»Von wem denn?« rufen die Mägde wie aus einem Mund. »Ist es jemand, den wir kennen?« Loki sieht sich triumphierend um, und erst nach einer langen Pause sagt er leise: »Es ist Thor, der Donnergott. Ihn wollen sie haben und keinen anderen. Und sie haben sich in den Kopf gesetzt, ihn zu teilen, so lange, wie er es aushält. Aber wir wissen ja, was aus ihm geworden ist. Ein Angsthase, der einknickt, sobald Odin mit den Fingern schnippt. Also werden die beiden Mädchen wohl Jungfrauen bleiben, bis ihnen das Moos zwischen den Beinen wächst. Aber er weiß nicht, was er sich da entgehen läßt, der Dummkopf.«

Loki lacht höhnisch, rollt mit den Augen und schnalzt mit der Zunge wie ein Kenner, und dann geht er ohne ein weiteres Wort nach Hause. Denn er weiß genau, daß kein Tag vergehen wird, bis die Mägde herumgetratscht haben, was er ihnen anvertraut hat, und bald würde es Thor zu Ohren kommen.

Und richtig, als Loki am andern Morgen, munter vor sich hin pfeifend, über den Hof geht, da springt ein Riese mit rotem Bart und wirrem Haar vor ihm aus dem Gebüsch und brüllt: »Wer behauptet hier, daß ich ein Angsthase bin?« Es ist Thor. »Ich doch nicht«, flötet Loki. »Das muß ein Mißverständnis sein. Ich habe genau das Gegenteil gesagt. Thor, habe ich gesagt, der ist nicht wie die andern. Der läßt sich nicht von Odin herumkommandieren. Den führt keiner an der Leine! Er ist schließlich der Donnergott, der keinen fragt, wen er umarmen darf.« Und Loki redet so lange auf ihn ein, bis er Thor besänftigt hat.

»Du hast recht«, sagt der Donnergott schließlich. »Ich mache, was ich will, und ich will sie nun einmal haben, diese beiden Schwestern. Noch heute nacht breche ich auf nach Jotunheim. Mein Knecht Tjalve soll mich begleiten. Und du, Loki, kommst auch mit und zeigst mir den Weg.«

»Aber du darfst deinen Hammer nicht mitnehmen, und auch den Zaubergürtel und die eisernen Handschuhe mußt du zu Hause lassen, denn so war es mit Geirröd abgemacht.«

•

Gesagt, getan. Sie reiten heimlich in die Dunkelheit hinaus, damit niemand erfahren soll, was sie vorhaben. Aber der Weg nach Jotunheim ist weit, und so müssen sie auf halbem Weg bei einer Riesin namens Grid übernachten, die den Asen wohlgesinnt ist. Als sie hört, wo sie hinwollen, runzelt die Gastwirtin die Stirn. »Dieser Geirröd«, sagt sie, »ist ein schlauer Hund. Er hat es faustdick hinter den Ohren. Wo hast du denn deinen Hammer gelassen, den Gürtel und die Handschuhe?« Und als sie hört, daß er mit bloßen Händen gekommen ist, schüttelt sie den Kopf. »Was fällt dir ein? Zu Geirröds Töchtern willst du? Daß die so schön sein sollen, ist mir neu. Aber bitte! Jedem seine Lust, ich will nichts gesagt haben. Nur, wie soll ich Odin unter die Augen treten, wenn ich dich mit leeren Händen zu den Riesen gehen lasse? Das ist unmöglich. Wenn du willst, borge ich dir ein paar von den Sachen, die ich hier im Schrank habe.« Und sie gibt ihm ihren Zaubergürtel, ihren Stab und ein Paar eiserne Handschuhe.

Am andern Morgen kommen die drei zu einem Fluß, der unbegreiflich breit ist. Ihre Pferde müssen sie am Ufer zurücklassen und hinüberwaten. Zum Glück ist der Fluß ziemlich seicht, aber die Strömung ist stark, und es gibt gefährliche Schnellen. Thor stützt sich auf den Stab, den Grid ihm geliehen hat, und Loki und Tjalve

halten sich an seinem Gürtel fest. Aber als sie in der Mitte des Flusses angekommen sind, fängt das Wasser an zu steigen.

Thor schaut sich um. Was ist geschehen? Weiter oben, wo der Fluß durch eine enge Klamm führt, steht Galp, eine von Geirröds Töchtern, mit einem Bein auf beiden Seiten der Kluft und läßt ihr Wasser rinnen. Da hebt Thor einen riesigen Felsbrocken aus der Flut, zielt, wirft und trifft mitten ins Ziel. Aber unterdessen ist das Wasser so gestiegen, daß sie das Gleichgewicht verlieren. Die Strömung reißt sie fort, sie taumeln und rudern mit Armen und Beinen. Endlich gelingt es ihnen, am andern Ufer Fuß zu fassen, wo ein Vogelbeerbaum steht. Thor ergreift ihn und zieht die beiden anderen an Land.

Nach ein paar Stunden kommen sie endlich ganz durchnäßt auf Geirröds Hof an. Der Hausherr heißt sie willkommen und weist ihnen das Gästehaus zur Unterkunft an. Dort ist es kalt und dreckig, und es gibt nur einen einzigen Stuhl zum Sitzen. Thor ist einigermaßen überrascht, aber Loki lacht nur und zuckt mit den Schultern. Doch als Thor sich setzen will, merkt er, daß der Stuhl sich unter ihm rührt und zur Decke steigt. Was

kann das sein? Er greift nach dem Stab, den Grid ihm geliehen hat, und stemmt ihn mit aller Kraft gegen die Dachbalken, bis er wieder auf dem Boden gelandet ist. Da hört er ein knirschendes Geräusch und einen lauten Schrei. Das waren Galp und Greip, die beiden Töchter, die sich unter dem Stuhl versteckt hatten. Thor hat sie derart zusammengequetscht, daß sie mit verstauchtem Rücken hervorkriechen.

Tjalve schaut die beiden an und verzieht das Gesicht. »Wegen diesen beiden sind wir den langen Weg gekommen?« sagt er. »Na ja«, gibt Loki zur Antwort, »das ist wohl Geschmackssache.« Aber man merkt ihm an, daß ihm bei dem Ganzen nicht wohl ist; denn auch Thor runzelt jetzt die Stirn, und es ist klar, daß er Loki am liebsten eins mit dem Hammer über den Schädel gegeben hätte. Aber seinen Hammer hat er ja nicht dabei.

Ein Diener kommt und meldet, daß Geirröd wünscht, seine Gäste im großen Saal zu sehen. Und zwar will er sie zu einem Kräftemessen einladen. An der Längswand hat er ein riesiges Feuer anzünden lassen, und er selbst sitzt am anderen Ende des Saals und wartet auf Thor, der ihm, ohne eine Miene zu verziehen, entgegengeht. Plötzlich nimmt der Riese eine Zange zur Hand, holt ein glühendes Eisen aus dem Feuer und schleudert es Thor entgegen. Aber der Donnergott hat eiserne Handschuhe an und fängt den feurigen Brocken auf, als wäre es ein Ball. Geirröd will sich hinter einem Balken verstecken, aber zu spät! Thor wirft die glühende Kugel zurück, mit solcher Wucht, daß das Metall durch den Balken schlägt, ein Loch durch Geirröd brennt und durch die Wand nach draußen fliegt.

»Hier haben wir nichts mehr verloren«, brummt Thor. »Und das war das letzte Mal, daß ich auf dich gehört habe, Loki, ganz gleich, ob du mir eine Liebschaft einreden willst oder einen anderen von deinen Tricks probierst!«

»Schade, daß du es so siehst«, murmelt Loki. »Obwohl ich, wie gesagt, finde, daß ...«

»Halt das Maul!« brüllt Thor. Aber so schlecht gelaunt, wie er sich anhört, ist er gar nicht. Denn nichts auf der Welt gefällt dem Donnergott besser als eine richtige Rauferei.

So endete Lokis Gefangenschaft und Thors Brautschau, und niemand soll sagen, daß es zu ihren Zeiten soviel friedlicher als heute zugegangen ist auf der Welt.

•

Siebentes Kapitel — DIE BÄRTIGE BRAUT

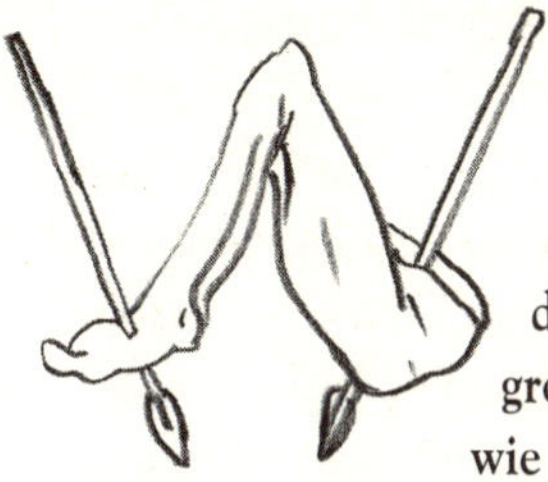

Wie wenn ein flammendes Schwert die Welt entzwei spaltet, wie wenn große Steine über die Wolken rollen, wie wenn der Himmel selber Purzelbäume schlägt – bis es plötzlich still wird und alles Lebendige den Atem anhält, bevor die Wolken einen mächtigen Wind aufschrecken und ein Regen niederfährt wie eine Wand: So ist es, wenn Thor vorbeizieht; so ist es, wenn der Donnergott mit seinen Böcken dahergerast kommt.

Trotzdem wissen die Menschen, daß er ihnen wohlwill. Sie sehen ihn als ihren Freund und Beschützer. Alle wissen, daß nicht er, sondern Odin der mächtigste von allen Asen ist. Er ist ihr Häuptling. Aber er läßt sich selten blicken. Meistens bleibt er auf seinem Hochsitz und grübelt, weit weg, auf der gewaltigen Götterburg Asgard, auf der anderen Seite des Regenbogens. Es sieht ganz so aus, als wäre er sich selbst genug.

Thor dagegen – mit dem kann man immer rechnen. Wenn jemand in Gefahr ist und Hilfe braucht, wenn die Riesen den Menschen drohen, wenn dunkle Kräfte Mitgard bedrängen, um zu plündern und zu brandschatzen, dann rufen die Leute Thor herbei. Viele machen sich sogar einen kleinen Hammer aus Silber, den sie an einer Kette um den Hals tragen, als Zeichen dafür, daß Thor es ist, dem sie vertrauen.

Sein Hammer heißt Mjölner, und er ist die stärkste und gefährlichste Waffe, die es gibt. Wenn Thor ihn wirft, trifft er immer sein Ziel, und sei es noch so klein, und dann kehrt der Hammer von selber in seine Hand zurück. Er zermalmt alles, was ihm in den Weg kommt. Weder der härteste Fels noch der dickste Riesenschädel kann Mjölner widerstehen.

Aber die Asen haben noch ganz andere starke Waffen. Hinter den mächtigen Mauern von Asgard lagern Berge von Schwertern, Streitäxten, Speeren und Bogen. Odin rechnet nämlich damit, daß ein großer Krieg bevorsteht. Deshalb lodert in den Schmieden Tag und Nacht das Feuer. Niemand weiß, wie viele dort für ihn arbeiten.

Doch nicht nur Waffen hat die große Götterburg zu bieten. Über die Jahre hinweg haben es die Götter auch verstanden, erlesene Schätze aufzuhäufen: Idunas berühmte Äpfel, die den, der sie kostet, verjüngen und ihm neue Kräfte geben; Skidbladner, ein Schiff, das nicht nur zu Wasser, sondern auch zu Lande segeln kann, und nach dem Ende der Fahrt läßt es sich zusammenfalten zu einem kleinen Tuch; ferner das Pferd mit den acht Beinen und das Schwein, das im Dunkeln leuchtet.

Auch viele schöne und kostbare Schmuckstücke haben sie sich angeschafft. Alle beneiden Odin um seinen schweren Goldring, der Draupne heißt und so wunderbar beschaffen ist, daß in jeder Nacht acht gleich große Ringe aus ihm tropfen. Aber das berühmteste aller Juwelen in Asgard ist doch der Brisingam. Dieses funkelnde Schmuckstück haben vier liebestolle Zwerge einst für Freia, die Göttin der Liebe, geschmiedet, und sie trägt es immer, ob sie schläft oder wacht, am Hals. Keine magischen Runen, keine gefährlichen Zauberformeln zieren diesen Schmuck, und er scheint keine geheimen Kräfte zu haben. Aber heißt es nicht, der stärkste Zauber ginge von der Schönheit aus? Gibt es etwas Gefährlicheres als ihren Anblick? Bleibt nicht vielen das Wort im Halse stecken, wenn sie ihr begegnen? Manche verlieren sogar den Verstand. Und alle sind sich einig, daß es nichts Schöneres gibt, weder auf noch unter der Erde, als den Brisingam, Freias Schmuck. Wie viele gibt es, Götter und Trolle, die ihn kaufen wollten! Aber Freia denkt nicht daran, ihn herzugeben. Um keinen Preis!

Einer, der ihn gesehen hat, träumt seitdem davon, ihn sein eigen zu nennen. Er ist ganz besessen von dem Wunsch. Und es gibt nur einen Weg, seine Gier zu stillen: er muß den Brisingam stehlen.

•

Die Nacht ist mondlos und dunkel. Über den Hofplatz von Folkwang schleicht ein Mann. Freia, die Hausherrin, schläft ruhig, denn in ganz Asgard gibt es kein Haus, das so feste Türen und so starke Schlösser hat wie das ihre. Aber der sich da in der Nachtkälte heranpirscht, ist kein gewöhnlicher Dieb, er ist ein Meister seines Faches. Schwarzgekleidet ist er, und das Gesicht hat er sich mit Ruß beschmiert. Er tastet vorsichtig an den Türklinken. Nein! Die Schlösser sind mit Bolzen gesichert. Das hat er sich gedacht. Und auch die Fenster sind mit dicken Platten verrammelt. Doch der Schwarzgekleidete gibt nicht so leicht auf. Im Nu hat er sich in eine Fliege verwandelt. Jetzt sucht er eine Ritze. Hoch oben, unter dem Dachfirst, findet er ein winziges Loch, kaum größer als ein Nadelöhr. Er preßt die Flügel dicht an den Leib, und so gelingt es ihm, durchzuschlüpfen.

Erst überzeugt er sich davon, daß Freias Töchter und die Dienstmädchen schlafen. Dann fliegt er summend und munter in Freias Bettkammer. Er fühlt sich sicher, weil er weiß, daß alle ihre Katzen draußen streunen, auf der Suche nach Freiern und auf der Jagd nach Mäusen.

Der Dieb läßt sich auf einem Bettpfosten nieder. Wunderbar sieht Freia aus, wie sie so daliegt! Den Brisingam trägt sie am Hals, doch die Schließe ist unter ihrem Nacken verborgen. Er muß sie dahin bringen, daß sie sich umdreht. Einen Augenblick lang besinnt er sich. Dann verwandelt er sich in eine Laus. Wie angenehm es ist, über Freias weiche Brüste zu wandern! Langsam klettert er an ihrem Kinn hoch. Er holt Atem, schließt die Augen und beißt zu, so fest er nur kann. Da erwacht Freia und schlägt um sich. Sie murmelt zornig vor sich hin und wendet sich auf die Seite. Er wartet geduldig, bis sie wieder eingeschlafen ist.

Da nimmt der Lausekerl wieder seine wahre Gestalt an. Er beugt sich über die Schlafende, öffnet mit spitzigen Fingern das Schloß und zieht ihr den Schmuck vom Hals. Dann geht er ruhig zur Tür, zieht den Riegel heraus und verschwindet in der Dunkelheit.

Als die Katzen in der Morgendämmerung heimkommen, finden sie die Tür sperrangelweit offen. Sie sind es gewohnt, draußen auf der Schwelle zu warten, bis ihnen jemand aufmacht. Diesmal aber laufen sie schnurrend und miauend durch das schlafende Haus. Doch als sie auf das Bett ihrer Herrin springen, um ihr an Kinn und Hals zu schmeicheln, verjagt sie Freia mit einem schrillen Schrei und mit zornfunkelnden Augen.

Wer ist der Schuldige an diesem Debakel?

Freia nimmt sich nicht einmal die Zeit, um sich zu kämmen. Sie spannt die Katzen vor ihr Fuhrwerk und fährt im Galopp zum Himmelsberg. Dort haust Heimdal, der Wächter der Götter. Er bewacht Bifrost, die weite Regenbogenbrücke, die einzige Verbindung der Götterburg zum Rest der Welt. Niemand kommt nach Asgard herein, niemand von dort heraus, ohne daß Heimdal es merkt.

»Hier ist kein Riese und auch kein Zwerg vorbeigekommen«, sagt Heimdal. »Dafür lege ich meine Hand ins Feuer.«

»Also muß der Dieb einer der Unseren sein!« ruft Freia. Heimdal nickt. »Dann finde ihn gefälligst«, knurrt sie. Sie wartet die Antwort nicht ab, knallt mit der Peitsche, und die Katzen stieben davon.

Noch dämmert es, und bevor die anderen Asen erwachen und sie zu Gesicht bekommen, muß sie sich zurechtmachen und ein wenig Wangenrot auflegen. Denn die Liebesgöttin muß die Schönste von allen sein, mit oder ohne den Brisingam.

Aber Heimdal macht sich seine eigenen Gedanken. Er glaubt zu wissen, wer der Übeltäter ist. Denn ganz früh, bevor die Sonne aufging, ist einer der Götter von Asgard ausgeritten. »Wo willst du denn hin, so früh am Tag?« hat Heimdal ihn gefragt. »Das siehst du doch«, hat der andere geantwortet und ihm seine Angelschnur gezeigt. Aber ich weiß Bescheid, denkt Heimdal, mich legst du nicht herein!

Er weckt Tyr, seinen Gehilfen, und bittet ihn, die Wache zu übernehmen. Der hat nur eine Hand, aber er ist der tapferste aller Asen. Sogleich sattelt Heimdal sein Pferd, das Gulltopp heißt, und setzt dem Dieb nach.

Der andere hat einen großen Vorsprung. Aber Gulltopp ist ein schnelles Pferd, und da es angefangen hat zu schneien, hat Heimdal keine Mühe, ihm zu folgen. Er ist ein guter Spurenleser, und er kann sehen, was sich hundert Meilen weit entfernt bewegt, in der schwärzesten Nacht so gut wie mitten am Tag. Er hat so gute Ohren, daß er nicht nur das Gras, sondern auch die Wolle der Schafe wachsen hört.

•

Über Berg und Tal reiten die beiden, durch weiße Wälder und an gefrorenen Wasserfällen vorbei. Bis ans stürmische Meer folgt Heimdal den Spuren des Diebes. Hier am Strand hat der andere sein Pferd gelassen. Die Angelrute hat er auf die Klippen geworfen. Heimdal setzt die Hand an die Stirn und späht aufs Meer hinaus. Weit draußen, zwischen schwarzen Wellen und treibenden Eisschollen – was ist das für eine graue, fleckige Gestalt, die da auftaucht und wieder verschwindet? Der Dieb hat sich in einen Seehund verwandelt!

Aber auch Heimdal versteht sich auf die Kunst der Verwandlung. Im Nu ist auch er zu einem Seehund geworden, der sich ins kalte Wasser stürzt.

Diesmal sollst du mir nicht entkommen, denkt er. Wie oft hast du, wie alle andern, auch mich überlistet! Aber jetzt kriege ich dich. Ich kenne dich, ich weiß, daß deine Zunge glatt wie ein Aal ist, doch nun nützt dir keine Ausrede mehr, Loki. Der Dieb bist du.

Denn kein anderer als Loki ist es, der da draußen schwimmt. Eigentlich gehört er gar nicht nach Asgard, denn seine Eltern sind keine Asen. Er stammt von den Riesen ab. Aber als Loki klein war, hat sich Odin mit ihm angefreundet, und seitdem hält der König der Götter immer seine schützende Hand über ihn, ganz gleich, was für Streiche Loki sich im Lauf der Zeit geleistet hat. Viele meinen, daß Odins Gutmütigkeit zu weit geht, daß Loki soviel Schonung nicht verdient, daß er in Asgard nichts zu suchen hat, und daß man diesen Taugenichts schon längst hätte verjagen sollen. Das meint auch Heimdal, aber wer hört schon auf ihn, den treuen Wächter?

Die beiden Seehunde schwimmen aus Leibeskräften. Der Dieb hat gemerkt, daß er verfolgt wird, aber er kann Heimdal, der mit jedem Flossenschlag näher kommt,

nicht entgehen. An einer steilen Klippe versucht er, seine Beute loszuwerden. Er will Freias Schmuck verstecken, aber da hat ihn Heimdal bereits eingeholt. Und nun ringen die beiden Seehunde miteinander.

Es ist ein ungleicher Kampf. Bald hat Heimdal den Dieb auf die Klippe geworfen und ihm den Brisingam entrissen. Beinahe wäre der Schmuck in den Wellen verschwunden. Nun fängt Loki an, zu jammern und zu heulen. »Es ist nicht meine Schuld«, behauptet er. »Es war nicht meine Idee!«

Sie haben beide wieder ihre wahre Gestalt angenommen. Heimdal hält Lokis Nacken fest im Griff und schüttelt ihn. »Ich habe deine Lügen satt«, ruft er. »Diesmal kannst du dich nicht herausreden. Warte nur, bis Odin davon hört!«

»Aber mein Lieber«, stöhnt Loki. »Du glaubst doch nicht, daß ich mich aus eigenen Stücken auf eine so riskante Sache eingelassen hätte? Ich bin doch nicht blöd! Odin selber war es, der mich dazu angestiftet hat. Was blieb mir anderes übrig, als ihm zu gehorchen?«

»Du lügst!« schreit Heimdal voller Wut. Aber Loki bleibt steif und fest bei seiner Geschichte. Alle hätten es doch gemerkt, sagt er, daß Odin in der letzten Zeit übergeschnappt sei. »Du weißt doch, wie er sich aufführt! Jeden Tag wird er mürrischer, unberechenbarer, herrschsüchtiger.«

Doch, das kann Heimdal nicht leugnen. Es ist ihm nicht entgangen, daß Odin sich oft merkwürdig benimmt in letzter Zeit. »Allmächtig will er sein und ganz allein herrschen«, sagt Loki. »Er kann es nicht ertragen, wenn jemand etwas besitzt, was schöner ist als alles, was er selber hat.«

»Halt's Maul!« murmelt Heimdal. »Alles, was dir einfällt, sind Lügen und Schweinereien.« Aber er hat doch einen Schrecken bekommen. Auf dem Heimweg wollen ihm Lokis Worte nicht mehr aus dem Kopf. Vielleicht ist doch etwas Wahres daran? Keiner von den beiden spricht, bis sie die Pforte von Asgard erreichen. Aber Loki merkt doch, daß Heimdal Zweifel gekommen sind, und das erfüllt ihn mit heimlichem Behagen.

•

In der Burg der Götter herrscht ein Durcheinander, wie es noch niemand gesehen hat. Alle suchen verzweifelt, klettern auf die Bäume, tauchen in die Brunnen, kriechen unter die Häuser, wenden jeden Stein um und um. Heimdal triumphiert. »Da, schaut her«, ruft er lachend. »Ich hab's gefunden!« Er hält den Asen Freias Schmuck hin. Alle halten inne und schauen hin, aber dann wenden sie sich gleich wieder ab und suchen weiter. »Versteht ihr denn nicht?« ruft Heimdal. »Hier ist er doch! Ich habe den Brisingam! Ihr braucht nicht weiter zu wühlen.«

Aber Odin blickt ihn mit seinem einen Auge zornig an. »Hier geht es nicht um ein paar bunte Steine. Den Glitzerkram kannst du vergessen!« Denn an diesem

Morgen ist nicht nur der Brisingam verschwunden. Viel schlimmer! Thor vermißt seinen Hammer – die stärkste und gefährlichste Waffe im Himmel und auf Erden. Was soll ohne ihn, den Mjölner, aus der Burg der Götter werden? Wie wird es den Asen ergehen, wenn ihre Feinde ihn in die Klauen bekommen?

»Wahrscheinlich willst du mir auch an dieser Katastrophe die Schuld in die Schuhe schieben«, flüstert Loki und stößt Heimdal in die Seite. Der schiebt ihn knurrend zur Seite und schweigt verbittert. Diesen Auftritt hat er sich ganz anders vorgestellt. Er war auf Lob und Ruhm gefaßt, und nun scheint sich niemand um ihn und Loki zu kümmern.

Nur Freia freut sich von Herzen. »Habt ihr den Dieb erwischt?« fragt sie. Heimdal kratzt sich am Kopf und überlegt. »Nein«, sagt er, denn er fühlt, daß dies nicht der rechte Augenblick ist, um Unfrieden zu stiften. Jetzt gilt es zusammenzuhalten, denkt er. Und Loki sieht Freia mit schmelzendem Blick an und erklärt: »Wir haben deinen Schmuck einfach gefunden.«

»Vielen Dank euch beiden«, zwitschert die Liebesgöttin und küßt sie auf den Mund. »Hauptsache, ich habe meinen Brisingam wieder.« Sie legt sich den Schmuck um den Hals und tanzt summend davon. Loki und Heimdal wechseln einen langen, ernsten Blick. Dann zuckt Loki auf einmal mit den Schultern und schüttet sich aus vor Lachen.

Odin war schon drauf und dran, verärgert fortzugehen, doch jetzt besinnt er sich und ruft von weitem Loki zu: »Gut, daß du wieder da bist, mein Lieber. Du hast immer eine gute Idee, und jetzt brauche ich dringend deinen Rat.« Da lacht Loki noch übermütiger als zuvor und wedelt mit beiden Händen. Odin schwitzt vor Aufregung und kommt ihnen entgegen. Ohne Heimdal auch

nur einen Blick zu gönnen, legt er den Arm um Lokis Schulter und schleppt ihn mit sich. Heimdal wendet sich ab. Er weiß jetzt nicht mehr, was er von dem Ganzen halten soll. Am Ende stimmt es, was Loki ihm erzählt hat?

•

Auf Thors Hof in Trudwang steht alles kopf. Das große Haus wird vom Dach bis zum Keller durchsucht, aber es gibt dort fünfhundertvierzig Zimmer, und die Suche nach dem Hammer will kein Ende nehmen.

Als Odin mit Loki eintritt, finden sie Thor, der auf dem Boden sitzt und sich die Haare rauft. Er glotzt vor sich hin und rührt sich nicht. Siv, seine Frau, hockt neben ihm und hält seine Hand. Nicht einmal begrüßen will er die Gäste. Erst nach langem Hin und Her bringen sie ihn zum Reden. »Oi, oi, oi«, jammert er und schüttelt den Kopf. »Wenn ich nur wüßte, wo ich ihn hingelegt habe! Irgendwo muß das verdammte Ding doch sein. Wie kann ich nur so dumm sein!«

»Na ja«, meint Loki. »Aber bist du denn sicher?« Der Donnergott zuckt zusammen: »Wie meinst du das?« Loki lacht. »Bist du denn sicher«, sagt er, »daß dein

Hammer noch in Asgard ist?« Thor kratzt sich am Kinn. »Wo soll er denn sonst sein?«

»Kannst du dich erinnern, wann du ihn zum letzten Mal gebraucht hast?« fragt Loki. »Gestern nachmittag«, murmelt Thor. »Auf dem Heimweg habe ich zwei Riesen getroffen und sie aufs Haupt geschlagen. Ich weiß es noch genau. Sie hatten zwei kleine Kiefernbäume auf der Nase.«

»Und dann? Hast du den Hammer später noch gesehen?« Der Donnergott schüttelt betrübt den Kopf. »Wie bist du nach Hause gekommen? Mit deinen Böcken und dem Fuhrwerk?« fragt Loki. »Bist du hoch über den Wolken gefahren?« Thor nickt. »Aha! Dabei ist vielleicht der Hammer herausgefallen. Das kann doch sein.«

Odin hat schweigend zugehört, doch jetzt schlägt er mit der Faust auf die offene Hand. »Loki hat recht«, ruft er, »so muß es gewesen sein.«

»Ich habe ihn also gar nicht verschlampt«, murmelt Thor und steht auf. »Natürlich nicht«, sagt Odin und klopft ihm auf die Schulter. »Ich habe ihn bloß verloren«, brummt Thor, als wäre das eine Entschuldigung. Aber Loki fängt zu kichern an. »Wißt ihr, was das bedeutet? Das bedeutet, daß Mjölner überall sein kann – weiß der Himmel wo! Da könnt ihr lange nach ihm suchen.«

•

Da hält es Odin nicht länger. Er will sogleich die Walküren an alle Ecken und Enden der Welt losschicken. Er will, daß alle Asen laufen und reiten, segeln und schwimmen. Er will ein ganzes Totenheer aussenden, von Süd bis Nord, von Ost bis West. Aber Loki warnt ihn. »Wir dürfen kein Aufsehen erregen«, sagt er, »sonst wissen alle, daß wir ohne Thors Hammer dastehen. Das wäre gefährlich. Weißt du was? Am besten, ich ziehe allein los. Wenn Freia mir ihre Falkengestalt leiht, habe ich eine Chance.«

»Wie du willst«, sagt Odin und umarmt ihn. »Ich sag es ja, auf dich ist Verlaß. Was sollte ich ohne dich anfangen, mein Milchbruder.«

Freia ist einverstanden. »Natürlich leihe ich euch mein Falkenkleid«, sagt sie. »Selbst wenn mein Federgewand aus reinem Gold und jede Daune aus Silber wäre, ich gäbe es gerne her. Viel Glück und Geschick wünsche ich dem, der damit davonfliegt!«

Schon zieht Loki sich die großen Flügel über und versucht zu flattern. Er nimmt einen Anlauf und schwingt sich empor in die Lüfte. Vor ihren Augen verwandelt er sich in einen Vogel. Immer höher und höher steigt er.

»Hoffentlich findet er ihn«, flüstert Freia. »Ohne Mjölner sieht es finster aus für uns. Er war unsere beste Verteidigung. Und wenn er jetzt in die Hände der Trolle gefallen ist...« Sie schlägt die Hände über dem Kopf zusammen. Über ihren Köpfen kreist der große Vogel. »Such zuerst in Jotunheim bei den Riesen!« ruft Odin ihm zu. »Zieh nach Nordosten!« Und der Falke krächzt zurück: »Nord und Ost, Nord und Ost!« Odin, Thor und Freia stehen oben auf der Burgmauer und blicken ihm nach, bis er nur noch ein kleiner schwarzer Punkt ist, der in der Ferne verschwindet.

•

Trym, der König der Riesen, sitzt hoch auf einem Hügel. Er hat die Mähnen seiner Pferde gestutzt und flicht goldene Bänder für seine Hunde. Sehr vergnügt sieht er aus. »Aber das ist doch Loki, der da oben herumflattert«, ruft er und lacht. »Mich kannst du nicht

täuschen, mein Kleiner! Komm herunter und ruh dich ein wenig aus!«

»Danke«, antwortet Loki und landet neben dem Riesen. »Nun, wie steht's mit den Asen und den Alben?« fragt Trym. »Gibt es was Neues?«

»Das kann man wohl sagen«, erwidert Loki. »Da du schon danach fragst: Schlecht steht's in Asgard und in Alfheim, ganz schlecht sieht es aus.«

»Oh, das tut mir aber leid«, sagt Trym und lacht so unbändig, daß er fast den Hügel hinuntergekollert wäre. »Thors Hammer ist uns abhanden gekommen«, sagt Loki. »Na sowas!« gluckst Trym. »Ich kann es gar nicht glauben.« Er hält sich den Bauch und wiegt sich hin und her.

»Doch«, sagt Loki ernst. »So ist es. Und nun frage ich dich, Trym, könnte es nicht sein, daß du ...« Trym nickt und nickt. »Doch«, sagt er und lacht. »Das könnte gut sein.«

»Ich meine nur«, sagt Loki. »Natürlich«, unterbricht ihn Trym, »natürlich habe ich ihn. Und ich habe ihn gut versteckt, an einem Ort, wo ihr ihn nie und nimmer finden werdet.«

»Aber vielleicht gibt es eine Möglichkeit, ihn zurückzubekommen?« fragt Loki vorsichtig. »Tja«, murmelt Trym. »Vielleicht. Wir könnten ja einen kleinen Tauschhandel machen, oder?« Jetzt lacht er wieder, so hemmungslos, daß der ganze Hügel bebt und Pferde und Hunde sich losreißen und in alle Richtungen davonstieben. »Hör mir gut zu«, brüllt er. Und Loki lauscht.

•

In Asgard rennt Thor inzwischen hin und her wie ein Tier im Käfig. Viele Tage lang hat er schon gewartet, und es ist nichts passiert. Er ist rastlos und ungeduldig. Als er Loki von weitem her kommen sieht, ruft er ihm zu, so laut er nur kann: »Was ist? Hast du ihn gefunden?«

»Was heißt schon gefunden«, krächzt der Falke. »So rede doch!« ruft Thor. »Wo ist er? Was hat deine Reise gebracht?«

»Was heißt schon gebracht«, krächzt der Falke zurück. »Nun laß Loki doch erst einmal landen«, sagt Siv und zupft ihren Mann am Ärmel. Aber Thor ist außer sich und hört nicht auf sie. »Wer sich niederläßt, vergißt oft, was er sagen wollte. Und wer sich ausruhen darf, hat Zeit, sich Lügen auszudenken«, brummt er.

Endlich schwebt Loki über die Burgmauer herein. »Erzähl mir alles, solang du noch in der Luft bist!« brüllt Thor. »Heraus mit der Sprache! Weißt du, wo mein Hammer ist, oder weißt du es nicht?« Er rennt dem Vogel entgegen. Der landet auf einem Ast der Esche Yggdrasil, dem gewaltigen Hausbaum der Asen, der immer grün bleibt.

»Was heißt schon wissen«, murmelt er und schält das Falkenkleid von seinen Schultern. Er weigert sich, vom Baum herunterzuklettern. Thor springt wie ein gereizter Bär unter ihm hin und her. Aber Loki fürchtet, daß ihm der Donnergott in seiner Wut etwas antun könnte, und deshalb bleibt er einfach auf seinem Ast sitzen und schweigt. »Heraus damit, du Unglücksrabe«, brüllt Thor. »Nicht ehe du mir geschworen hast, daß du mich nicht erschlägst«, antwortet Loki. »Was ich dir zu sagen habe, ist starke Kost, salzig und hart, stinkend und ranzig ist sie, und es tut weh, sie hinunterzuschlucken.«

»Ich schwöre«, brummt Thor. »Komm herunter, du Ungeziefer!«

Loki tut es und sagt: »Trym ist es, der deinen Hammer hat. Und er hat ihn acht Klafter tief in der Erde versteckt.« Thor knirscht mit den Zähnen, und in seine Augen treten Tränen. »Dann ist alle Hoffnung vergebens.«

»Was heißt schon vergebens«, sagt Loki gedehnt. »Vielleicht hätte Trym gegen ein kleines Tauschgeschäft nichts einzuwenden.«

»Meinetwegen kann er alles haben, was er will.« Thor zählt seine Reichtümer an den Fingern her: »Gold, Silber, Pferde, Kühe ...« Doch Loki läßt ihn nicht ausreden. »Von alldem hat der König der Riesen selber mehr als genug«, wirft er ein. »Dann sag mir endlich, was er haben will.« Thor schlägt sich auf die Brust und verspricht: »Ich werde es ihm verschaffen, koste es, was es wolle.«

»Oh, du kannst deinen Hammer jederzeit wiederhaben. Unter einer Bedingung.« Loki scharrt mit den Füßen. »Und die wäre?«

Loki räuspert sich. »Daß Trym ... daß Trym ... daß Trym Freia zur Braut bekommt.«

Thor bleibt die Luft weg. Auf einmal wirkt er beinahe klein und schäbig, wie er so dasteht. Beide wissen, daß eine solche Hochzeit unmöglich ist. Loki schaut weg. »Immerhin, fragen könnte man sie ja. Das kann doch nicht schaden«, bringt Thor endlich hervor. »Nein, direkt schaden kann es kaum«, antwortet Loki, und so brechen die beiden auf nach Folkwang.

Aber dort haben sie noch weniger Glück, als sie dachten. Freia gerät außer sich vor Wut. »Habt ihr denn ganz und gar den Verstand verloren?« heult sie. »Glaubt ihr, ich ginge mit dem nächstbesten Idioten ins Bett?« Ihre Augen funkeln. »Sehe ich so aus, als ob ich es nötig hätte, mich einem dreckigen Troll an den Hals zu werfen?«

»Aber Freia, bedenk doch ...«, wagt Thor zu sagen. Doch die Liebesgöttin zeigt ihm ihre Krallen und faucht wie zwanzig Katzen. »Du hältst mich also für so blöd, so geil und blind, daß ich nach Jotunheim pilgern muß, um mir einen Bräutigam zu suchen? Nie wird es so weit kommen!«

»Natürlich nicht«, versichert Loki ängstlich. »Es war ja nur eine Frage.«

»Eine Unverschämtheit!« Freia stampft mit dem Fuß auf, daß das ganze Haus bebt. Ihr Hals wird so steif wie ein Mastbaum, und ihr großer Schmuck, der Brisingam, springt auf und fällt klirrend gegen die Wand. »Gut«, sagt Loki rasch. »Du bleibst also bei deinem Nein? Dann lassen wir die Sache vorerst auf sich beruhn.« Er verbeugt sich und geht rückwärts hinaus. Thor folgt ihm murrend, und Freia wirft hinter ihnen die Türe zu.

•

Eine Stunde später versammeln sich die Asen zur großen Beratung. Denn den Hammer müssen sie zurück-

gewinnen, so oder so. Nur wie? Kein Ausweg ist in Sicht, denn Freia bleibt dabei: auf Tryms Ansinnen einzugehen, das kommt gar nicht in Frage. »Lieber sterbe ich!« schnaubt sie und wirft den Kopf in den Nacken.

»Darauf wird es womöglich für uns alle hinauslaufen«, seufzt jemand auf der hintersten Bank. »Ohne Thors Hammer Mjölner kann uns das schneller blühen, als wir denken«, flüstern andere. Aber Freia denkt nicht daran, nachzugeben, und Odin kann und will sie nicht zwingen.

Endlich hat Heimdal die rettende Idee. »Thor muß sich verkleiden«, sagt er. »Als Frau. Wir ziehen ihm das Brautleinen an und hängen ihm den Brisingam um den Hals!«

Die Asen schauen sich an. Alle sind verblüfft. Das kann doch nicht Heimdals Ernst sein! »Doch«, sagt er. »Mit einem Schleier vor dem Gesicht wird ihn niemand erkennen. Wir geben ihm ein Kopftuch und Weiberkleider, die bis zu den Knöcheln reichen, und im Gürtel soll er einen klirrenden Schlüsselbund tragen.«

»So, und du glaubst, daß das alles ist, was eine Frau braucht?« ruft eine der Göttinnen und hält ihm ihren Busen unter die Nase. »Wenn es nur das ist«, antwortet

Heimdal. »Ein paar Steine tun es auch! Man muß sie nur richtig festbinden, dann glaubt der Troll, er hätte die verlockendsten Brüste vor sich.«

Ob man das riskieren kann? Loki ist begeistert von diesem Plan, aber Thor hat keine Lust, mitzuspielen.

»Wie sieht denn das aus?« brummt er. »Ein Mann in Weiberkleidern! Wenn ich das Brautleinen anlege, werde ich zum Gespött der Leute. Mein Leben lang werden mich alle auslachen, die davon gehört haben.« Aber hat er denn die Wahl?

»Not kennt kein Gebot!« ruft Loki. »Schließlich ist es dein Hammer, und deshalb mußt du ihn selber zurückholen. Wenn du dich nicht allzu ungeschickt anstellst – einen Versuch ist es jedenfalls wert.«

»Du mußt es versuchen«, beschwört ihn Odin. »Sonst wird bald ganz Asgard den Riesen in die Hände fallen. Wir haben keine Zeit zu verlieren!«

Also wird Thor geschmückt, von vorn bis hinten. Freia stellt ihr Haus zur Verfügung. In ihrem großen Saal helfen alle Frauen mit. »Schleier hier und Schleier dort«, beschwert sich der Donnergott. »Ich sehe bald nichts mehr. Ich sehe ja schon aus wie eine Schneiderpuppe!«

»Wir sollten ihm auch den Bart abnehmen«, meint Freia. »Nur das nicht!« ruft Thor erschrocken und schlägt die Hände vors Gesicht. »Ohne Bart würdest du aber noch viel süßer aussehen«, lacht Siv. »Das hat mir gerade noch gefehlt«, murrt Thor. Auch Loki ist jetzt in den Saal gekommen. »Einfach entzückend«, ruft er. »Du bist ja die hübscheste Braut, die man sich wünschen kann, lieber Thor.«

»Hübsch kannst du selber sein, verdammter Wicht!« brüllt Thor und schlägt nach ihm. »Daran will ich es nicht fehlen lassen«, sagt Loki. »Du glaubst wohl nicht,

daß ich dich alleine ziehen lasse? Ein solches Abenteuer lasse ich mir nicht entgehen.«

»Wie meinst du das?« fragt Thor mißtrauisch. »Du kannst doch nicht ohne Dienstmagd auf die Brautfahrt gehen, oder?« Loki macht einen Knicks und zwinkert ihm zu. »Ich werde die Brautjungfer spielen.« Und so geschieht es.

Noch am selben Nachmittag werden Thors Ziegenböcke von der Koppel geholt, vor den Wagen gespannt und mit Blumen und Kiefernzweigen geschmückt.

Endlich ziehen sie los. Thor beißt die Zähne zusammen und flucht. Er sieht weder nach links noch nach rechts. Nur Loki jubelt und lacht. Zum Abschied wirft er den Zuschauern Kußhände zu. Thor aber treibt die Böcke an, daß die Berge Risse schlagen und die Erde Funken sprüht. »Immer mit der Ruhe«, ermahnt ihn Loki, aber der Donnergott hört nicht auf ihn.

Trym steht schon den ganzen Tag vor seinem Haus und hält Ausschau. Endlich! Da sind sie! »Beeilt euch!« schreit er die Dienstboten an. »Legt Stroh auf die Bänke! Ist alles blitzblank geputzt und geschrubbt? Sie kommt! Freia, meine Braut ist da!«

Er schlägt sich auf die Brust und prahlt: »Kühe mit goldenen Hörnern kann ich ihr bieten. Schätze, von denen jedem schwindlig wird, der sie zu Gesicht bekommt. Nur Freia hat mir noch gefehlt, die Schönste im Himmel und auf Erden. Jetzt gehört sie mir, mir, dem Mächtigsten unter den Riesen, dem Mächtigsten auf Erden!«

Es ist Abend geworden, und die Gäste setzen sich um den langen Tisch in der großen Halle. Thor schlingt einen ganzen Ochsen hinunter und läßt ihm acht Lachse folgen. Dann macht er sich über die Süßigkeiten her. Drei Fässer Met hat er schon geleert. Die Trolle schauen ihm mit aufgerissenen Augen zu.

»Noch nie habe ich eine Braut gesehen, die einen solchen Heißhunger hat«, sagt Trym. »Daß eine Frau so zugreifen und so hart trinken kann, das hätte ich mir nicht träumen lassen.«

Aber die kichernde Brautjungfer Loki ist nicht auf den Mund gefallen. »Du magst recht haben«, sagt er, »doch mußt du bedenken, daß die Braut seit acht Tagen nichts gegessen hat.«

»Was? Acht Tage lang hat sie gefastet?« wundert sich Trym. Loki nickt ernst. »Ja, sie hat die ganze Woche nichts gegessen und getrunken, so sehr hat sie sich nach dir und nach Jotunheim gesehnt.«

»Die arme Kleine«, murmelt Trym. Er streckt den Kopf unter ihren Schleier, denn er will seiner Braut einen Kuß geben. Aber als er in Thors Augen schaut, erschrickt er so, daß er bis zum andern Ende des Saales zurückweicht. »Oi!« ruft er. »Nie hätte ich gedacht, daß eine Braut so grimmig dreinblicken kann! Was für scharfe Augen sie hat!«

Aber auch darauf weiß Loki eine Antwort. »Was heißt schon scharf«, sagt er. »Gerötete Augen hat die Arme, weil sie acht Nächte lang wachgelegen hat. Du verstehst!« Jetzt ist der König der Riesen erst recht verwirrt. »Warum denn?« fragt er. Loki zwinkert ihm zu und stößt ihn in die Seite. »Ja, kein Auge hat sie zugetan, so heiß war ihr im Bett vor lauter Sehnsucht.« Er macht die Braut nach, seufzt und verdreht die Augen. Trym bläht sich stolz auf, und die anderen Trolle grinsen und trinken ihm zu.

Aber da kommt Tryms große Schwester an den Tisch und stellt sich vor das Brautpaar hin. Von allen Riesinnen ist sie die abscheulichste. »Sicher hast du ein Brautgeschenk für mich mitgebracht?« sagt sie und zerrt an Thors Rock, um sich bei ihm einzuschmeicheln. »Was für schöne goldene Armreife du hast! Gib sie mir, wenn du willst, daß wir Freundinnen werden.« Thor grunzt ärgerlich, aber sie hängt sich an ihn wie eine Klette.

Doch nun hat Trym lange genug gewartet. Jetzt muß geheiratet sein! »Bringt den Hammer herein«, ruft er, und sogleich wird Mjölner herbeigeschafft. Vier Trolle schleppen ihn auf einem großen Schild in den Saal. Trym greift nach dem Hammer und hält ihn hoch. An der großen Hochzeitstafel wird es ganz still. Nur Loki kann es nicht lassen. Er fragt: »Und wann gibst du ihn den Asen zurück?« Tryms Augen blicken finster drein. »Nie und nimmer!« ruft er. »Es ist aus mit Odins Macht, aus und vorbei! Nie wieder werden die Asen uns mit dem Hammer drohen.«

»Aber es war doch abgemacht«, wendet Loki ein. »Ach was! Ich pfeife auf diese Abmachung.«

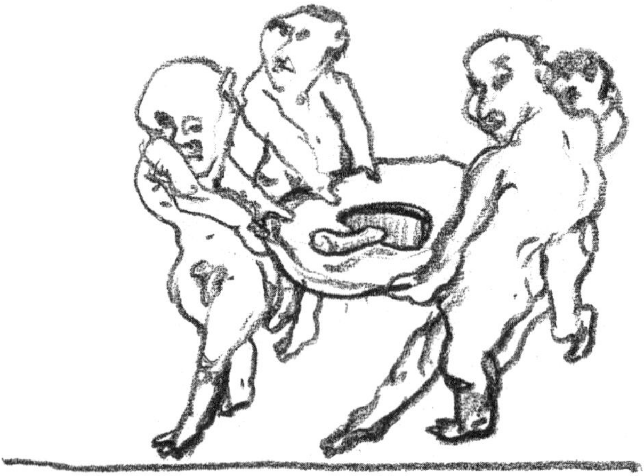

»So? Dann bist du ein elender Betrüger, und dein Wort ist nichts wert«, empört sich Loki. »Du willst mir vorwerfen, daß ich lüge?« brüllt der Riese. »Wer glaubst du wohl, daß du bist?«

»Ach, nur eine kleine Brautjungfer«, antwortet Loki schnell. »Na also!« grunzt Trym. »Statt Thor den Hammer zurückzugeben, gehen wir zum Angriff über«, ruft er in den Saal. »Und Asgard schlagen wir kurz und klein.«

»Ja! Recht so!« schallt es aus den Reihen der Trolle. »Nieder mit den Göttern!« schreit Trym. »Auf sie mit Gebrüll!« rufen seine Leute. »Eine schönere Hochzeitsreise kannst du dir nicht wünschen«, lacht der Riese und blickt seiner verschleierten Braut ins Gesicht, und Thor bleibt nichts anderes übrig, als ihm brummend zuzustimmen.

»Hier habe ich ihn«, ruft Trym und schwenkt den großen Hammer. »Mjölner, die stärkste Waffe der Welt. Bei diesem Hammer nehme ich dich, Freia, zur Frau.« Er hält inne und verneigt sich vor Thor. »In deinen

Schoß lege ich ihn, zum Zeichen dafür, daß wir nun Mann und Frau sind.«

Endlich! Thor kann es kaum fassen, daß der Schaft zum Greifen nah vor ihm liegt. Lange genug hat er stillgehalten. Er hat es satt, sich zu drehen und zu knicksen. Damit ihn niemand erkannte, mußte er an sich halten und durfte kein Wort sagen. Aber jetzt ist seine Stunde gekommen! Nie wieder wird er den Hammer aus der Hand geben. Er lacht, daß es im ganzen Saal dröhnt, wirft den Tisch um und reißt sich den Schleier vom Gesicht.

»Oi!« ruft Trym. »Selber oi!« lacht Thor. Jetzt ist er wieder ganz der Donnergott. Er wirft den Riesen zu Boden. Dann geht er auf die andern los. Wild schlägt er mit dem Hammer um sich. Die Schädel der Trolle bersten. Niemand wird verschont. Zu guter Letzt erschlägt er auch Tryms große Schwester.

Dann regt sich nichts mehr in dem riesigen Saal, und Thor kann aufatmen. Loki kriecht unter dem großen Faß, wo er sich versteckt hat, hervor. »Jetzt ist es wohl

Zeit, nach Hause zu gehen?« fragt er. »Das will ich meinen«, sagt Thor und lächelt zufrieden. Die beiden heben ihre Röcke auf und setzen sich wieder in den Wagen, der sie hergebracht hat. »Hü, meine Böcke«, ruft Thor. »Auf im Galopp!«

So hat Thor seinen Hammer wiederbekommen. Und nun liegt der Frühling in der Luft. Auf dem Heimweg schmelzen Schnee und Eis, und der Winter hat endlich seine Herrschaft über die Welt eingebüßt.

Achtes Kapitel GOTT UND TROLL IN EINER GESTALT

Es ist Herbst geworden. Draußen an der Küste, zwischen Schären und Strandfelsen, dort, wo König Raudung sein Reich hat, sind zwei Brüder zum Fischfang aufs offene Meer gefahren. Es sind Agnar und Gerod, die Söhne des Königs. Sie sind jung und unerfahren. Der ältere ist zehn, der jüngere acht Jahre alt.

Eine starke Strömung hat sie weit hinaus vor den Fjord getragen. Nun kommt auch noch ein starker Wind auf. Es herrscht ein starker Seegang, und der Regen peitscht ihnen ins Gesicht.

Sie rudern aus Leibeskräften, aber es hilft ihnen nichts; gegen Wind und Wetter kommen sie nicht auf, und so bleibt ihnen nichts anderes übrig, als sich auf den Boden ihres Bootes zu kauern, eng aneinandergeschmiegt, und darauf zu hoffen, daß der Sturm sich legt. Die Nacht bricht über sie herein wie ein Riesenvogel mit dunklen, nassen Schwingen.

Aber sie haben Glück im Unglück. Das Boot kentert nicht, und als sie am Morgen erwachen, ist der Wind umgeschlagen und hat sie in eine kleine Bucht getrieben. Noch dämmert es, doch das Unwetter hat sich verzogen. Agnar und Gerod waten an Land. Sie wissen nicht, wo sie gestrandet sind, aber in der Ferne sehen sie in einem kleinen Haus ein Licht. Dorthin wenden sie sich, durchnäßt und zerzaust wie zwei halb ertrunkene Katzen.

Ein armer Kleinbauer wohnt mit seiner Frau in der Kate. Das alte Ehepaar nimmt die beiden Jungen freundlich auf. »So bald werdet ihr wohl nicht heimfahren können«, sagen sie, »denn unsere Insel liegt weit draußen vor der Küste, viel weiter, als ihr denkt. Und bei diesem Wetter ist es nicht ratsam, eine so weite Strecke zu rudern. Der Herbststurm, den ihr erlebt habt, wird nicht der letzte bleiben. Bald wird es Winter, und dann erstarrt die Welt in Schnee und Eis. Nein, es ist besser, wenn ihr hier bleibt, bis der Frühling kommt.«

Und so ist es geschehen. Der Bauer und seine Frau haben sich herzlich gut um die beiden Königssöhne gekümmert. Auf diese Weise hatte jeder von ihnen einen Zögling: die Frau sorgte vor allem für Agnar, und Gerod hielt sich an den Alten, wenn er etwas brauchte oder Rat suchte. Die beiden Jungen mußten freilich in Haus und Hof mithelfen, draußen und drinnen, von früh bis spät. Oft waren sie am Abend so müde, daß sie am Tisch einschliefen. Trotzdem gefiel es ihnen auf der Insel. Jeden Tag gab es etwas Neues zu lernen. Es ging ihnen so gut, daß sie gar kein Heimweh spürten.

Auf diese Weise verging der Herbst und auch der lange, strenge Winter. Als aber endlich die Eiszapfen am Dachfirst schmolzen, da führte sie der Bauer hinunter zum Strand. Dort lag ein Boot und wartete auf sie. Es war größer und schöner als die alte Schaluppe, die der Bauer täglich brauchte, und viel besser als der alte, undichte Prahm, auf dem sie so weit hinausgerudert waren. Außen war es frisch gemalt und innen tüchtig geteert. Auch die Segel waren schon gesetzt und blähten sich fröhlich im Wind.

Da stehen die beiden nun und wundern sich. »Nur zu«, sagt der gastfreie Bauer. »Es ist alles bereit. Ihr könnt einsteigen. Wir haben frisches Wasser an Bord gebracht und soviel Wegzehrung, wie ihr für eure Reise braucht.« Auch die alte Frau kommt herbeigehumpelt. Alle umarmen einander und nehmen Abschied.

Der Bauer flüstert zum Schluß seinem Liebling Gerod noch etwas ins Ohr. »Dieses Fahrzeug ist etwas Besonderes«, sagt er. »Kein anderes Boot kommt ihm gleich; denn ich habe es so gebaut, daß es dir wie ein Hund gehorcht und dich dorthin bringt, wo du willst. Es kennt deine Stimme und folgt dir aufs Wort. Es hört auf keinen andern als dich, mag er noch so laut rufen. Du allein kannst es steuern!«

Die beiden Königskinder legen ab. Agnar fragt seinen Bruder: »Aber wo in aller Welt ist denn das Ruder?« – »Hier braucht es keine Pinne«, antwortet Gerod lachend, »und auch um das Segel brauchen wir uns nicht zu kümmern. Bring uns nach Hause«, ruft er und schlägt mit der Faust an den Mast.

Sogleich erhebt sich ein Windstoß und füllt das rotbraune Tuch, so daß die schwarzen Runenzeichen, die es trägt, erbeben. Das Boot flitzt davon, es tanzt über die Wellen, und die Insel verschwindet hinter ihnen in der Ferne. »Bring uns nach Hause!« Agnar kann es gar nicht fassen, daß das Boot gehorcht, und sein Bruder schüttet sich aus vor Lachen.

•

Die beiden Alten stehen immer noch am Ufer und winken, so lange, bis von dem Segel nur noch ein roter Punkt zu sehen ist. Dann wendet der Bauer sich seiner Frau zu, und auf einmal ist es, als fielen die Jahre von den beiden ab. Sie richten sich auf und wischen sich die Runzeln vom Gesicht. Aus dem Greis wird ein Mann im besten Alter, und auch die Frau sieht nun viel jünger aus.

»Es wird Zeit, daß auch wir nach Hause fahren«, sagt er, und sie nickt. Der Bauer steckt zwei Finger in den Mund und pfeift. Sogleich ist hoch über den Wolken ein Wiehern zu hören, und im Galopp erscheint ein riesiger Hengst mit acht starken Beinen in der Luft. Dröhnend schlagen seine Hufe auf dem Hofplatz auf, und das Pferd hält vor den beiden inne. Der Bauer und seine Frau reißen sich ihre Lumpen vom Leib, und aus den Satteltaschen ziehen sie prächtige Gewänder hervor. Nun sind sie endlich wieder sie selber: Odin und Frigga, der König und die Königin der Asen.

Sie steigen auf den Rücken Sleipnirs, der sie über Land und See, über tiefe Wälder und hohe Berge davonträgt, nach Hause. Pfeilschnell bringt er sie über die schimmernde Regenbogenbrücke nach Asgard, in die große Götterburg im Zentrum der Welt.

Es geschah nicht zum ersten Mal, daß Odin und Frigga Menschengestalt angenommen haben. Odin ist immer ein Wanderer gewesen, und in letzter Zeit hat auch Frigga Lust gehabt, ihn auf seinen Streifzügen zu begleiten. Sie weiß, daß der Götterkönig sich danach sehnt, die Menschen zu verstehen. Er möchte wissen, was sie denken, glauben und meinen. Er will begreifen, wovor sie sich fürchten und worüber sie sich freuen. Wohl weiß er, daß ihr Leben nicht lange währt, daß es so kurz ist, daß sie beinahe mit dem Sterben anfangen, noch bevor sie gelernt haben, zu laufen und zu sprechen; aber dennoch kommt es ihm so vor, als gebe es keine anderen Geschöpfe auf der Welt, die so rätselhaft sind und so viele Widersprüche in sich tragen wie die Menschen. Einmal benehmen sie sich fast wie die Asen, und dann gleichen sie wieder den Trollen. »Verstehe sie, wer kann«, sagt Odin oft. »Wie ist das nur möglich, daß es Wesen gibt, die zugleich Trolle und Götter sind, in ein und derselben Gestalt?« Dann schüttelt er den Kopf und wundert sich.

Um der Sache auf den Grund zu gehen, reist er immer öfter nach Mitgard, und es freut ihn, daß Frigga neuerdings gerne mitkommt. Daß die andern Asen sich über die Ausflüge der beiden lustig machen, merkt Odin nicht. »Frigga ist eifersüchtig auf die Menschentöchter«, flüstert einer dem andern zu. »Deswegen will sie Odin nicht aus den Augen lassen. Seine Abenteuer sind ihr nicht verborgen geblieben. Sicher glaubt sie nicht, daß es nötig ist, mit den Menschenkindern ins Bett zu gehen, nur um sie zu verstehen!«

Daran ist etwas Wahres, denn Frigga hat sich allerlei Gedanken gemacht über die Reiselust ihres Mannes. Aber nachdem sie ein paar dieser heimlichen Wanderungen und Maskeraden mitgemacht hat, muß sie sich eingestehen, daß ihr solche Abenteuer gefallen. Nicht nur, weil sie dabei manches Neue erfährt, sondern auch, weil Odin und sie, als Fischer und Bauern verkleidet, zu einem neuen Einvernehmen gekommen sind; ja, sie sind sich seitdem vielleicht näher denn je zuvor.

•

Das verrät sie manchmal ihren Mägden, wenn sie im Bad sitzt und sich von ihnen am ganzen Leib waschen und bürsten läßt. Es sind drei, die sie bedienen: Fulla mit ihrem Goldreif um die Stirn und Haaren, die ihr bis ins Kreuz fallen; Hlin, die Friggas Schützlingen unter den Menschen beisteht; und Gnau, die immer, wenn es eilt, als Botin bereitsteht, denn als Reiterin stellt sie die meisten Männer in den Schatten, und ihr Pferd holt so leicht keiner ein.

Jetzt reibt Fulla die Füße ihrer Herrin mit dem Bimsstein ab. »Und jedesmal wählt ihr eine neue Verklei-

dung, wenn ihr auf Reisen geht?« fragt sie. »Wo denkst du hin!« antwortet Frigga. Sie lacht, einmal, weil es sie kitzelt, aber auch, weil ihr eines dieser Abenteuer einfällt. »Damals zum Beispiel, im Süden ...« – »Erzähle!« bitten die Mädchen, und sie fängt an: »Wir sind in ein Land gekommen, in dem Krieg herrschte. Zwei Völker lagen miteinander in Fehde, die Vandalen und die Vinilen. Wir hatten uns nicht vermummt, und so erkannten uns die Menschen gleich. Die Vandalen wandten sich an Odin und baten ihn um Hilfe. Aber er antwortete ihnen: ›Siegreich sollen die sein, die ich morgen bei Sonnenaufgang als erste erblicke.‹« Die Mädchen nicken. »Ja«, sagen sie, »Odin ist der Gott des Sieges. Er allein kann bestimmen, wer gewinnt und wer verliert.« – »Aber zu mir sind sie auch gekommen«, erwidert Frigga. »Es war Gambara, die Mutter der beiden Vinilen-Häuptlinge. Sie kam in der Nacht, während Odin schlief. Sie hat mir vertraut. Warum hätte ich sie enttäuschen sollen? Ich gab ihr einen Rat, der nicht so schlecht war. ›Morgen früh‹, sagte ich ihr, ›müßt ihr euer Haar lösen, alle Frauen der Vinilen. Dann bindet ihr es unter dem Kinn zusammen, so daß es aussieht, als trügt ihr einen Bart.

Dann stellt ihr euch in Reih und Glied vor dem Haus auf, an der Seite, wo die Sonne aufgeht. Dort, wo Odin schläft, gibt es einen Fensterspalt. Sobald es hell wird, wird er hinausschauen und euch sehen.‹« – »Und haben sie deinen Rat befolgt?« Frigga lächelt. »Als Odin die Augen aufschlug, erblickte er draußen eine sonderbare Schar. ›Was sind das wohl für Langbärte?‹ rief er. ›Es sieht ganz so aus, als hätten sie ihre Greise in den Kampf geschickt. Mit grabesernster Miene stehen sie da, und manchen reicht der Bart bis auf die Knie.‹« – »Hat Odin sich an sein Wort gehalten?« wollten die Mägde wissen. »Was blieb ihm anderes übrig? Ich habe ihn an sein Versprechen erinnert, und so mußte er wohl oder übel die Vinilen siegen lassen. Von diesem Tag an gaben sie sich einen neuen Namen. Seitdem heißen sie Langobarden, und das heißt: die mit den langen Bärten.« Frigga lacht und spritzt ihr Badewasser auf die Mägde.

•

Aber was ist unterdessen aus den beiden Seefahrern geworden? Ihr Boot bringt sie sicher nach Hause an König Raudungs Hof. Am Bootssteg springt Gerod als erster an Land. Aber statt anzulegen, schiebt er das Boot, in dem sein Bruder Agnar zurückgeblieben ist, wieder hinaus aufs Wasser. »Was fällt dir ein?« ruft Agnar, aber der Bruder lacht ihm ins Gesicht und sagt: »Fahr, wohin du willst! Meinetwegen sollst du bei den Trollen landen!« Sogleich gehorcht ihm das Boot und sticht in See, so rasch, daß es vor dem Bug nur so schäumt. Agnar jammert und weint, aber es hilft ihm nichts, er wird davongetragen. Gerod aber steigt ganz allein zum Königshof empor. Dort wird er mit großen Ehren empfangen, denn Raudung, sein Vater, ist gestorben, und nun tritt Gerod seine Nachfolge an.

Odin und Frigga ahnen nichts von alledem. Sie haben ganz andere Dinge im Kopf; denn an diesem Abend soll in Asgard wieder einmal ein großes Fest gefeiert werden. Auf der großen Wiese sind Tische und Bänke aufgestellt, und die Asen sitzen im Schatten der großen Weltesche Yggdrasil. Durch das immergrüne Laubwerk können sie die ersten Sterne funkeln sehen.

Alle sind froh, daß Frigga und Odin wieder nach Hause gekommen sind. Die beiden Raben Hugin und Munin haben sich auf den Schultern des Götterkönigs niedergelassen und reiben ihre Schnäbel an seinen Wangen. Zu seinen Füßen liegen die beiden Wölfe und wedeln wie zahme Hunde mit dem Schwanz. Aber am meisten freut sich Thor über die Rückkehr. Denn jedesmal, wenn der Häuptling nicht zur Stelle ist, trägt er in Asgard die Verantwortung, und das ist ihm eine wahre Last. Nun kann er endlich wieder am Morgen ausschlafen und so viel Met trinken, wie er will.

Das Fest dauert die ganze Nacht. Die meisten Asen sind schon satt und zufrieden eingeschlafen und liegen unter dem Tisch. Andere tanzen und spielen noch, bis sie so müde geworden sind, daß sie kaum mehr wissen, wie sie heißen und wo sie sind.

Nur Odin behält einen klaren Kopf. Er will den Sonnenaufgang erwarten, und Heimdal, der Gott mit den goldenen Zähnen, soll ihn begleiten. Sie steigen auf den Himmelsberg, wo Heimdal seinen Wachtturm hat. Von dort aus hält er Tag und Nacht Ausschau, damit kein Feind sich unbemerkt an Asgard heranschleichen kann. Kein Troll soll unbemerkt über die Mauern der Götterburg klettern!

Heimdal hat immer eine Lure bei sich. Dieses gewaltige Horn setzt er an den Mund, wenn Gefahr droht. Sein dröhnender Ruf wäre über die ganze Welt zu hören, wenn er sein Alarmsignal bliese. »Eines Tages wird es soweit sein«, sagt Odin leise. Heimdal sieht ihn zweifelnd an. »Das sagst du so oft, daß ich dir bald glauben muß«, antwortet er. »Aber mir gefällt dieser Gedanke ganz und gar nicht.« Die beiden Götter sitzen beieinander und schweigen. Der Sonnenwagen rollt hoch über den Horizont.

Auf dem Heimweg hört Odin, wie hinter den Sträuchern und Bäumen jemand kichert und lacht. Es ist Frühling geworden, und überall regt sich ein neues Leben. Hie und da sieht er, wie sich hinter den grünen Zweigen eine bloße Brust oder ein nackter Schenkel regt. Dort im Gebüsch blitzt ein heller Hintern auf. Er weiß, daß es Freia ist, die Liebesgöttin, die hinter ihm her ist. Dauernd hört er ihre Katzen zischen und miauen. Aber Odin hat keine Lust, sich mit ihr einzulassen. Er wendet ihr sein blindes Auge zu und macht sich aus dem Staub. Vielleicht wird sie das kränken, aber er glaubt ihr keine Rechenschaft schuldig zu sein. Es ist zu spät für solche Spielchen, und das, was einmal war, ist nun Vergangenheit. Er hat nichts mehr übrig für durchsichtige Schleier und reizende Blumenkränze. Er hat ganz andere Dinge im Sinn. Zu Hause erwartet ihn Frigga. Er bettet sein Haupt in ihren Schoß und streicht ihr übers Haar. Nach so vielen unsicheren Jahren haben die beiden wieder zueinander gefunden.

•

Um die Mittagszeit sieht Odin in Walhall nach dem Rechten. Hier sind seine Untoten dabei, für künftige Kämpfe zu üben. Den ganzen Tag lang gibt es dort ein Hauen und Stechen, das kein Ende nimmt. Abends, wenn Andrimne, der Koch, sie zum Essen ruft, stehen die Gefallenen wieder heil und unversehrt auf. Odin schaut den Kriegern bei ihrem Treiben gerne zu. Er braucht sie, denn in Zukunft muß er auf alles gefaßt sein. Es fällt ihm schwer, sich auf andere zu verlassen. Er selber muß sich um alles kümmern; sonst geht es in Asgard bald drunter und drüber. Was soll aus seinem Heer werden, wenn er kein Auge darauf hat? Doch er merkt auch, daß er nicht mehr der Jüngste ist. Oft wird er jetzt schon am Nachmittag müde. Es gibt so viele Aufgaben, die ihn erwarten, und nicht einmal er kann überall zur gleichen Zeit zur Stelle sein.

Deshalb hat er in letzter Zeit Tyr und Thors Stiefsohn Ull damit beauftragt, das Waffenspiel der Untoten zu leiten, wenn er nicht da ist. Mutiger als Tyr, der seine Hand aufs Spiel setzte, um den Fenriswolf zu fesseln, ist keiner unter den Asen, und einen besseren Bogenschützen als Ull findet so leicht niemand auf der Welt. Tyr ist der große Heerführer, um den sich alle scharen, und wenn es um den Kampf Mann gegen Mann geht, weiß Ull mehr Kniffe und Tricks als irgendein anderer.

Anfangs fanden die beiden Asen wenig Geschmack an der Aufgabe, mit der Odin sie betraut hat. Doch mit der Zeit haben sie Blut geleckt, und jetzt gehen sie jeden Tag gerne auf den Kampfplatz. Ull ist nicht nur ein erfahrener Ringer und Faustkämpfer; er versteht sich auch auf andere Künste. Den ganzen Winter hindurch hat er den Untoten beigebracht, wie man sich auf Skiern bewegt, und nun wissen sie, wie man auf dem Schild in Schußfahrt einen steilen Hang hinabrast. Odin ist sehr zufrieden mit seinen Männern, die ihn mit lauten Zurufen feiern.

•

Thor sitzt unterdessen in seinem Wagen und läßt die Beine baumeln, während seine Böcke ruhig auf der Wiese grasen. »Hör mal, Vater«, sagt er, als Odin vorbeikommt, »was hast du dir nur dabei gedacht, als du mich zu deinem Stellvertreter gemacht hast? Dazu tauge ich doch am allerwenigsten! Das nächste Mal solltest du dir einen andern unter deinen Söhnen aussuchen. Warum fragst du nicht Baldur? Er ist redegewandt und weiß immer, was er sagen soll, während ich jedes Wort dreimal im Mund herumdrehe, bevor ich es über die Lippen bringe. Du weißt doch, ich bin auffahrend und hitzig. Er ist mild und verständig. Jeden Streit renkt er wieder ein. Unfrieden und Zank weiß er zu vermeiden, und unter uns allen ist er gewiß der Gerechteste.« Odin hört ihm lächelnd zu. »Du hast recht«, sagt er, »über Baldur kann man nur Gutes sagen. Aber du weißt auch, daß sich die Menschen immer an dich wenden, wenn sie Hilfe brauchen.« – »Du immer mit deinen Menschen!« ruft der Donnergott und rauft sich das Haar. »Ich weiß nicht, was du mit denen hast! Nicht daß du meinst, ich hätte etwas gegen sie, aber kannst du nicht zur Abwechslung einmal an etwas anderes denken? Sind sie denn wirklich so wichtig?« – »Ja«, antwortet Odin mit ernster Miene, und damit will er sich auf den Weg machen. Doch nun kommt Loki angerannt und ruft: »Warte doch auf mich, Milchbruder!« Aber Odin geht ungerührt weiter. »Warum hast du nie Zeit für mich?« jammert Loki. »Wie lange ist es her, daß wir das letzte Mal miteinander auf Fischfang gingen?« Odin tut so, als hätte er ihn nicht gehört, und läßt ihn stehen.

•

Viele Stunden verbringt er auf seinem Häuptlingssitz. Von dort kann er über die blauen Berge sehen. Nicht der kleinste Ort entgeht seinem Blick. Jede Grotte und jede Schneehöhle in Utgard und in Jotunheim, wo die Trolle umherschleichen, kann er unterscheiden. Sein Auge reicht bis zum großen, gischtsprühenden Weltmeer, wo die Mitgardschlange sich träge um die ganze Erde ringelt, sich in den Schwanz beißt und lauert und lauert.

Aber am liebsten schaut er dem Treiben der Menschen zu. Nie wird er müde, die grünen Wiesen von Mitgard zu betrachten, die gelben Kornfelder und die emsigen Fischerdörfer. Er weiß sehr wohl, daß viele Menschen keinen klaren Begriff vom Leben und vom Tod haben. Meistens glauben sie, daß es große und geheimnisvolle Mächte sind, die ihr Schicksal lenken – manche, die hilfreich sind, und andere, die alles zerstören wollen. Und wo sind diese Mächte zu finden? Wo lassen sich ihre Absichten entziffern? In Sonne und Wind, Donner und Feuer, Stein und Holz, im Rauschen der Wasserfälle und in den Tiefen der Gebirge. Oft schneiden sie Zeichen in Baumstämme oder ritzen sie in die Felsen ein. Das häufigste dieser Bilder ist das Rad, ein Zeichen für die

Sonne. Nichts ist mächtiger als die Sonne, hört Odin sie flüstern. Ohne die Sonne kann es kein Leben geben. Der Götterkönig auf seinem Thron lächelt über das, was die Menschen glauben.

Viele tragen zum Beispiel einen kleinen silbernen Hammer um den Hals, als Schutz vor Gefahren. Damit wollen sie den Donnergott beschwören, vor dem sich alle unheimlichen Mächte, die Trolle und die Unterirdischen, fürchten. Andere suchen Beistand bei den anderen Asen. Der Bauer wendet sich an Frei, der Fischer und der Jäger an Njord, und wer sich nach Liebe sehnt, ruft Freia an. Alle halten sich an den Gott, der ihnen am besten helfen kann. Auch Holzfiguren schnitzen die Menschen, die sie an heiligen Orten unter offenem Himmel aufstellen. Dort schlachten sie Schafe und Ziegen und opfern sie, so daß ihr Blut über die Standbilder fließt. Ein Teil des Fleisches wird auf hohen Säulen den Göttern dargebracht; was übrigbleibt, essen die Leute, die am Opferfest teilnehmen. Dabei fehlt es nie an Met und Bier. Der erste Trinkspruch gilt immer Odin. Der Götterkönig auf seinem Thron sieht das alles und lächelt.

Aber an manchen Orten werden nicht nur Schafe und Lämmer geschlachtet. Odin sieht, wie da und dort auch Hunde und Pferde mit Schlingen erwürgt werden. Es gibt Lichtungen und Haine, die nach Tod und Verderben stinken. Dort baumeln tote Menschen an den Ästen. Er sieht leibeigene Frauen, die vergewaltigt und erwürgt werden, Unglückliche, die ihren Herren auf die Scheiterhaufen folgen müssen oder bei lebendigem Leibe von großen, brennenden Schiffen aus ins Meer geworfen werden. Das alles geschieht im Namen der Asen, und Odin auf seinem Hochsitz muß es mit ansehen. Immer öfter nimmt auch Frigga neben ihm Platz und schaut zu.

Die Asen wundern sich. Hat Odin nicht allen verboten, auf dem Thron zu sitzen? Nur mit Frigga macht er eine Ausnahme.

•

Loki will sich nicht geschlagen geben. Er will unbedingt, daß Odin mit ihm fischen geht. Jeden Morgen steht er vor dem Spalt der Bettkammer, in der Odin ruht, und führt einen Tanz mit der Angelrute auf seiner Nase auf. Eines Tages sind es sogar zwei Ruten, die da draußen zappeln. Loki hat den armen Huhne mitgebracht, der immer so schüchtern ist, daß er kaum ein Wort über die Lippen bringt. Weil er so vorsichtig ist, halten ihn viele für einen Angsthasen. Doch Odin hat ihn immer gern gehabt. »Also gut, meinetwegen«, ruft er den beiden zu. »Hört auf zu drängeln. Ich komme mit!«

»Endlich«, freut Loki sich. Es ist ja nicht das ersten Mal, daß die drei Asen gemeinsam etwas unternehmen. Viele Abenteuer haben sie früher miteinander geteilt. Schon haben sie die Regenbogenbrücke hinter sich und durchwandern Mitgard. Der reißende Fluß, dem sie folgen, windet sich durch eine hügelige Landschaft. Plötzlich erblicken sie einen Otter, der am Ufer sitzt, mit einem großen, fetten Lachs in den Fängen, den er gerade verschlingen will. Er hat in seiner Vorfreude auf den guten Bissen die Augen geschlossen. Da schleicht Loki sich an ihn heran und erlegt ihn mit einem Steinwurf. »Zwei auf einen Schlag«, prahlt er, nimmt die doppelte Beute mit, und sie wandern weiter.

Gegen Abend erreichen sie einen kleinen Bauernhof. Der Hausherr heißt Reidmar und versteht sich auf allerlei Zauberkünste. Die Asen bitten ihn um ein Nachtlager. »Wir haben genug zu essen mitgebracht«, sagen sie und zeigen ihre Beute her. Als der Bauer aber den Otter sieht, erbleicht er. Seinen Söhnen ruft er zu: »Dort liegt euer Bruder, der Otter! Und diese drei sind es, die ihn umgebracht haben.« Ehe sie sich's versehen, liegen die Asen gefesselt am Boden. »Wie kann das sein«, fragt Loki, »daß euer Sohn ein Otter ist?« – »Oh«, antwortet Reidmar, »hier im Haus verwandelt sich jeder, der Lust hat, in ein Tier. Was soll ich nur mit euch anfangen? Am einfachsten wäre es, ich schnitte euch die Kehle durch.«

Die Asen sehen ein, daß der Mann gefährlich ist. Zwar wäre es ihnen ein leichtes, ihn außer Gefecht zu setzen. Doch Odins Wille ist es, daß die Asen, wenn sie nach Mitgard gehen, auf ihre Macht verzichten und sich wie gewöhnliche Sterbliche verhalten sollen. Also schweigt Odin und harrt der Dinge, die da kommen werden. Huhne summt verängstigt vor sich hin. Nur Loki findet sich nicht so leicht damit ab, daß ein Bauer ihm droht. Er versucht es mit einer List. »Aber mein Lieber«, sagt er, »wir werden uns doch wohl handelseinig werden? Sag mir, was du als Wergeld verlangst, und ich will zahlen.« – »So viel Gold habt ihr nicht, um mich zu versöhnen«, schnaubt Reidmar. »Sag das nicht«, lächelt Loki; denn nun weiß er, daß der Köder sitzt. »Über den Preis werden wir uns schon einigen können.« – »Versprecht ihr, uns soviel Gold zu geben, wie wir verlangen?« fragt der Bauer. »Das schwören wir«, antworten die drei Asen.

Die beiden Söhne binden sie los. Nun wird dem Otter das Fell abgezogen, und Reidmar hält es in die Höhe. »Hier, diese Haut sollt ihr mit dem rötesten Gold füllen!« sagt er. »Und dann sollt ihr sie außen vergolden, bis kein einziges Schnurrhaar mehr zu sehen ist.« Die Asen finden diesen Preis recht hoch, doch versprochen ist versprochen, und so machen sie sich bereit zum Aufbruch. Aber die beiden Söhne versperren ihnen den Weg. »So haben wir nicht gewettet«, ruft der Bauer. »Ihr seid nicht die ersten, die versucht haben, mich hereinzulegen. Zwei von euch will ich hierbehalten, bis der dritte mir das Gold gebracht hat.« Die Asen beschließen, daß Loki gehen soll; er hat sich den Plan schließlich ausgedacht. »Du weißt wohl, wie es deinen Freunden hier ergehen wird, wenn du nicht wiederkommst«, mahnt ihn Reidmar, und damit alle verstehen, wie er es meint, fährt er sich mit der flachen Hand über die Kehle.

Loki schreitet weit nach Osten aus. Er sucht den Meerestroll Ägir auf, der schon immer ein Freund der Asen war. Odin hat mit einer seiner Töchter ein Kind gezeugt, und das große Fest, das er den Asen gegeben hat, ist noch in bester Erinnerung. Nur mit Ägirs Frau Ron ist nicht gut Kirschen essen. Sie hat ja dieses große Netz, mit dem sie nicht nur Fische und Hummer fängt, sondern auch Seeleute und sogar ganze Schiffe! Nun bittet Loki sie, ihm dieses berühmte Netz zu leihen. Als sie das hört, schaut sie mit ihren kalten Dorschaugen mürrisch drein. Erst als Loki ihr versichert, daß es Odin ist, der das Netz braucht, wagt sie es nicht länger, ihm seine Bitte abzuschlagen.

Loki weiß, daß es einen Wasserfall gibt, in dem ein ungeheuer reicher Zwerg haust. Dieser Gnom heißt Andware und plätschert am liebsten in der Gestalt eines Hechts unter dem Wasserfall herum. Dort wirft Loki sein Netz aus, und wahrhaftig, bald hat er den mächtigen Fisch gefangen. »Zeig deine wahre Gestalt!« ruft er, und sogleich verwandelt der Hecht sich in einen runzeligen Knirps mit Warzen auf der Nase und Haaren in den Ohren. Er zappelt hilflos in den Maschen und schnappt nach Luft. »Wenn dir dein Leben lieb ist, dann gib mir augenblicklich das ganze Gold heraus, das du im Berg versteckt hast«, sagt Loki. Der Zwerg begreift, daß ihm keine andere Wahl bleibt.

Der Weg in seine Höhle ist eng und dunkel, und Loki kommt nur gebückt voran. Endlich aber langen sie in einer hohen Grotte an, in der es wie tausend Sterne glitzert. Andware fängt an, das Gold in einen großen Sack zu stopfen. Aber Loki hat ein wachsames Auge auf ihn, und er bemerkt, daß der Zwerg versucht, einen kleinen Ring auf die Seite zu bringen. »Nichts da!« ruft er. »Alles kommt mit!« – »Laß mir wenigstens diesen einen Ring«, fleht der Zwerg, aber Loki bleibt hart, und so wandert auch der Ring in den Sack.

Als sie wieder ans Tageslicht treten, hält es Andware nicht länger, und er bricht in Klagen aus. »Wie soll ich nur ohne meinen Ring weiterleben«, jammert er. »Stell dich nicht so an! Er wiegt doch kaum ein halbes Lot«, sagt Loki. »Aber ich brauche nur an ihm zu drehen und einen Spruch aufzusagen, dann schafft er mir Gold herbei, soviel ich will. Mehr, als du mir abgenommen hast!« Der Zwerg schüttelt seine Faust und schwört: »Niemandem will ich meinen Zauberspruch verraten! Und ein Fluch soll über jeden kommen, der sich an dem Gold bereichert, das du mir geraubt hast. Tod und Verderben dem, der meinen Ring an den Finger steckt!« Das kleine Gesicht ist rot vor Wut, doch Loki zuckt nur die Schultern und lacht ihn aus. »Mir soll es recht sein«, wirft er ein. »Ich richte es gerne dem aus, bei dem die Beute landet. Ich selber brauche dein Gerümpel nicht, das kannst du mir glauben.«

Mit diesen Worten dreht er sich um und macht sich auf den Rückweg. Es geschieht dem wilden Bauern ganz recht, denkt er, wenn der Fluch des Zwerges über Reidmar kommt.

Als er aber das ganze Gold vor dem Geiselnehmer ausschüttet, nutzt Odin die Gelegenheit, den kleinen Ring zu stibitzen. Loki merkt es wohl, aber er sagt kein Wort. Nun fangen Reidmar und seine Söhne an, das Otterfell zu füllen, bis es, ganz mit dem kostbaren Metall ausgestopft, aufrecht stehen kann. Es gilt, soviel Gold aufzuhäufen, bis das ganze Tier bis zum Schädel darin verschwindet. Als es soweit ist, bleibt kein einziger Klumpen Gold übrig. Der Sack ist leer. Doch Reidmar ist immer noch nicht zufrieden. Er deutet auf ein winziges Schnurrhaar, das aus dem großen Haufen hervorguckt, und verlangt, daß die Asen es mit Gold bedecken. Odin zögert eine Weile, weil er den Ring am liebsten behalten hätte, aber am Ende weiß er keinen anderen Rat, als ihn herauszurücken.

Nun ist von dem Fell des Otters nichts mehr zu sehen. Die Asen haben ihr Versprechen gehalten. Aber bevor sie das Haus verlassen, wiederholt Loki den Fluch, mit dem der Zwerg seinen Schatz auf die Reise geschickt hat. »Tod und Verderben dem, der sich meinen Ring an den Finger steckt!« Doch der Bauer und seine Söhne sind zu sehr damit beschäftigt, in ihrem Gold zu wühlen, als daß sie auf ihn gehört hätten.

Auf dem Heimweg macht Odin sich seine Gedanken über das, was in Andwares Haus vorgefallen ist. Wenn ich nun den kleinen Ring behalten hätte, fragt er sich – was hätte Loki dazu gesagt? Ob er mir von dem Fluch erzählt hätte? Vielleicht hätte er mir verschwiegen, wie gefährlich dieser Ring ist. Oder tue ich Loki unrecht mit meinem Verdacht? Schließlich war er es, der sie durch seine List befreit hat! Immer dieser Loki, denkt Odin – nie werde ich ganz klug aus ihm! Genau in diesem Augenblick begegnen sich ihre Blicke, und Loki bricht in ein herzliches Lachen aus, dem weder Odin noch Huhne widerstehen können. Niemand auf der Welt hat ein so ansteckendes Lachen wie Loki. Dagegen, denkt Odin, ist kein Kraut gewachsen.

Plötzlich hören die drei ein lautes Grunzen. Ein riesengroßes Schwein kommt auf sie zugerannt. Seine Borsten glänzen und schimmern, und auf dem Rücken trägt es einen geharnischten Reiter. Es ist Frei! »Thor hat mich ausgesandt«, ruft er. »Wir fingen an, uns Sorgen zu machen, wo ihr bleibt. Sitzt auf! Gullborste trägt uns leicht alle vier nach Hause. Ihr müßt euch nur an den Borsten festhalten!« Odin, Huhne und Loki steigen auf den gewaltigen Eber, und der rennt los, daß ihnen die Ohren sausen.

•

Als Frigga hört, was ihnen zugestoßen ist, fragt sie Odin: »Mußt du dir eine solche Unverschämtheit gefallen lassen? Dieser gierige Reidmar – warum hast du ihn mitsamt seinen Söhnen nicht einfach wie ein paar Mücken an die Wand geklatscht?« Odin zuckt mit den

Achseln. Er ist müde und möchte schlafen, aber Frigga will ihm in dieser Nacht auf den Zahn fühlen. »Bist du nicht der Allvater?« sagt sie. »Bist du nicht Herr über alles, was geht und kriecht und fliegt?«

Odin fallen schon die Augen zu. Er wendet sich ab, doch Frigga gibt nicht auf. »Nimm dir ein Beispiel an Thor. Auch der hat gerade einen kleinen Ausflug nach Mitgard gemacht«, sagt sie. »Ja, aber nur, um zu raufen, wie es seine Art ist.« – »Nein, sondern weil ihn ein König um Hilfe gebeten hat«, sagt Frigga. »Ein Meerestroll hatte ihm die Tochter geraubt. Dieser Riese ist ein Ungeheuer mit acht Armen, und er kann vier Schwerter auf einmal schwingen.« – »Ja, ich weiß. Thor hat ihn dann mit seinem Hammer erledigt«, murmelt Odin müde. »Aber jetzt laß mich endlich schlafen!« – »Der wagt es wenigstens, einzugreifen«, fährt Frigga fort. »Er läßt sich eben nicht alles gefallen.« – »Ein alter Raufbold ist er«, seufzt Odin. – »Und warum solltest du dir weniger Respekt verschaffen als dein Sohn?« fragt Frigga. – »Weil ich mehr Verstand im Kopf habe«, antwortet ihr Mann. »Übrigens wärst du nicht so begeistert von seinen Abenteuern, wenn er dein eigener Sohn wäre. Dann hättest du sicher mehr Angst um ihn.«

Thors Mutter ist nämlich nicht Frigga, sondern Jord, von der man nicht recht weiß, ob sie zu den Asen oder zu den Trollen gehört. Davon will Frigga aber nichts wissen. Schon ist sie drauf und dran, ihrem Mann all die Seitensprünge und Liebschaften vorzuhalten, die er sich im Lauf der Zeit geleistet hat, aber dann schluckt sie ihren Ärger hinunter und schläft ein. Odin aber wälzt sich im Bett hin und her und grübelt. Sie tut mir unrecht, denkt er. Schließlich habe ich mich oft genug in das Leben der Menschen eingemischt. Aber was hat es genützt? Vielleicht habe ich mehr Unheil als Nutzen gestiftet? Natürlich, es ist für unsereinen ein leichtes, mit ihnen fertig zu werden, den Tisch umzuschmeißen und wie Thor die Muskeln spielen zu lassen. Aber das Richtige zu tun, die Lösung zu finden, das ist schwer… Er seufzt. Er zählt die Balken an der Decke. Wie oft hat er seine schützende Hand über die Leute gehalten! Sogar seinen Speer hat er ihnen geliehen. Ihr liebeskrankes Jammern hat er geduldig mit angehört, und manchen toten Helden hat er aus Walhall noch ein letztes Mal nach Hause ziehen lassen, damit er von seiner weinenden Geliebten Abschied nehmen konnte. Aber hat er damit klug gehandelt?

Die Geschichte von König Rehre und seiner Frau fällt ihm ein. Die haben ihn und Freia um Hilfe angefleht, weil sie kinderlos waren. Odin hat damals eine seiner Walküren an den Königshof geschickt. Sie flog in Gestalt einer Krähe hin und ließ einen Zauberapfel in den Schoß des Königs fallen, als er niedergedrückt auf einem Hügel saß. Rehre gab den Apfel seiner Frau. Sie aß ihn und wurde schwanger. Aber es zeigte sich, daß das Kind ihren Leib nicht verlassen wollte. Sechs Jahre verstrichen, ohne daß sie gebären konnte. Unterdessen war König Rehre auf einem seiner Kriegszüge gefallen. Die

lebensmüde Königin ließ sich am Ende den Bauch aufschlitzen, damit das Kind endlich das Licht der Welt erblicken sollte. Es war ein Sohn, wohlgestalt und groß. Er konnte gerade noch seine Mutter zum Abschied küssen, bevor sie starb. Wälsung haben sie ihn genannt, und er wurde König im Land seines Vaters. Später heiratete er die Walküre, die Odin mit dem Apfel gesandt hatte, und mit ihr zeugte er eine Tochter und zehn Söhne. Odin seufzt und stöhnt, als er daran denkt. Warum muß das Gute, das er tut, so schlimm enden? Warum kann er das Knäuel dieser Welt nicht lösen?

•

Am Morgen füttert Frigga die Schwäne am Brunnen Urds, wo die drei Nornen wohnen. Es sind Urd, Werdande und Skuld, die Wissenden. Sie können alles sehen, was gewesen ist, was da ist und was da kommen wird. Das Wasser in Urds Brunnen ist heilig. Alles, was in diese Quelle eintaucht, wird so rein wie die weißeste Eierschale. Jeden Morgen sprenkeln die Nornen etwas von diesem Wasser auf Yggdrasil, damit die große Esche immer frisch und grün bleibt. Heute ist Frigga gekommen, um ihnen zur Hand zu gehen. Aber sie hat noch etwas anderes im Sinn. Es geht um Odin. »Wie schwer er es hat«, sagt sie. »Immer will er alles verstehen, und so grübelt er die ganze Nacht hindurch und findet kein Ende.« Aber die Nornen schütteln nur lächelnd den Kopf. »Dann weiß er nicht mehr aus und ein«, sagt Frigga. Die Nornen lachen. »Es ist wahr«, sagt Urd, »keiner tut mehr für die Menschen als Odin.« – »Ja«, sagt Frigga, »doch kostet es ihn große Mühe, sie zu verstehen. Bald weint er mit ihnen, bald lacht er sie aus, aber immer kümmert er sich um sie. Aber die Menschen sind nicht wie wir. Sie sind *anders*!« – »Er hat sie doch selber erschaffen«, wirft Werdande ein. – »In seinem Kopf geht es zu wie in einem Ameisenhaufen«, sagt Frigga. – »Aber er ist der Albvater«, hält ihr Skuld entgegen und lächelt. Die drei Nornen wenden ihren Blick von Frigga ab und schweigen. Sie weiß sehr wohl, daß nichts und niemand sie zum Reden bringen kann, wenn sie ihre Geheimnisse wahren wollen.

Als sie nach Hause kommt, ist Odin fortgegangen. Sie findet ihn in Walhall. Dort sitzt er mit seinen untoten Kriegern am Tisch und trinkt mit ihnen. Auch ein paar andere Asen haben sich eingefunden. Sie sehen auf, als Frigga eintritt, und sie hört, wie sie miteinander tuscheln.

Auch Freia ist da. Sie hat eine Katze auf beiden Schultern, und ihr Haar züngelt wie rotes Feuer über ihrem Kopf. Sie steht auf, als sie Frigga sieht, wirft ihr Trinkhorn zu Boden und läuft aus dem Saal. Nun setzt Frigga sich zu Odin, der ihr den Arm um die Schulter legt. Erst jetzt merkt sie, wie ihr die Knie zittern. Doch sitzt sie erhobenen Hauptes da; niemand soll merken, wie elend ihr zumute ist.

•

In Asgard verrinnt die Zeit langsamer als in Mitgard. Während im Leben der Menschen viele Jahre verstrichen sind, sind für die Asen kaum ein paar Tage vergangen. Auch darüber spricht Frigga mit ihrem Mann. Wenn sie von ihrem Hochsitz aus auf Mitgard blicken, wundern sie sich, wie rasch dort alles hüpft und springt und zappelt. Selbst das langwierigste Drama ist da unten im Nu vorbei!

So geht es auch mit dem Goldschatz, den der habgierige Reidmar sich ausbedungen hat. Er hat sich geweigert, ihn mit seinen Söhnen zu teilen. Nun sehen sie, wie Fowne, der ältere der beiden, seinen Vater im Schlaf erschlägt. Schon kommt der Jüngere dazu und verlangt seinen Anteil, aber der Mörder denkt nicht daran, etwas von seiner Beute abzugeben. Er droht seinem Bruder, und Regin, der jüngere, fürchtet um sein Leben und flieht.

Aber das ist nicht das Ende der Geschichte; denn Fowne hat Angst, daß ihm jemand seinen Schatz rauben könnte. Deshalb verwandelt er sich in einen Drachen und baut sich ein Nest auf der Heide. Dort sitzt er auf seinem Haufen Gold und brütet vor sich hin.

Das alles sehen Odin und Frigga von ihrem Hochsitz aus. Sie sehen, wie Regin einen Zögling in sein Haus aufnimmt, der Sigurd heißt. Den hetzt Regin nun gegen seinen Bruder auf. Er zeigt ihm, wo der Drache zur Tränke geht. »Dort mußt du einen Stollen graben, in dem du dich versteckst. Dann wartest du, bis mein Bruder, das Ungeheuer, Durst hat, und sobald er über den Pfad zum See kriecht, stichst du ihm von unten her mitten ins Herz!« Sigurd folgt diesem Rat, und als der schwere Drache sich, Gift und Galle speiend, über sein Versteck wälzt, so massig, daß die Erde bebt, stößt er sein Schwert tief in Fownes schuppigen Leib.

Erst als der Drache tot ist, verrät Regin ihm, daß das Ungeheuer sein eigener Bruder war. Er möchte Fownes Herz haben, und er bittet seinen Zögling, es für ihn zu braten. Sigurd steckt den blutigen Klumpen auf einen Pfahl und hält ihn über das Feuer. Aber sobald er das Drachenblut schmeckt, versteht er, was die Vögel einander zuzwitschern. Sie sagen, daß Regin ihn betrügen will. Auf diese Warnung hört Sigurd. Er tut, was die Vögel ihm raten, und bringt seinen Pflegevater um.

•

Odin, der das alles gesehen hat, seufzt. Es ist doch immer dieselbe Geschichte mit den Menschen, denkt er. Auch Frigga ist es müde, immer auf denselben Fleck zu starren. »Vielleicht geht es anderswo weniger sinnlos zu?« fragt sie. Odin läßt seinen Blick wandern. Wie ein Habicht schweift er über alle Dörfer in Mitgard, und plötzlich bricht er in ein großes Gelächter aus. »Siehst du die beiden dort drüben?« sagt er. »Das sind Agnar und Gerod. Erinnerst du dich an die beiden kleinen Jungen, die wir einst einen Winter lang auf einer Insel weit draußen im Meer in einer Bauernkate aufgezogen haben? Jetzt sind sie schon erwachsen! Rate, was aus ihnen geworden ist!«

Frigga beugt sich nach vorn, kneift die Augen zusammen und späht in die Tiefe. Ja, dort, wohin Odin zeigt, erblickt sie Gerod, der es weit gebracht hat und als König auf einem prächtigen Hof sitzt. Aber wo ist Agnar, sein Bruder? Weit im Osten sitzt er in einer engen, feuchten Höhle. Er ist schmutzig und trägt Lumpen, und verheiratet ist er mit einer zahnlosen Trollfrau. Seine Kinder spielen mit Würmern und Spinnen. »Siehst du, Frigga, was für ein erbärmliches Ende dein Ziehsohn genommen hat? Da ist der meine doch aus

anderem Holz geschnitzt!« Da ärgert sich Frigga über soviel Überheblichkeit, und sie fängt an, auf Gerod zu schimpfen. »Ja, er hat es geschafft, zum König zu werden. Aber was ist er für ein unbeherrschter, ungehobelter Kerl. Zu alledem ist er auch noch ein übler Geizhals. Ich wette, daß er seinen Gästen nur Wasser und Brot anbietet.« Das alles saugt sie sich aus den Fingern, um Odin zu necken, obwohl sie keine Ahnung davon hat, wie es im Hause Gerod zugeht. Ein Wort gibt das andere, und am Ende beschließt Odin, selber zu seinem Ziehsohn zu fahren, um dort nach dem Rechten zu sehen.

»Und du kommst mit«, sagt er zu Thor. Der hört es seufzend; denn er möchte lieber mit seinen Kämpfern in Walhall bleiben. »Frag doch Baldur«, schlägt er vor, »der hat ohnehin nichts Besseres zu tun.« Doch Odin winkt ab. »Es bleibt bei dem, was ich gesagt habe«, brummt der Götterkönig, und sein Wort ist in Asgard nun einmal Gesetz.

Jetzt ist Frigga in der Klemme. Wenn es nicht stimmt, was sie über Gerod gesagt hat, wird Odin ihr auf die Schliche kommen. Was kann sie nur tun, um ihn abzuschrecken oder wenigstens dafür zu sorgen, daß Gerod ihn übel aufnimmt? Sie ruft ihre Magd Fulla und trägt ihr auf, sogleich zu Odins Ziehsohn zu eilen. »Du mußt meinem Mann zuvorkommen. Sobald du da bist, erzählst du Gerod, daß ein gefährlicher Landstreicher auf dem Weg zu ihm ist, ein Zauberer, der einen Fluch über ihn und seine Leute bringen will.«

So geschieht es auch, und Gerod dankt der Magd für ihre Warnung. »Aber woran kann ich diesen bösartigen Fremden erkennen?« fragt er. »Ganz einfach«, antwortet Fulla. »Kein Hund auf der Welt, und sei er noch so scharf, wird es wagen, auf ihn loszugehen.«

Kaum hat sie sich aus dem Staub gemacht, da wird es sonderbar still auf dem Hof. Eine Gestalt im blauen Umhang steht vor dem Haus. Seinen Hut hat der Fremde tief in die Stirn gezogen. Die großen, bissigen Hofhunde liegen flach vor ihm auf dem Boden und wedeln mit den Schwänzen. Dem König Gerod läuft es bei diesem Anblick kalt den Rücken hinunter. »Wie heißt du, und wer bist du?« fragt er den Fremden. »Grimme heiße ich, und Grimme bin ich«, antwortet der Mann, und das ist alles, was er sagen will. »Was willst du hier?« fragt Gerod ihn, aber der Fremde gibt keine Auskunft. Da wird der Hausherr zornig. »Ich werde dich wohl noch zum Reden bringen« ruft er. »Bindet ihn und setzt ihn zwischen zwei Feuer, bis er den Mund auftut!«

König Gerod und seine Männer lachen sich ins Fäustchen. Sie schauen zu, wie die Flammen um das Gesicht des Gefangenen spielen. Schon raucht der Saum seines Mantels, und die Krempe seines Hutes ist angesengt. »Hast du bald genug?« rufen sie. »Gibst du endlich auf?« Aber Grimme sitzt schweigend da, unbeweglich wie ein Stein.

Nun springt ein kleiner Junge herbei. Es ist König Gerods Sohn. Zehn Winter ist er alt, und er heißt Agnar, nach seines Vaters Bruder, den alle tot glauben. Vor langer, langer Zeit hat Gerod diesen Bruder verraten und ganz allein auf seinem Zauberboot ausgesetzt, weil er den Thron nicht mit ihm teilen wollte.

Nun aber steht der junge Agnar im Saal seines Vaters und sieht zu, wie der fremde Gast mißhandelt wird. Das gefällt ihm nicht, obwohl es heißt, der Besucher sei vielleicht ein gefährlicher Zauberer. Er weiß, daß das, was er vorhat, seinem Vater ganz und gar nicht passen wird. Trotzdem füllt er nun ein ganzes Trinkhorn mit Wasser und reicht es dem Gefangenen, der es in einem Zug leert.

Da bricht der seltsame Gast endlich sein Schweigen. »Nie wirst du für einen Trunk schöner belohnt werden, Agnar«, sagt er. »Du aber, Gerod, hast sehr unklug gehandelt, und das wird dir übel bekommen! Ich war dir immer wohlgesinnt, aber du hast meine Gunst verscherzt.« Mit einem Ruck erhebt er sich und sagt: »Hast du vergessen, wer dir das Leben gerettet und dich aufgezogen hat? Viele gute Ratschläge habe ich dir gegeben, doch du hast sie in den Wind geschlagen.« Er wirft seinen Hut ab, und nun sehen alle, wie seine Augen funkeln. »Ich bin Odin«, ruft er. »Komm her zu mir, wenn du es wagst!«

Gerod ist die ganze Zeit über mit dem Schwert auf den Knien dagesessen. Als er begreift, daß er fast den Bart des Götterkönigs verbrannt hätte, springt er auf, um Odin loszubinden. Aber indem er aufsteht, fällt sein Schwert zu Boden, die scharfe Spitze richtet sich auf, er stolpert und stürzt in die Klinge. Vom eigenen Schwert durchbohrt, stirbt König Gerod. Die beiden Feuer sind erloschen, und der Götterkönig ist verschwunden. Der junge Agnar tritt die Nachfolge seines Vaters an. Ob es ein Zufall ist, daß er auf den Tag genau zehn Jahre alt ist, ebenso alt wie sein Vatersbruder war, als er verschwand, damals, vor langer Zeit?

Frigga hat auf ihrem Hochsitz alles mit angesehen. Nun folgen ihre Augen Odin, wie er sich zornig auf den Weg macht. Hat sie nicht recht behalten mit allem, was sie über Gerod gesagt hat? Ohne es zu ahnen, hat sie mit ihrer Lüge die Wahrheit gesagt. Sie weiß, daß der Götterkönig ihr diesen kleinen Triumph übelnimmt. Er wird nicht so bald nach Hause kommen. Wieder einmal zieht er nach Osten, in die wilden Berge von Jotunheim. Traurig verläßt sie die weite Aussicht und schließt sich in ihre Zimmer ein.

•

Was aber hat Odin vor? Er sucht eine Quelle auf. Der Weg dahin ist schwer zu finden und voller Rätsel. Er aber kennt jeden Stein und jeden Baumstumpf in der Einöde, und bald hat er gefunden, wonach es ihn verlangt.

Am Rand des Wasserlaufs liegt der Kopf eines Mannes. Als Odin näher kommt, schlägt der Kopf die Augen auf und lächelt.

Es ist der Riese Mime, der hier liegt. Er und Odin sind Freunde aus alten Zeiten. Damals hatte Mime noch Beine, mit denen er gehen, und Arme, die er ausstrecken konnte. Aber im großen Krieg zwischen Asen und Wanen wurde er geköpft. Damals hat Odin ihm die stärksten Zauberlieder über sein entstelltes Gesicht gesungen und seinen Kopf mit heilenden Kräutern gesalbt, und so ist das Licht in Mimes tote, blutunterlaufene Augen zurückgekehrt.

Bis heute lebt er weiter in der Einsamkeit und bewacht die Quelle, die man Mimes Brunnen nennt. Ihr Wasser gibt jedem, der davon trinkt, Weisheit und Einsicht. Mime war immer schon der klügste unter den Trollen, und jedesmal, wenn er seinen Durst an der Quelle stillt, wird er noch klüger als zuvor. Immer, wenn Odin nicht mehr aus und ein weiß, kommt er zu ihm und sucht seinen Rat.

Eine ganze Nacht lang reden die beiden Freunde miteinander. Wie soll es weitergehen mit der Welt? Was hat die Mitgardschlange vor, die immer weiterwächst, und wer soll den Fenriswolf bändigen, der heult, als wolle er alles, was da lebt, verschlingen?

Aber auch über die Menschen zerbrechen sie sich den Kopf. »Dieser Gerod zum Beispiel«, sagt Odin. »Ich habe ihn doch selber erzogen. Alles, was ich konnte, habe ich für ihn getan, damit ein aufrechter Mann aus ihm wird. Und was hat er getan? Seinen Bruder hat er verraten und ein böses Ende genommen.«

»So sind sie eben, die Menschen«, seufzt Mime. »Nicht einmal auf meinen Milchbruder kann ich mich verlassen«, fährt Odin fort. »Ich werde einfach nicht klug aus ihm.« Er meint Loki. »Er kommt mir vor wie ein Mensch. Weder Fisch noch Fleisch! Gott und Troll in einer Gestalt!«

Odin ballt die Fäuste. »Und doch sind sie etwas Besonderes, die Menschen. Weißt du, was mir an ihnen gefällt? Sie sind voller Leben. Bei uns in Asgard werden ja gar keine Kinder mehr geboren. Alles steht still. Wir bleiben unter uns. Das ist ein schlechtes Zeichen!« – »Du hast recht«, nickt der Kopf. – »Und wie ist es hier in Jotunheim? Was machen die Trolle? Bringen sie wie früher Kinder auf die Welt?« – »Es kommt wohl vor«, sagt Mime, »aber selten genug.«

Odin wiegt den Kopf und meint: »Das hat nichts Gutes zu bedeuten. Ich fürchte, daß es die Menschen sind, in deren Händen die Zukunft liegt.« Er brummt wie ein alter Bär. »Unsere Zeit neigt sich dem Ende zu. Fühlst du es nicht?«

Odin hat Mimes Kopf in seinen Schoß gebettet. Die beiden schweigen. Der Wind flüstert in den Kiefern. Die Sterne leuchten weiß. Auf dem Grund der Quelle glitzert etwas Helles. Das ist Odins Auge, das er einst zum Pfand geben mußte, um aus Mimes Brunnen zu trinken. Es geschah vor langer Zeit. Damals waren sie beide jung und wußten nichts voneinander, und die Welt war neu.

•

Ganz sonderbare Winde fegen auf einmal über die Welt. Im Winter fällt kein Schnee mehr. Der Sommer ist verregnet. Wo sind die Fische im Meer geblieben? Und warum liegt ein gelber Schleim auf den Klippen am Strand? Das Vieh vergißt zu schlafen, Bäume stürzen um oder suchen einer beim andern Halt. So geht es in Mitgard zu und in Jotunheim, und sogar die Götter in Asgard bleiben nicht verschont.

Die Asen sind beunruhigt. Sie haben sich an Urds Brunnen versammelt, um Rat zu halten. Aber keiner weiß eine Erklärung für die Unordnung, die über die Welt gekommen ist. Jeden Morgen setzt Odin sich unter den großen Weltenbaum, und Hugin und Munin, seine beiden Raben, hüpfen von Zweig zu Zweig. Er fürchtet, daß bald auch das Laub Yggdrasils anfangen könnte zu verwelken. Doch bisher ist die große Esche grün und saftig geblieben. Solange sie ihre Äste über die Welt ausbreitet, gibt es noch Hoffnung auf bessere Zeiten. So lauten die Weissagungen, und so steht es in mächtigen Runen geschrieben. Jede Nacht liegt Odin wach und lauscht den Wölfen, die den Mond anheulen.

Unter seinen vielen Söhnen ist Baldur der jüngste. Er ist so schön, daß er beinahe an ein junges Mädchen erinnert, auch ist er von allen der sanfteste und der freundlichste. Breidablick heißt sein Hof, und dort wohnt er mit Nanna, der treuesten aller Frauen, und ihrem Sohn Vorsete.

Früher haben manche sich über Baldur lustig gemacht, weil er so vorsichtig ist. Einen Schwächling haben sie ihn genannt; denn für Kampf und Streit hatte er nie viel übrig. Am liebsten wollte er mit allen in Frieden leben. Doch jetzt, da eine graue, hoffnungslose Decke wie ein großer Sauerteig über der Welt liegt, betrachten ihn viele mit neuen Augen.

Jetzt heißt es auf einmal: Gut, daß wir Baldur haben. Solange er, der unschuldig ist wie ein Kind, unter uns ist, können Gewalt und Bosheit nicht siegen. Es geht ein Leuchten von diesem hellen Gott aus, und alle, die in seiner Nähe sind, steckt er mit seiner freundlichen Miene an. Selbst die unverbesserlichen Lügner und Intriganten schweigen, wenn er kommt, und schlagen ihre Augen nieder.

Auch Odin möchte alles schützen, was auf der Erde lebt, aber er vertraut am ehesten auf sein Schwert und seinen Speer, wenn es darum geht, der Gemeinheit und dem Verrat zu wehren. Ein freundliches Lächeln, denkt er, war noch nie imstande, einen gierigen Feind aufzuhalten. »Wenn ihr Frieden haben wollt«, brummt er, »müßt ihr euch auf den Krieg gefaßt machen.« Das sagt er allen, die es hören wollen. Aus diesem Grund war Baldur nie ein Sohn nach seinem Geschmack. Doch in der letzten Zeit sehen die Asen den Götterkönig immer öfter nach Breidablick reiten. Frigga, die immer eine Schwäche für Baldur hatte und ihn stets in Schutz genommen hat, freut sich sehr darüber, daß Odin sich ihm zuwendet.

Ja, die Zeiten haben sich geändert. Nichts ist mehr so, wie es war. Odin fühlt sich bedroht. Überall sieht er das Unheil mit bösen Augen und scharfen Zähnen lauern. Da kann es nicht schaden, auf der Hut zu sein. Vieles versteht Odin, aber manches ist ihm rätselhaft geblieben. Nun will er auch dahinterkommen, wie Baldur denkt. In Breidablick ist er immer willkommen. In letzter Zeit sitzen Vater und Sohn öfter beieinander, und ganze Abende lang gibt ein Wort das andere.

Warum ist Baldur immer so bleich und abgespannt? Ist er krank? Es sind die Albträume, die ihn heimsuchen. Er sieht, wie die Berge aufbrechen, als hätten sie offene Wunden. Er sieht brennende Wolken. Er sieht einen Winter, der nie zu Ende geht. Er sieht seinen eigenen Namen mit Blut geschrieben. Mitten in der Nacht wacht er schweißgebadet auf und erstickt einen Schrei mit der Bettdecke.

Von den anderen will er sich nichts anmerken lassen. Aber endlich wird es ihm zuviel, und er muß zugeben, daß er von schlimmen Ahnungen geplagt wird. Die Asen hören es nicht gerne; denn Baldur war immer eine Lichtgestalt in Asgard, und wenn sogar er finster dreinblickt, ist das ein schlechtes Zeichen.

Auch Frigga ist bekümmert. Sie zieht nach Osten und Westen, Norden und Süden. Keiner soll Baldur etwas antun! Dafür will sie sorgen. Jeden Stein wendet sie um und untersucht jede Höhle. Allem, was da kriecht und läuft, fliegt und schwimmt, nimmt sie ein Versprechen ab: niemand soll Baldur etwas zuleide tun. Sogar Feuer und Wasser, Bäume und Felsen, Pest und Krankheit müssen ihr hoch und heilig schwören, daß sie ihren Liebling verschonen.

Die Asen sind erleichtert, und Baldur ist froh. Zwar quälen ihn immer noch böse Träume, aber was sie ankündigen, hört sich wie eine leere Drohung an. Er kann hoffen, daß sie bald verfliegen werden, wie ein Schatten vor der Sonne.

•

Um seine Genesung zu feiern, richten die Götter ein großes Fest aus. Einer von ihnen kommt auf die Idee, das Schicksal auf die Probe zu stellen. Baldur soll als Zielscheibe dafür dienen. Alle werfen Steine auf ihn und beschießen ihn mit Pfeil und Bogen. Doch alle Geschosse prallen von ihm ab. Baldur lacht nur über den Hagel. Er ist unverwundbar. Die Götter jubeln.

Nur einer hält sich zurück und stimmt nicht in die Freudenrufe ein. Einer, der die Fäuste ballt und sich davonschleicht. Es ist Loki. Voll Neid und Eifersucht schnaubt er: »Warum machen alle soviel Aufhebens wegen Baldur? Alle haben einen Narren an ihm gefressen. Und was ist mit mir?« Die Wahrheit ist, daß die beiden sich nie leiden konnten. Aber nun hat Loki wohl den Kopf verloren. Als altes Weib verkleidet, sucht er Frigga auf. »Was ist denn mit Baldur geschehen«, fragt er sie. »Haben sich wirklich alle Dinge auf der Welt verschworen, ihn zu hätscheln?« – »Ja«, antwortet Frigga stolz. Loki schlägt die Hände über dem Kopf zusammen vor Verwunderung. Frigga lächelt. Sie ist gut gelaunt, denn dies ist ein großer Tag für sie. Außerdem findet sie das alte Weib, das vor ihr steht, ziemlich komisch. »Bist du sicher?« fragt Loki mit dünner, pfeifender Stimme und legt den Kopf schräg. »Jedes winzige kleine Bißchen soll dir versprochen haben, daß Baldur nichts geschieht?« – »Fast«, sagt Frigga. »Nur im Westen Walhalls, da wächst eine kleine Mistel. Die kam mir so klein und unansehnlich vor, daß es lächerlich gewesen wäre, ihr einen Eid abzufordern. So ein winziges Zweiglein, dachte ich, kann doch keinen Schaden anrichten.«

Schon macht Loki sich auf den Weg, um die Mistel zu suchen. Er hat Glück und findet sie. Gleich bricht er den Zweig ab und nimmt ihn mit auf die große Wiese, wo die Götter immer noch bei ihrem Schützenfest sind.

Einer von den Asen aber steht in der Ecke und nimmt an ihrem Spiel nicht teil. Er heißt Hod und ist ein Halbbruder Lokis. In den großen Kriegen hat er nie eine Rolle gespielt, und auch jetzt hält er sich im Hintergrund. Das hat einen einfachen Grund. Hod ist blind. Scheinheilig fragt Loki ihn: »Was ist mit dir, mein Freund? Warum machst du nicht mit? Alle schießen auf Baldur, und du siehst doch, daß ihm nichts geschieht.« – »Du weißt wohl, daß ich blind bin und ihn gar nicht sehen kann«, sagt Hod. – »Oh«, flüstert Loki ihm ins Ohr, »daran soll es nicht fehlen. Ich zeige dir, wie du zielen sollst.« – »Ich trage keine Waffe«, antwortet Hod. – »Dann nimm diesen Bogen und die Mistel hier. Alle erweisen Baldur die Ehre, da kannst du nicht beiseite stehen.« – »Gern«, ruft der Blinde dankbar und ergreift den Bogen. Loki führt seinen Arm. »Ein bißchen weiter nach rechts... Noch ein bißchen... So!« Und Hod ruft: »Schau nur, Baldur! Jetzt bin ich auch dabei.« Baldur lacht und streckt ihm seine Arme entgegen. »Jetzt!« flüstert Loki, und Hod läßt die gespannte Saite los.

Der Pfeil trifft Baldur, der einen hellen Schrei ausstößt und zu Boden sinkt. Der Pfeil hat ihn mitten in der Kehle getroffen. Baldur ist tot.

Es wird ganz still auf der großen Wiese. Die Asen trauen ihren Augen nicht. Dann erst bricht der Jammer los. Das, was sie um jeden Preis verhindern wollen, jetzt ist es geschehen. Nie hat ein schlimmeres Unglück Götter und Menschen getroffen.

Viele umringen Hod, um Baldur zu rächen. Einige deuten auch auf Loki. Aber Odin greift ein. »Haltet ein!« ruft er. »Dies hier ist ein geheiligter Ort. Es ist genug Blut vergossen worden an diesem Tag. Baldur war mein Sohn. Hod ist mein Sohn, und Loki ist mein

Milchbruder. Es ist sinnlos, Vergeltung zu üben.« Nie sahen ihn die Asen so alt und müde.

»Es war alles nur ein Mißverständnis«, wimmert Loki und legt den Arm um Hods Schulter. »Keiner von uns hat das gewollt!« Dann wendet er sich mit harten Worten Frigga zu: »Dir haben wir vertraut. Hast du uns nicht versichert, daß Baldur kein Leid geschehen kann? Wie sollten wir ahnen, daß du so leichtfertig warst und hier einen Strauch und dort einen Zweig auf Baldurs Heil einzuschwören vergessen hast? Es ist deine Schuld, daß es ein böses Ende mit ihm nahm!« Loki hat sich in Hitze geredet, und er ist ein Meister darin, die Wörter so zu drehen, wie es ihm paßt. Frigga wendet sich schluchzend von ihm ab. »Es ist Schicksal«, murmelt einer. »Was geschehen soll, geschieht«, sagt ein anderer. »Niemand kann sein Schicksal ändern.« – »Baldurs Träume hätten uns eine Warnung sein sollen.« – »Er ist tot«, weint Nanna, seine Frau. »Wir werden ihn nie wiedersehen.« Aber da richtet Frigga sich auf. Der Trotz leuchtet aus ihren Augen. »Nein«, ruft sie, »ich gebe nicht auf. Ich will ihn wiederhaben! Wer von euch, wer von Odins Söhnen will mein Sendbote sein? Wer will meine ewige Dankbarkeit gewinnen und ins Totenreich reiten? Wer von euch spricht mit Baldur? Wer fragt Hel, die Herrin über das Totenreich, um welchen Preis sie ihn freigibt, so daß er zu mir nach Asgard heimkehren kann?«

•

Alle schweigen. Sogar Odin zögert, und Thor schaut betreten zu Boden. Doch dann tritt Hermut hervor, der sich immer zurückgehalten hat. Man hat wenig von ihm gehört, obwohl auch er einer von Odins Söhnen ist; denn er ist zwar ein guter Kämpfer und berühmt für seine Reitkunst, doch drängt er sich niemals vor und läßt andere das große Wort führen. Nun aber sagt er: »Ich reite für Baldurs Mutter zu Hel ins Totenreich. Ihr müßt mir nur das beste Pferd geben, das es gibt.« Der Götterkönig nickt. Er befiehlt, daß Sleipnir, sein eigenes Pferd, gezäumt und gesattelt wird.

Hermut steigt auf den achtbeinigen Hengst und sprengt über die Regenbogenbrücke davon. Wie ein Gewitter dröhnt das Echo von Sleipnirs Hufen den Asen in den Ohren, bis es in der Tiefe des Nordens verhallt.

Nun müssen die Götter Baldur bestatten. Sie tragen seine Leiche zur Küste. Dort liegt ein großes Schiff vor Anker. Schon ist ein gewaltiger Scheiterhaufen auf dem Deck errichtet. Doch als sie versuchen, das Schiff aufs Wasser zu schieben, rührt es sich nicht von der Stelle. Nicht nur den Asen steht der Schweiß auf der Stirne, auch aus Mitgard und aus Jotunheim sind viele gekommen, um Baldur die letzte Ehre zu erweisen. Doch sosehr sie sich auch anstrengen, das Schiff liegt wie festgenagelt im Sand. Nicht einmal Thor gelingt es, den schweren Rumpf zu bewegen.

Da stößt eine Riesin zu den Versammelten. Sie kommt auf einem Wolf geritten, den sie mit zwei Kreuzottern lenkt. Sie sieht, wie sich die Asen vergeblich abmühen, springt ab, spuckt in die Hände und schiebt das Schiff an. Wie durch Zauberei gleitet der schwere Rumpf so rasch über die Rundhölzer ins Wasser, daß er Funken schlägt.

Thor muß zusehen, wie ihn eine Riesin aus dem Feld schlägt. Wütend ruft er: »Das ist alles nur ein fauler Trick dieser Hexe! Der werde ich den Schädel mit meinem Hammer zertrümmern!« – »Laß das«, sagen die Asen. »Was hat sie dir getan? Danken sollten wir ihr, daß sie uns geholfen hat.« Und die Riesin steht breitbeinig daneben und stützt die Hände auf ihre wuchtigen

Hüften. »Seid froh, daß ich etwas für die Asen übrig habe«, sagt sie gelassen und zwinkert dem Donnergott zu, der sich am Bart zupft und grollt. Aber seinen Hammer muß er wieder einstecken.

Nun wird Baldurs Leichnam an Bord gebracht. Als seine Frau Nanna es sieht, bricht ihr das Herz vor Kummer. Auch sie wird tot aufs Schiff getragen und neben ihren Mann gelegt. Baldurs Pferd steht an den Mast gebunden, gebürstet und gestriegelt mit vollem Sattelzeug. Nun streift Odin sich Draupne, seinen wertvollen Ring, vom Finger. Es ist sein kostbarster Goldschmuck; die Unterirdischen haben ihn einst, vor langer, langer Zeit, geschmiedet. Er hat Zauberkräfte. Jede Nacht träufeln aus ihm acht neue Goldringe. Odin kniet neben Baldur nieder und legt Draupne auf seine Brust. Alle sehen, wie die Tränen ihm am Bart herabrinnen.

Dann wird ein großes Feuer entzündet. Thor tritt hervor und schwenkt seinen Hammer über den Flammen, um sie zu segnen. Ein Zwerg hat sich unter dem Kiel des Bootes versteckt. Thor versetzt ihm einen Tritt, so daß er kopfüber ins Feuer stürzt und wie ein kleiner, trockener Zweig verbrennt. Die Taue werden gekappt, und das Schiff gleitet endlich hinaus aufs Meer.

Am Strand schauen die Asen und die Walküren zu, wie es feurig in die offene See hinaustreibt. Odin hat seine beiden Raben auf den Schultern und hält Frigga an der Hand. Auch Freia ist, von ihren Katzen gezogen, mit ihrem Wagen gekommen. Frei kam auf Gullborste, dem riesigen Eber mit den schimmernden Borsten geritten, und aus Walhall haben die Untoten sich eingefunden. Sogar die Riesen sind zur Stelle, und alle blicken dem brennenden Schiff nach, bis es wie ein kleiner Funken am Horizont verglüht.

•

Unterdessen ist Hermut auf dem Weg nach Niflheim. Neun Tage und neun Nächte reitet er durch dunkle, tiefe Täler, bis er den wilden, eiskalten Fluß erreicht, dort, wo die Welt der Lebenden an die der Toten grenzt. Weit vorn sieht er es funkeln. Das ist die Brücke aus Gold, die er überqueren muß, um ins Totenreich zu kommen.

Kaum ist er angekommen, da ruft eine Stimme »Halt!«, und der Schatten eines jungen Mädchens tritt ihm in den Weg. Ihre Aufgabe ist es, die Brücke zu bewachen. »Wie heißt du, von welchem Stamm bist du, und was begehrst du?« fragt sie und tritt näher. »Du siehst gar nicht aus wie ein Toter! Und warum machst du soviel Lärm? Gestern sind fünf Scharen Gefallener über meine Brücke geritten, und heute donnert sie unter dir, als wäre ein ganzes Heer unterwegs.« – »Ich habe es eilig«, ruft Hermut. »Laß mich vorbei! Den, der vor mir kam, will ich einholen, bevor es zu spät ist.« – »Wen meinst du? Ist er nicht einer von uns?« – »Ja«, antwortet Hermut ihr. »Er ist tot wie du.« – »Hat er einen Namen?« fragt das Mädchen. – »Baldur ist es. Himmel und Erde vermissen ihn. Ich habe seiner Mutter versprochen, bis nach Niflheim zu reiten, um nach ihm zu suchen. Ist er bei dir vorbeigekommen?«

Da legt die bleiche Jungfer ihm ihre eiskalte Hand aufs Knie und lacht mit gelben Zähnen. »Alle müssen diesen Weg gehen«, sagt sie. »Laß mich«, ruft Hermut und streift ihre Hand ab. »Gut«, sagt sie. »Ich erlaube dir, das Reich der Toten zu betreten. Aber woher willst du wissen, daß du es wieder verlassen darfst? Von hier aus ist noch keiner zurückgekehrt.« – »Kommt Zeit, kommt Rat«, antwortet Hermut und sprengt über die leuchtende Brücke nach Niflheim.

Hier ist alles kalt, dunkel und klamm. Er kommt an einem See vorbei, an dessen Ufern verwesende Leichen

liegen. Ihr Gestank steigt ihm in die Nase. Schwer zu sagen, ob es Menschen oder Tiere waren, was da verrottet. Hermut hat von diesem Ort gehört; er weiß, daß hier eine der drei Wurzeln der Weltesche Yggdrasil endet, und daß in der Tiefe des Sees eine wilde Schlange haust, die an dieser Wurzel nagt und nagt.

Er wagt es nicht, sich umzusehen, und reitet weiter, bis vor ihm auf der Straße eine turmhohe, unheimliche Barrikade aufragt, die aus morschen Gebeinen und wurmzerfressenen Schädeln aufgeschichtet ist. Er gibt Sleipnir die Sporen, und das achthufige Pferd springt mit einem großen Satz über die Sperre.

Nun ist der Hof der Herrscherin über das Totenreich nicht mehr weit. Er steigt vom Pferd und tritt ein. Hel empfängt ihn selbst. Sie ist groß und hager von Gestalt. Die eine Seite ihres Gesichts ist bleich wie Kreide, die andere blauschwarz wie ein Rabe. Weit hinten im Saal glaubt er zwei Tote zu erkennen, die dort aufgebahrt sitzen. Es sind Baldur und Nanna, seine treue Frau.

Hermut sagt nichts von seinem Anliegen. Er bleibt über Nacht, und erst am andern Morgen wendet er sich

höflich an Hel, um seine Bitte vorzutragen. »Ich weiß wohl, warum du gekommen bist«, sagt sie. – »Und was ist dein Bescheid?« – »Die Antwort ist: Nein!« – »Aber bedenke doch, die ganze Welt trauert um Baldur.« Hel runzelt die Stirn. »Meine Aufgabe ist es nicht, der Welt eine Freude zu machen«, antwortet die Herrin über das Totenreich. »Was habt ihr nur mit euerm Baldur? Ist er so wichtig?« – »Keiner ist so geliebt worden wie er«, ruft Hermut. »Wir, die Asen, verlangen, daß du ihn uns zurückgibst.«

Hels Augen verdunkeln sich, als sie das hört. »Ihr verlangt etwas von mir, der Herrscherin über den Tod?« – »Ich wollte sagen: wir bitten dich«, sagt Hermut rasch. »Wir flehen dich an.« Hel ist aufgestanden. Sie wendet sich den beiden Toten zu, die stumm wie Steine dabeigesessen sind. »Hörst du, Baldur? Die Götter flehen mich an«, sagt Hel, und nun schnurrt sie wie eine Katze vor Behagen. »Was sollen wir ihnen antworten? Das will gut überlegt sein. O ja, ich weiß, wie man mit solchen Bittstellern umgeht.« Langsam tritt sie Hermut entgegen und blickt ihm in die Augen. »Also gut, du sollst sie haben, alle beide. Aber nur unter einer Bedingung.«

Hermut traut seinen Ohren kaum. Freudig verspricht er ihr, auf alles einzugehen, was sie verlangt. Die Königin des Totenreichs streckt ihre blauen Nägel von sich und sagt mit einem boshaften Lächeln: »Es gibt mir zu denken, was du gesagt hast. Neugierig bin ich, ob es wahr ist, daß Baldur wirklich so vermißt wird, wie du behauptest. Ich nehme dich beim Wort, ich will dich auf die Probe stellen.« – »Auf welche Probe? Was meinst du?« fragt Hermut. »Paß auf und höre gut zu. Wenn die ganze Welt Baldur beweint, dann mag er samt seiner Frau nach Asgard zurückkehren. Aber freue dich nicht zu früh! Denn wenn es nur ein einziges Wesen auf der Welt gibt, das ihn nicht beweint, sei es ein Ase oder ein Mensch, ein Tier oder eine Pflanze, oder auch nur ein Stein – dann werden beide ewig dort bleiben, wo sie sind: bei mir! Nun geh, bevor ich es mir anders überlege!«

Hermut macht sich auf den Weg. Baldur und Nanna dürfen ihn ein Stück weit begleiten. Den Zauberring Draupne übergibt Baldur seinem Retter; er soll ihn Odin wiederbringen, als ein Andenken, und Nanna gibt ihm Geschenke für Frigga mit. »Bald werden wir dich abholen«, sagt Hermut und umarmt seinen Bruder. Aber der schüttelt den Kopf und antwortet ihm: »Das glaube ich nicht. Mein Mund ist voll von Asche.« Hermut gibt seinem Pferd die Sporen, doch bevor er den Hof verlassen hat, bellt Hel ihm nach: »Du kannst ganz sicher sein, daß ich Gerechtigkeit walten lasse.« Hermut reitet über die beinerne Sperre und überquert die goldene Brücke, bis er ins lichte Reich der Lebenden kommt. In Asgard angekommen, berichtet er, was er gesehen und gehört hat.

•

Nun senden die Asen Boten in die ganze Welt aus und bitten alles, was da lebt und webt, um Hilfe. Alles trauert: Menschen und Tiere klagen um Baldur. Selbst den Wölfen und den Hexen werden die Augen feucht, wenn sie an ihn denken, und die Trolle verbergen ihr Gesicht in den Händen. Sogar die ältesten Feinde der Asen vergießen ein paar höfliche Tränen; denn Baldur war etwas ganz Besonderes, und nie hat sich jemand über ihn beklagt. Himmel und Erde laufen über von Tränen. Von Bäumen und Sträuchern rinnt das Naß. Die Steine schluchzen, und die Berge stöhnen.

Als aber die Boten ihren Auftrag erfüllt haben und auf dem Heimweg sind, da begegnen sie einem alten Trollweib, das sich Tokk nennt. Auch sie wird gebeten, die Totenklage um Baldur anzustimmen. Doch sie zuckt nur die Schultern und sagt: »Was geht es mich an, daß einer der hohen Herren in Asgard gestorben ist? Laßt mich zufrieden mit eurem Baldur!« Die Boten bitten Tokk, sich ihre Antwort noch einmal zu überlegen. »Weißt du, was das bedeutet? Wenn du nicht um ihn weinst, kann er nie zurückkehren.« – »Glaubt ihr, Frigga würde weinen, wenn ich einen meiner Söhne verlöre? Ich müßte lügen, wenn ich um den ihren jammern sollte. Hier, seht her!« ruft sie und zieht ihr Augenlid herunter. »Meine Augen bleiben trocken. Ich habe in meiner Zeit schon zuviel geweint. Ich bin es leid, das Klageweib zu spielen! Mag Hel ihre Beute behalten. Mir soll es recht sein!«

Und so kam es, daß Baldur bei den Toten bleiben mußte. Aber wer war diese Tokk? War sie wirklich eine Trollfrau, die niemand kennt, oder einer, der berüchtigt ist für das Unheil, daß er so oft gestiftet hat? War es nicht Loki, von dem es heißt, daß er sich mit Vorliebe in Frauenkleidern herumtreibt, wenn er etwas Böses im Schilde führt?

Er war es, und kein anderer. Von seiner eigenen Macht berauscht, glaubt er, kein anderer habe einen besseren Kopf, eine geschmeidigere Zunge als er. Warum soll

immer Odin der Häuptling sein, denkt er, warum nicht ich? Er bildet sich ein, alle seien gegen ihn. Immer fühlt er sich zurückgesetzt. Er ballt die Fäuste, wenn er daran denkt. Aber dann lächelt er wieder selbstzufrieden und sagt sich: Habe ich nicht drei wunderbare Kinder? Den Fenriswolf, die Mitgardschlange, und vor allem Hel, die Herrscherin über die Toten! Ja, beschließt er dann, ich will ihnen ein guter Vater sein und es an nichts fehlen lassen, daß sie zu ihrem Recht kommen. Ich und meine Kinder, uns soll nichts und niemand im Wege stehen, denn wir sind mächtiger, als ihr alle ahnt!

Es wird Nacht, und lachend wandert Loki unter den Sternen.

Zehntes Kapitel WOLFSZEIT

Seit es die Welt gibt, hetzen Tag und Nacht zwei Wölfe über den Himmel. Der eine jagt hinter dem Sonnenwagen her, der andere schnappt nach dem Mond. Sie knurren und geifern mit blutunterlaufenen Augen, und ihrem Ziel kommen sie immer näher.

In Mitgard verdorrt das Gras auf der Wiese. Nachtfrost sucht Äcker und Felder heim, und ständig bläst ein kalter Wind. Die Wolken treiben wie Rauch über die Baumwipfel. Ab und zu dunkelt es mitten am Tag.

In Asgard geht der blinde Hod umher und wartet auf seine Stunde. Er weiß, daß er sterben muß, denn es war seine Hand, die den Pfeil abschoß, der Baldur getötet hat; und er weiß, was alle Asen sich geschworen haben: Ein solcher Tod muß gesühnt werden, auch wenn es kein Mord war. Denn nie hat Hod seinem Bruder etwas Böses antun wollen. Doch was geschehen ist, kann niemand ungeschehen machen.

Die andern Asen gehen ihm aus dem Weg. Sie denken: Wer von uns wird der Rächer sein? Keiner will der Henker seines Bruders sein und das Richtschwert gegen ihn führen. Aber Sühne muß sein.

•

Ein alter Mann reitet durch den nachtschwarzen Wald. Er spricht laut vor sich hin. Er ballt die Faust gegen den Sturm. Er hört die beiden Wölfe heulen und klagt über sein Schicksal. Es ist Odin. Wirre Gedanken gehen ihm durch den Kopf. Keiner unter den Lebenden kann ihm

raten, was er tun soll, und die Nornen lächeln nur, wenn er sie fragt, und schweigen. Nun will er die Toten um Hilfe bitten. Er reitet in den hohen Norden, auf der Suche nach einem Grab.

Dort liegt die klügste aller Wahrsagerinnen tief unter der Erde. Es ist die Volve, die einst so viele Geheimnisse kannte. Nun braucht Odin sie; denn sie ist die einzige, die ihm helfen kann. Auf einem Hügel läßt er sich nieder und singt. Es sind Zauberlieder, die so stark sind, daß sie die Toten zum Leben erwecken können. Leise und vorsichtig hebt sein Gesang an, dann wird er lauter und fordernder, so lange, bis der Torfboden sich öffnet und die kalte Erde Risse zeigt.

Ein Häufchen Lumpen steigt aus dem Grab. Es ist die Tote, die er aufgeweckt hat. »Wer ist es, der meine Ruhe stört?« fragt sie. »Wer zwingt mich, mein Grab zu verlassen?« – »Ich bin es, und Wegtam werde ich genannt«, antwortet Odin. Er lügt. Die Volve blickt auf ihre wurmzerfressenen Hände und sagt: »Siehst du nicht, wie kalt ich bin und bis aufs Mark vom Schnee durchnäßt? Ich bin schon lange tot. Laß mich in Ruhe!«

Aber Odin will von ihr wissen, was mit Hod geschehen soll, der Baldur umgebracht hat. Wie soll dieser Tod gesühnt werden, und wer soll die Rache auf sich nehmen? Am liebsten riefe er laut: »Es sind doch beide meine Söhne! Wie soll ich es übers Herz bringen, mein eigen Fleisch und Blut zu töten?« Aber er hält an sich, er spricht kalt und gefaßt mit der Wahrsagerin. Er will ihr nicht verraten, mit wem sie es zu tun hat.

Endlich antwortet die Volve ihm. Sie spricht wie im Schlaf. »Ich sehe vor mir eine Frau«, murmelt sie. »Weit im Osten wohnt eine Frau, die Rinde heißt. Und ich sehe, wie Odin sich auf den Weg macht, um sie zu suchen; denn sie wird ihm einen Sohn gebären. Er soll den Namen Wole tragen, und nie soll er sich waschen und kämmen, ehe er den, der an Baldurs Tod schuld ist, auf den Scheiterhaufen gebracht hat. Und es soll keine Nacht vergehen nach seiner Geburt, bevor er vollbracht hat, was ihm auferlegt ist. Und ich sehe ...«

»Sprich«, ruft Odin. »Ich will alles hören, was mir bevorsteht.« Aber die Volve zuckt zusammen, als ob sie sich verbrannt hätte. »Du bist nicht der, für den du dich ausgibst!« heult sie. »Du bist Odin!« Langsam sinkt sie in ihr Grab zurück. »Und du«, ruft Odin ihr nach, »du bist nur ein Schatten unter Schatten.« – »Reite nach Hause«, hört er sie schwach unter der Erde murmeln. »Reite und kehre nicht wieder, ehe der Fenriswolf sich befreit hat und alle dunklen Mächte erwacht sind!«

•

Odin aber macht sich auf den Weg nach Osten, um Rinde zu suchen. Jeden, der ihm begegnet, fragt er nach dieser Frau, aber keiner hat je ihren Namen gehört, bis er ins Land der Finnen kommt, dorthin, wo sie die Rinde der Bäume essen und sich von großen Tieren über den Schnee ziehen lassen, die den Elchen und den Hirschen ähnlich sind. Überall fragt er nach Rinde. »Es ist wichtig! Es duldet keinen Aufschub«, sagt er, und endlich trifft er einen Alten, der ihm helfen kann. Der weiß zu berichten, daß Rinde die Tochter des Königs von Rußland ist.

Da zieht Odin weiter in die Tiefen des Ostens. In Rußland nimmt er die Gestalt eines Kriegers an, der am Hof des Königs Dienst sucht. Er wird angenommen, und bald zeigt sich, wozu er imstande ist; denn im Krieg führt er so unerhörte Heldentaten aus, daß der König ihn zu seinem Ratgeber und Vertrauten macht. Einmal schlägt er ganz allein ein feindliches Heer in die Flucht, und als er von diesem Feldzug heimkehrt und den Fürsten um die Hand seiner Tochter bittet, willigt der, ohne sich lange zu besinnen, ein.

Als er aber in Rindes Gemach tritt, versetzt die Königstochter dem Freier eine schallende Ohrfeige und schickt ihn fort. Was bleibt Odin anderes übrig, als den Rückzug anzutreten. Aber er gibt nicht so schnell auf, und nach einiger Zeit erscheint er wieder. Diesmal hat er sich als Schmied verkleidet. Die feinsten Arbeiten aus Gold und Silber legt er Rinde vor, und sie nimmt freudig das kostbare Armband entgegen, das er ihr schenkt. Doch als der Schmied sie um einen Kuß als Lohn für seine Künste bittet, schlägt sie ihm mit der Faust ins Gesicht, und er holt sich eine blutige Nase. »Fort mit Schaden«, ruft sie ihm nach. »Du bist mir zu alt! Ich kann dich nicht leiden!«

Beim dritten Mal versucht Odin es mit der Reitkunst. Niemand kann ein Pferd dazu bringen, höher zu springen, und so gewinnt der fremde Ritter alle Wettkämpfe. Nach seinem Sieg raubt Odin der Prinzessin einen Kuß, doch sie versetzt ihm einen so heftigen Stoß, daß er kopfüber von seinem Roß stürzt.

Nun aber tobt Odin vor Zorn und Begierde nach Rinde. Er läßt alle Scham fahren und greift zu einer List. In Frauenkleidern verdingt er sich als Magd im Schloß. Dort muß er den Fußboden scheuern und Brei kochen, die Kleider flicken und die Wäsche waschen. Tag und Nacht geht er der Prinzessin zur Hand, und so pünktlich verrichtet er seine Arbeit, daß er ihr Vertrauen gewinnt. Nun darf er ihr jeden Abend die Füße waschen. Wenn er über ihre Schenkel streicht, muß er sein Verlangen im Zaume halten; aber er weiß, daß es gilt, geduldig auf seine Stunde zu warten. Er sorgt dafür, daß sich im Schloß ein Gerücht verbreitet. Rindes Magd, flüstert man sich zu, verstehe sich wie keine andere auf die Heilkunst.

Eines Tages wird die Prinzessin krank, und wen anders als die treue Magd soll sie um Rat fragen? Sie leidet an einer seltenen, geheimnisvollen Krankheit. Niemand ahnt, daß ein Stück Baumborke daran schuld ist, in das ein paar Zauberverse eingeritzt sind, in so winziger Schrift, daß kaum jemand sie bemerken kann; und Rinde weiß nicht, daß es Odin war, der sie mit diesen Runen verhext hat.

Die Krankheit macht Rinde schwindlig und verwirrt. Jeden Tag wird sie schwächer. Da geht Odin zum König. »Sie wird sterben«, sagt er, »wenn ich ihr nicht meinen Zaubertrunk einflöße. Der aber ist so bitter, daß sie ihn nicht trinken will. Wir müssen sie fesseln, damit sie ihn einnimmt.« – »So soll es geschehen«, befiehlt der König. »Es darf aber niemand außer mir dabeisein, wenn sie ihn trinkt, sonst wirkt das Mittel nicht.« Der König ist einverstanden. Er ahnt keine Gefahr; denn er glaubt, daß Odin eine Frau ist.

Nun ist Odins Stunde gekommen. Die Prinzessin ist schwach und wehrlos, und er kann tun, wonach ihn lüstet. Ein paar Wochen vergehen, Rinde ist gesundet, doch bald wird offenbar, daß sie ein Kind erwartet. Aber da hat sich Odin längst aus dem Staub gemacht.

Zu Fuß hat er sich aus dem Königshof geschlichen. Denn er war ohne Sleipnir gekommen. Ein achtbeiniges Pferd hätte zuviel Aufsehen erregt und verraten, wer der fremde Gast in Wahrheit war. Deshalb ließ Odin sein Roß in der weiten russischen Steppe bei den Wildpferden zurück.

•

Ein Pfiff aus seinem Mund, und laut vor Freude wiehernd kommt Sleipnir ihm entgegen. Odin hat es eilig. Viel zu lange war er unterwegs. Nun wählt er den raschesten Heimweg. Aber der führt durch den Eisenwald, der weit im Osten liegt. Die meisten meiden ihn. Selbst die Tiere und die Vögel trauen ihm nicht, denn dort hausen gefährliche Trolle. Doch Odin lenkt sein Pferd geradewegs auf die düsteren Hügel zu, wo ein kalter Wind weht.

Dort sind die Bäume und die Sträucher aus Eisen, und der Boden ist rot von Rost. Nur ein heiseres Gebell und ein wütendes Geheul bricht die Stille. Eine gewaltige Riesin lebt hier, die immerfort Söhne und Töchter in Wolfsgestalt gebiert. Bei jedem Wurf wird es kälter auf der Welt. Auch die beiden Untiere, die mit triefenden Lefzen über den Himmel fahren und hinter Sonne und Mond herjagen, haben einst an ihren Brüsten gelegen.

In diesem Wald schlägt Odin sein Lager für die Nacht auf. Bevor er zur Ruhe geht, ritzt er ringsum Runen in die Erde, starke Zeichen, die das Grauen von ihm fernhalten sollen. Dennoch finden weder er noch Sleipnir Schlaf. Sie frieren beide. Die ganze Nacht hindurch raschelt und flüstert es im Eisenwald, und im Dunkel leuchten gelbe, gierige Augen auf.

Odin denkt an Rinde und an all die andern Frauen, die er gelockt und betrogen hat. Auch Frigga, die es so lange bei ihm ausgehalten hat, will ihm nicht aus dem Sinn. Aber diesmal, denkt er, war es etwas anderes. »Diesmal blieb mir nichts anderes übrig!« murmelt er vor sich hin. »Der Wahrspruch mußte in Erfüllung gehen. Ich hatte keine Wahl. Glaub mir, Frigga, es hat mir keine Freude gemacht.« Doch er hat das Gefühl, daß der Wind ihn auslacht. »Stell dich nicht so an«, zischen tausend Wolfsstimmen. »Du bist um kein Haar besser als wir!«

Der Götterkönig ballt die Fäuste in der Dunkelheit. Aber im tiefsten Innern weiß er: Keiner hat nur einen einzigen Grund für das, was er tut. Wie oft ist er nach Utgard gereist, um seine Klugheit mit den besten Köpfen zu messen! Mit Rätseln und Wortspielen hat er um den Sieg gekämpft. Und manchmal hat er dabei um das eigene Leben gewettet. Derjenige, der keine Worte mehr fand, sollte sterben! Zu solchen heimlichen Begegnungen kam er zuweilen verkleidet, unter einem fremden Namen. War es wirklich nur sein Wissensdurst, der ihn trieb? Frohlockte er nicht jedesmal, wenn er seinem Widersacher eine Falle stellte und ihn mit List und Tücke überwand?

Der scharfe Wind trägt ihm Stimmen zu, die ihn in Versuchung führen. Sie quälen und verletzen ihn, aber zugleich versuchen sie ihm zu schmeicheln. Wie schnurrende Katzen schmiegen sie sich um seine Gedanken. »Du wünschst dir Macht und Überlegenheit. Daran ist doch nichts Ehrenrühriges!« knurren die Wölfe. »Nur wer stark ist, hat die Freiheit, zu tun und zu lassen, was er will. Komm mit uns! Werde ein Wolf! Schließ dich dem Rudel an!« Odin hält sich beide Ohren zu, aber die Worte rinnen ihm wie Wasser durch die Finger. »Denk daran, daß auch du vom Stamm der Riesen bist!« flüstert eine Stimme in seinem Kopf.

Die ganze Nacht hindurch kämpft er mit den Lockungen der Wölfe. Sobald der Morgen graut, reitet er weiter. Gegen Mittag läßt er den Eisenwald hinter sich und spürt die Sonne wieder im Gesicht. Es ist ein heiterer Tag, und Odin lebt. Noch am selben Abend reitet er über die Regenbogenbrücke in die Götterburg. Die Asen scharen sich um ihn. Lange waren sie ohne ihren Häuptling. Lange hat Frigga auf ihn gewartet. Doch sie fragt nicht nach, wo er war und was er getan hat. Wortlos nimmt sie ihn in die Arme. Dann richtet sie das Bad für ihn. Dort sitzen sie und schütten Wasser über die glühenden Steine, reiben einander mit Eschenlauge ein und schlagen sich mit Birkenreisern.

Später gehen sie Hand in Hand zum Abendessen. Die Asen setzen sich an die reich gedeckten Tische. Auf dem Dach steht, wie immer, die Ziege Heidrun, deren Zitzen voll von Met sind. Sobald ein Krug geleert ist, braucht nur einer zu ihr hinaufzusteigen, um ihn wieder zu füllen. An den Wänden leuchten große Fackeln. Die Asen lachen, essen und trinken nach Herzenslust. Nur einer fehlt. Der blinde Hod bleibt Tag und Nacht für sich und läßt den Kopf hängen. Keiner geht mehr zu ihm, um ihn zu trösten.

Mitten im Mahl erhebt sich Odin und sucht ihn in seiner Kammer auf. »Hast du getan, wozu du aufgebrochen bist?« fragt ihn der Blinde und greift nach seinen Händen. »Es ist geschehen, was not getan hat«, ant-

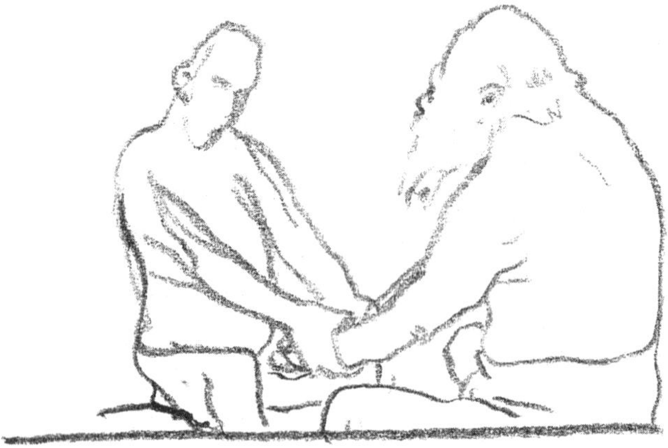

wortet Odin. Vater und Sohn sitzen sich schweigend gegenüber. Endlich fragt Hod: »Wird mein Warten noch lange dauern?« Da spürt Odin, wie ihm die Augen tränen. »Nein«, sagt er. »Bald ist es soweit.«

In dieser Nacht hat Odin einen merkwürdigen Traum. Er träumt von den Menschen, und sie tun ihm leid. Ihr Leben geht so schnell vorbei, und sie wissen fast nie, was sie tun und lassen sollen. Wie erschrockene Küken taumeln sie hin und her. Er träumt, daß er sich mitten unter ihnen niederläßt und versucht, sie um sich zu sammeln. »Ich will euch lehren, wie ihr leben müßt«, sagt er. Aber da hört er, wie jemand hinter seinem Rücken lacht, und die verstörten Menschen stieben piepsend auseinander. Es ist Loki, der hinter ihm steht und lacht. »Du willst andere lehren?« kichert er und schlägt einen Purzelbaum im Gras. »Ausgerechnet du?« Davon erwacht Odin. Doch Lokis Gelächter will ihm nicht aus dem Kopf gehen. Lange liegt er mit offenen Augen da und denkt nach. Neben ihm liegt Frigga, und er lauscht ihrem leichten, sorglosen Atem.

Wenn Odin auf seinem Thron sitzt, kann er die ganze Welt überblicken. Sein Augenmerk gilt besonders seinen Kindern und Kindeskindern. Denn er hat viele Nachkommen unter den Menschen in Mitgard. Selten ist er zufrieden mit dem, was er dort sieht.

Diesmal fällt sein Blick auf einen seiner Urenkel, der Froda heißt und in Dänemark König geworden ist. Früher sahen alle zu ihm auf, denn er war streng, aber gerecht. Doch in letzter Zeit ist er hochmütig und habsüchtig geworden wie die meisten Mächtigen unter den Menschen.

Es hat damit angefangen, daß ein Mann namens Hängmaul an seinen Hof gekommen ist. Er hat ein wunderliches Geschenk mitgebracht: eine riesige Handmühle. »Oh«, sagte er mit einem schlauen Lächeln, »glaub nur nicht, daß das eine gewöhnliche Mühle ist! Mit ihr hat es eine besondere Bewandtnis. Sie kann alles herbeimahlen, was du dir nur wünschst. Verlangst du Gold und Silber von ihr, so genügt ein Wort, und sie bringt es hervor.«

Das gefiel dem König, doch bald zeigte sich, daß er sich zu früh gefreut hatte. Denn die Mühlsteine, die dazugehörten, waren so groß und so schwer, daß es kein Gespann in ganz Dänemark gab, das stark genug gewesen wäre, die Mühle herbeizuschaffen.

Das ärgerte den König über alle Maßen. Wo blieb nun das versprochene Gold? Mußte er nicht das Gespött der Leute fürchten, die von seinem künftigen Reichtum gehört hatten? Am Ende lag sogar Hängmaul irgendwo auf der Lauer und lachte sich ins Fäustchen.

Da fuhr Frode zum Schwedenkönig nach Uppsala, um Hilfe zu holen. Er wußte wohl, daß der ein paar starke Riesenweiber in seinen Dienst genommen hatte. Zwei von diesen Leibeigenen kaufte er dem Schweden ab und nahm sie mit nach Hause. Nun mußten sie ihm die schwere Mühle samt den Mahlsteinen herbeischleppen, und kaum stand sie auf dem Hof, da befahl er ihnen, sie in Gang zu setzen. Erst mußten sie ihm Gold und Reichtum herbeimahlen. Dann verlangte er Glück und Erfolg, soviel die Mühle hergab.

Nun plagen sich die beiden Riesenmägde Tag und Nacht ab, aber Frode ist ein Nimmersatt. Er gibt ihnen nichts zu essen. Kaum daß er ihnen eine Viertelstunde Ruhe gönnt, um zu schlafen. Das geht so lange, bis die Riesentöchter die Geduld verlieren. Sie fordern die Mühle auf, anstatt Gold und Silber nun ein gewaltiges Heer von Kriegern herbeizumahlen, das König Frode das Fürchten lehren soll.

Noch am selben Abend kommt diese Streitmacht über das Meer, angeführt von einem Seekönig, der Mysing heißt und Frode erschlägt.

Doch die Riesentöchter täuschen sich, wenn sie glauben, nun hätte ihre Fron ein Ende. Denn nun läßt Mysing sie in Fesseln schlagen, und befiehlt, daß sie samt der Zaubermühle an Bord seines Schiffes gebracht werden. Bald zeigt sich, daß er um kein Haar besser ist als der Dänenkönig. »Mahlt mir Salz«, brüllt er, und die beiden müssen wie zuvor die schwere Mühle antreiben.

Um die Mitternacht fragen sie, ob es nicht bald genug ist, aber der Seekönig schüttelt den Kopf und schreit: »Mehr! Ich brauche Salz, immer mehr Salz!« Bald ist das ganze Deck weiß von Salz. Nun haben die Trolltöchter es satt, geplagt zu werden. Sie lassen die Mühle immer weitermahlen, bis die Ladung so schwer wird, daß das Schiff kentert und mit Mann und Maus im Meer versinkt.

Von dieser Nacht an schmeckt das Meer salzig. Und dort, wo Mysings Schiff untergegangen ist, mahlt die große Mühle bis auf den heutigen Tag und wirbelt die See auf. An dieser Stelle schäumt und braust der Maelstrom.

•

Das alles hat Odin von seinem Thron gesehen. Doch als er den Asen davon erzählt, lachen sie nur, als wäre es ein Märchen. »Was scheren dich die Menschen«, sagen sie, doch Odin schüttelt den Kopf. »Es ist zuviel Falschheit unter ihnen«, sagt er, »zuviel Gier und zuviel Bosheit.« – »Ach, lieber Milchbruder«, lächelt Loki und schlägt ihm auf die Schulter. »Immer mußt du alles schwarz sehen. Du übertreibst!« Aber Odin schenkt ihm keinen Blick. Vielleicht wissen sie es nicht besser, denkt er. Vielleicht hat ihnen niemand gesagt, wie man leben soll? Er zieht die Kappe ins Gesicht und geht auf den Hofplatz. Ein kalter Wind weht ihm entgegen.

Die Tage sind kurz geworden. Der Wind kommt aus dem Norden. Odin weiß, daß auf einem Eisberg am Ende der Welt ein riesiger Vogel sitzt und mit den Flügeln schlägt. Es ist ein Riese, der das Flügelkleid eines Raubvogels trägt. Jedesmal, wenn er seine Schwingen regt, erhebt sich ein Sturm. Odin geht trotzig dem eisigen Hauch entgegen. Hinter ihm öffnet sich einen Spalt weit eine Tür, und eine hohe Stimme ruft ihm nach: »Keiner kann sein Wesen ändern. Jeder bleibt, was er ist.« Es ist Loki, der ihm das einreden will. »Was erwartest du von den Menschen? Sollen sie besser sein als wir? Glaub mir, Milchbruder, wir sind ihnen ähnlicher, als du meinst.« Aber Odin hört nicht auf ihn. Er will nichts mehr von Loki wissen.

Den ganzen Winter hindurch zieht er sich zurück. Er will die dunklen Tage nützen, um den Menschen ein paar Lebensregeln zu geben. Er möchte sie Freundlichkeit

und Gastfreiheit lehren und ihnen beibringen, wie sie der Arglist und der Falschheit begegnen sollen. Auch will er, daß sie einsehen, wie leicht es ist, einen Fehltritt zu tun, den nichts wieder gutmachen kann.

Die andern Götter wissen nicht, was sie davon halten sollen. »Was verspricht er sich davon?« fragen sie sich. »Für so etwas ist es längst zu spät. Die Menschen kann niemand mehr bessern.« Odin aber läßt den Mut nicht sinken. Lange sitzt er am Feuer und grübelt, oder er steigt hoch in die Äste der Weltesche Yggdrasil und redet laut vor sich hin. Als der Winter endlich weicht und der Boden taut, sendet er seine Raben in alle Himmelsrichtungen hinaus. Sie sollen seine Regeln in ganz Mitgard verkünden.

•

Dies sind einige seiner Ratsprüche:

Du sollst dich nie deiner Tugenden rühmen.

Wer den Leuten klug und schweigsam kommt, geht selten fehl.

Auf das Wort dessen, der zuviel redet, ist kein Verlaß. Wer seine Zunge nicht im Zaum hält, kräht sich oft ins Unglück.

Sag, was nötig ist, oder schweige.

Solange du deinen Mund hältst, merkt niemand, daß du nichts weißt.

Wenn der Tor zu Gast ist, sitzt er und glotzt und murmelt vor sich hin. Kaum hat er den ersten Schluck genommen, beginnt er zu faseln.

Im Trinken halte Maß. Der Vogel des Vergessens kreist über dem Gelage. Je mehr du trinkst, desto rascher schwindet dein Verstand.

Das Vieh weiß, wann Zeit ist, von der Weide heimzukehren, aber der Törichte merkt nicht, wann er satt ist.

Auch den willkommenen Gast wird man leid, wenn er zu gehen vergißt.

Niemand wird dich schelten, wenn du zeitig zu Bett gehst.

Halte immer deine Waffen bereit, wenn du auf dem freien Platz bist, denn du kannst nicht wissen, wann du sie brauchst.

Der Mutlose denkt, wenn er den Kampf scheut, wird er ewig leben. Doch das Alter gibt auch dem keinen Frieden, den der Speer verschont hat.

Der Unkluge liegt immer wach und denkt an vieles. Wenn der Tag anbricht, ist er müde, und alles ist so wirr wie zuvor.

Der Gemeine sieht überall Gefahr, und den Geizigen graut vor jedem Geschenk.

Froh und freundlich soll ein jeder leben.

Das Vieh verendet, und die Freunde sterben. So stirbst auch du. Aber ein ehrenvolles Andenken kann dich überleben.

Guten Freunden sollst du Freude machen und lernen, für andre zu sorgen.

Nie sollst du es sein, der mit einer festen Freundschaft bricht. Die Reue nagt an deinem Herzen, wenn du keinen hast, mit dem du deine Gedanken teilen kannst.

Hast du einen vertrauten Freund, so such ihn auf, so oft du kannst; denn das Unkraut wuchert schnell auf dem überwachsenen Pfad.

Sei Freund dem Freund und seinen Freunden. Doch nie sollst du dich mit des Freundes Feind befreunden.

Unter Ungetreuen flammt die Freundschaft fünf Tage lang auf wie ein Feuer, doch der sechste Tag löscht alles wieder aus.

Der Unkluge traut jedem Gutes zu, der ihm mit einem Lächeln begegnet. Er weiß nicht, daß hinter dem freundlichen Wort die Arglist lauert.

Merkst du, daß einer dir Böses antun will, so bring es ans Licht und gib deinem Feind keinen Frieden.

Einen so freigebigen Mann traf ich nie, daß er nicht selber beschenkt werden wollte.

Was die Alten sagen, darüber sollst du nie lachen, denn oft ist es gut und verständig.

Auf die frühe Saat ist kein Verlaß. Auch deinem Sohn sollst du nicht zu früh vertrauen. Das Wetter herrscht über den Acker, und die Seele über den Sohn. In beiden kannst du dich täuschen.

Es kennt keiner den Tag, ehe die Sonne untergeht. Dein Schwert sollst du nicht loben, ehe du es gebraucht hast, das Eis nicht, bevor du das Ufer erreichst, das Bier erst, wenn es getrunken ist.

Früh aufstehen muß, wer Leben und Reichtum gewinnen will. Selten reißt der ruhende Wolf ein Lamm, selten wird dem Schlafenden der Sieg zuteil.

Dumm ist es, mit dem Dummen zu streiten. Verschwende keine drei Worte an nutzlosen Zwist. Der Kluge gibt nach, wo der Törichte zuschlägt.

Vertraust du dich einem andern an, so vergiß nicht: Was einer weiß, bleibt zweien nicht verborgen, und was drei wissen, wissen alle.

Sei klug genug, doch nicht allzu klug. Am leichtesten lebt, wer nur weiß, was ihm guttut. Wer aber allzu gescheit ist, dessen Herz ist selten von Sorgen frei. Am fröhlichsten ist einer, der sein Schicksal nicht im voraus kennt.

Niemand soll auf das Wort eines Mädchens bauen. Eine Frau ändert leicht ihren Sinn. Doch Wankelmut ist auch Männern nicht fremd. Keiner redet so falsch wie der Schönredner. Die nüchternsten Mädchen lassen sich durch süße Worte betören.

Willst du die Liebe einer Frau gewinnen, gib ihr Geschenke und schöne Worte und sage, wie schön du sie findest. Mit Schmeichelei haben schon viele gewonnen.

Eines anderen Frau sollst du nicht verlocken und heimlich zu deiner Freundin machen.

Ruhe nie im Schoß einer Trollfrau.

Keiner soll einen andern tadeln, wenn ihm zustößt, was so manchem widerfährt. Leicht macht sich auch der Klügste zum Narren, wenn die Liebe ihn überfällt.

Diese Ratschläge und viele andere gab Odin den Menschen. Weitererzählt und aufgeschrieben werden sie auf vielerlei Weise, aber ihr Sinn bleibt bestehen. Havamal werden sie genannt, und das heißt Die Hohe Rede, weil sie aus dem Mund des Götterkönigs kommen.

•

Es sind wahrhaftig sonderbare Zeiten. Der Herbst war kein richtiger Herbst, der Winter kein richtiger Winter, und jetzt, wo der Frühling da ist, bleibt alles fahl und bleich.

Ein Schlitten fährt vor, von zwölf Rappen gezogen, mit einem Gefolge von allerhand Dienerschaft und geleitet von einer Kriegerschar aus Asgards eigener Reiterei.

Es ist Rinde, die in die Götterburg gekommen ist. Odin heißt sie willkommen. Er sieht ihr an, daß sie bald sein Kind zur Welt bringen wird. Doch sie ist unbeugsam wie eh und je. »Du hast mich holen lassen«, schnaubt sie. »Glaub nur nicht, daß ich aus freien Stükken gekommen bin.« Noch am selben Abend fangen die Wehen an. Lange bevor der Morgen graut, hat sie einen Sohn geboren. Er ist groß und wohlgestalt, und im Nu kann er gehen und sprechen. Noch hat ihn die Mutter nicht gewaschen und gekämmt, da gibt Odin ihm ein Messer in die Faust und deutet auf Hod. Der Blinde steht ruhig da und wartet auf den Neugeborenen, der ihm entgegenstapft. Ohne ein Wort läßt er sich niederstechen.

»So ist es vorhergesagt, und so ist es geschehen«, spricht Odin und nimmt den Kleinen in den Arm. »Er ist mein Sohn! Er soll Wole heißen. Aus ihm wird einst ein mutiger Krieger und ein guter Bogenschütze werden. Hier in Asgard will ich ihm und seiner Mutter eine eigene Wohnstatt geben. Von heute an sollen sie beide als Asen gelten.«

Rinde aber reißt ihm das Kind aus den Armen. »Was bist du für ein Mann?« ruft sie wütend. »Was bist du für ein Vater?« Sie fühlt, daß Odin sie und ihren Sohn mißbraucht hat. Doch am Ende nimmt sie seinen Vorschlag an und bleibt bei den Göttern. Zeit ihres Lebens wird sie Rußland nicht wiedersehen.

Auf diese Weise, mit List und Scharfsinn, hat Odin endlich Baldur gerächt. »Aber war es wirklich nötig, ein kleines Kind vorzuschicken?« fragt Loki und spielt den Entsetzten. Doch weiß er so gut wie jeder andere, daß einer wie Wole vonnöten war, wenn die Blutrache ein Ende haben sollte. Er ist Odins Sohn und hat ein Recht auf Sühne. Doch was er tun muß, tut er, kaum daß er zur Welt gekommen ist, und das heißt, bevor er zählt, bevor er in die Schar der Asen aufgenommen worden ist, bevor die andern ihn als ihren Bruder anerkannt haben.

In dieser Nacht weint Odin um seinen Sohn Hod. In dieser Nacht muß Frigga ihn fest in ihre Arme schließen. Noch ist es lange bis zum Morgen.

•

Auf einer einsamen Insel weit draußen steht ein furchtbares Wesen angekettet, ein Untier mit Augen so groß wie Schilde und mit Zähnen so scharf wie lange Messer. Kaum daß der Wolf sich regen kann, so streng sind seine gewaltigen Tatzen gefesselt. Ein riesiges Schwert steckt mit der Spitze nach oben und dem Griff nach unten in seinem Rachen. Deshalb muß er immer seinen Schlund aufsperren, so weit es nur geht, so, daß ihm der Schleim wie ein Bach aus den Mundwinkeln rinnt.

Plötzlich stellt er die Ohren auf. Was ist das für ein Geräusch? Sind es Ruderschläge? Er reißt die großen, gelben Augen auf. Ein Mann kommt über die schwarze See gerudert und geht an Land. Der Wolf erkennt ihn

wohl. Vorsichtig wedelt er mit dem Schwanz. »Vater«, röchelt er, »löse meine Fesseln! Binde mich los!« Aber der Mann schüttelt den Kopf.

»Bald, mein Junge, bald«, sagt er. »Bald darfst du laufen, wohin du willst.« – »Nein«, ächzt der Wolf. »Jetzt!« Das Schwert in seinem Rachen zuckt. Das Zahnfleisch blutet. »Bald«, lächelt der Mann und krault das Untier hinter den Ohren. »Bald ist die Wolfszeit gekommen.«

Das Tier knurrt, aber der Mann lacht. Zusammen stehen die beiden unter den Sternen, der Fenriswolf und sein Vater Loki. Erst im Morgengrauen reitet er nach Haus.

Elftes Kapitel LOKI

Das Meer kocht und brodelt. Ein schreckliches Haupt, groß wie ein Berg, erhebt sich langsam aus den Wellen. Das schuppige Ungeheuer streckt seinen Hals und sperrt schnaubend das Maul auf. Ein saurer Hauch dringt wie eine Windfahne aus seinem Rachen. Alles Lebendige ergreift die Flucht, die Fische im Wasser und die Vögel unter dem Himmel.

Es ist die Mitgardschlange, das Untier, das sich um die ganze Welt ringelt und sich in den eigenen Schwanz beißt. Den riesenhaften Kopf wiegt sie spähend, lauschend, witternd hin und her. Langsam, aber zielsicher bewegt er sich auf einen fernen Schimmer zu. Es ist die Burg des Seekönigs, die dort glitzert und leuchtet. Hier herrscht Ägir, der mächtigste unter den Meeresriesen. Heute abend wird dort ein Fest gefeiert.

Die Schlange zischt. Sie weiß, daß sich dort hinter den festen Balken des Hauses ihre schlimmsten Feinde versammelt haben. Denn Ägir ist ein Freund der Götter. Jedes Jahr lädt er sie zu einem großen Festschmaus ein. Hier sitzen die Asen lachend und ausgelassen mitten unter den Riesen des Meeres und deren Frauen.

Die großen Nüstern der Schlange zittern vor Gier. Alle sind da, denkt sie. Nur einer fehlt. Alle warten auf Thor. Der Donnergott kämpft hoch im Norden mit den Trollen. Bald wird auch er kommen und nach dem

Trinkhorn greifen, wenn er die Riesenschädel in den Staub geworfen hat.

Die Mitgardschlange züngelt vor Ungeduld. Sie kann es nicht erwarten, Ägirs Burg über den Haufen zu werfen, jeden Balken zu zermalmen und sich über Haus und Hof zu wälzen. Aber dann fällt ihr ein, was ihr Hel, ihre Schwester, die Königin des Totenreichs, eingeschärft hat. »Warte«, hat sie ihr geraten. »Warte, bis ich dir ein Zeichen gebe! Dann ist uns der Sieg sicher.« – »Was für ein Zeichen?« wollte sie wissen. »Ich habe einen kohlschwarzen Hahn«, flüsterte Hel. »Wenn du ihn krähen hörst, dann weißt du, daß der Anfang vom Ende gekommen ist. Dann werden die Sterne erlöschen und die Berge erzittern. Die Bäume werden entwurzelt, und alles, was fest ist, verliert seinen Halt. Dann erst ist deine Stunde gekommen.«

Die Mitgardschlange schließt die Augen und seufzt. Sie windet sich heftig und versinkt im Meer. Es gluckst und dampft, und ein mächtiger, saugender Wirbel bleibt zurück.

Die Schlange ist für diesmal verschwunden.

•

Keiner in Ägirs Burg ahnt, was geschehen ist. Asen und Seeriesen spaßen und lachen miteinander. Auf dem tangbedeckten Boden wird fröhlich getanzt. Nicht Kerzen und brennende Fackeln erleuchten den Saal, sondern schimmerndes Gold. Es hängt in ganzen Klumpen von der Decke, es schmückt die Wände und liegt in glitzernden Haufen auf den Tischen. Die Diener laufen umher und kümmern sich darum, daß es keinem an Essen mangelt. Das Bier aber schenkt sich selber ein. Ein gewaltiger Kessel schwebt über den Tischen hin und her und sorgt dafür, daß kein Trinkhorn leer bleibt.

Die neun Töchter des Seekönigs singen und tanzen für die Gäste. Die Asen schlagen den Takt dazu und summen mit. Nur Odin sitzt still da und sagt kein Wort. Er rührt das Essen nicht an und trinkt nur Wein. Alle wissen, daß es nicht klug wäre, ihn zu stören, wenn er sinnt und grübelt.

Er hat die Augen geschlossen und denkt an die Welt. Die Welt, denkt er, gleicht einer Scheibe aus Holz mit kräftigen Jahresringen. In der Mitte wohnen die Asen, im nächsten Ring leben die Menschen, und ganz draußen am Rand hausen die Trolle.

Dann wieder kommt ihm die Welt wie eine Eierschale vor, die auf dem großen wilden Meer schwimmt, oder wie eine Daune, die in der Luft hierher und dorthin tanzt; eine Feder, die so lange in der Schwebe bleibt, wie der Atem der Götter reicht. So verletzlich ist das Ganze, so leicht zu zerstören, so nahe daran, zu kippen und verlorenzugehen.

Er denkt an die alten Zeiten, da alles erschaffen wurde. Wie lange das her ist! Damals erschlugen er und seine Brüder den ungeheuren Riesen Ymer und erschufen aus dem Leichnam die ganze Welt. Aus seinem Blut wurde das Meer, aus seinem Fleisch das Land, aus seinen Knochen entstanden Berge und Klippen, aus seinem Haar wuchsen die Bäume und das Gras. Seinen Schädel haben sie damals wie eine große Kuppel über alles Erschaffene gesetzt. Er wurde zum Himmel. Odin lächelt, wenn er daran denkt.

Damals war er jung und ausgelassen wie ein Fohlen. Stolz wie ein Hahn, stark wie ein Ochse, spitzfindig wie ein Fuchs. Das ist lange her. Odin fühlt sich alt. Sein Bart ist weiß geworden. Wenn er morgens aufsteht, knacken seine Gelenke. Sein Auge trieft und schmerzt ihn. Jetzt lächelt er nicht mehr.

Er wird aus seinen Gedanken gerissen, denn drüben am Feuer hat Loki Streit mit einem Diener des Seekönigs angefangen. Loki geht auf ihn los, und ehe die andern sich's versehen, schlägt und tritt er auf ihn ein. Der Diener versucht ihm zu entkommen, aber es ist zu spät, er stürzt mit dem Kopf gegen eine Tischkante. Obwohl er sich nicht mehr rühren und mit offenen Augen am Boden liegt, versetzt Loki ihm noch einen Tritt.

Voller Abscheu haben die Asen es mit angesehen. »Schande über dich, Loki!« rufen sie. Als hätte er jetzt erst begriffen, was er getan hat, krümmt er sich und wimmert: »Das habe ich nicht gewollt! Es war seine Schuld. Ich winkte ihn herbei, doch er hat mich nicht beachtet. Er hat mich wie Luft behandelt! Er hat mich beleidigt! Ich kann nichts dafür!«

Einige von den Seeriesen treten ihm drohend entgegen. Doch Sigyn, Lokis Frau, kommt ihm zu Hilfe. »Mein Liebster«, ruft sie, »was hast du nur? Bist du verletzt?«

Ängstlich läuft sie herbei und stellt sich den Seeriesen in den Weg. »Laßt ihn! Es war ein Unglück. Das müßt ihr doch einsehen!«

Nun hat auch Odin sich erhoben. Alle weichen zur Seite und lassen ihn durch. Langsam geht er auf Loki zu. »Ich erwarte eine Erklärung«, sagt er. »Antworte!« Loki schlägt die Augen nieder. »Ich habe es nicht gewollt«, jammert er. »Aus Versehen ist es geschehen, ich weiß nicht, wie!« Odin schüttelt den Kopf. »Ich verstehe dich nicht«, sagt er leise. »Vielleicht habe ich dich nie verstanden.«

Ägir ist wütend. »Ihr habt versprochen, daß dies eine geheiligte Freistatt sein soll!« ruft er. Odin nickt. »Ich selber werde euch das Wergeld bezahlen. Ich gebe dir mehr, als du verlangst.« – »Und Loki soll sich nie wieder hier blicken lassen«, bellt Ägir. »Mit Knüppeln soll er verjagt werden«, antworten die Gäste wie aus einem Munde. Loki ringt die Hände. »Milchbruder!« bettelt er, doch Odin wendet ihm den Rücken zu. »Du bist dein eigner Feind«, sagt er. »Nun kann auch ich dir nicht mehr helfen.«

Schon sind zwei Seeriesen zur Stelle. Sie schlagen auf Loki ein und treiben ihn vor sich her aus dem Festsaal. Loki versucht, Kopf und Gesicht zu schützen, so gut es geht. »Loki«, ruft seine Frau, »warte, ich komme mit!« Aber die anderen Frauen halten sie zurück. Sigyn fängt an zu weinen. Ihre beiden Söhne, Narwe und Wale, versuchen sie zu trösten. Da pocht Ägir mit seiner großen hölzernen Forke auf den Boden. »Laßt euch das Fest nicht verderben von diesem Störenfried!« ruft er. »Es gibt noch reichlich zu essen, und an Met soll es nicht fehlen. Keiner soll sagen, daß er hungrig vom Tisch des Seekönigs aufstehen mußte!«

Alle suchen nach einem scherzhaften Wort, oder sie stimmen ein Lied an. Aber die fröhliche Stimmung will nicht wiederkehren. Erneut wendet sich das Gespräch Loki zu. »Immer macht er eine gute Figur«, sagen sie,

»aber im Grunde ist er boshaft und heimtückisch.« Ägir seufzt: »Wer hätte sich träumen lassen, daß es so weit kommen mußte? Habe ich nicht immer meine Ehre darein gesetzt, ein guter Gastgeber zu sein?« – »Du hättest sie nie einladen sollen«, zischelt seine Frau. »Hör auf meine Worte: Von den Göttern kommt nie etwas Gutes.« Sie heißt Ron und ist ein gefährlicher Wassertroll. Sie verachtet ihren Mann, weil er so gerne Odins Freund sein möchte.

•

Aber wo ist Loki geblieben? Ist er nach Asgard heimgeritten? Oder sucht er in Jotunheim Trost? Nein, er sitzt unweit von Ägirs Burg auf einer Schäre und bläst Trübsal. Er sieht die Lichter und hört das Gelächter der Gäste. Er ballt die Fäuste und hat Tränen in den Augen; denn Loki fühlt sich ungerecht behandelt. Nur weil er von den Riesen abstammt, glauben alle, daß sie mit ihm umspringen können, wie sie wollen! Hat er nicht das gleiche Recht auf Achtung wie alle andern Götter? Doch die Asen halten sich immer für etwas Besseres. Aber sie werden schon sehen! Er, Loki, wird es ihnen zeigen!

Ein Raunen geht durch den Festsaal, als die Tür aufgerissen wird und Loki von neuem auftaucht. »Muß ich dich noch einmal mit dem Knüppel davonjagen?« schnaubt Ägir. Aber Loki lacht nur und sagt: »Ihr glaubt gar nicht, wie durstig ich bin.« – »Nie wieder wirst du unter den Asen sitzen«, ruft sein Halbbruder Brage. »Schande über dich!« Doch Loki achtet nur auf Odin und spricht zu ihm: »Soll ich dich daran erinnern, wie wir in der Morgenfrühe der Zeit Blutsbrüderschaft getrunken haben? Damals schworen wir einander, daß keiner einen Trunk schmecken sollte, der nicht uns beiden geboten würde. Denk daran, Milchbruder! Oder willst du wortbrüchig werden?« Odin nickt müde. »Ich erinnere mich«, sagt er. »Ich erinnere mich nur allzu gut daran.« – »Wenn ich wirklich fortgehen soll, dann will ich es aus deinem eigenen Mund hören«, fährt Loki fort. »Ein Wort von dir, und ihr seid mich los. Oder ein anderes Wort, und wir setzen uns an einen Tisch, wie wir es seit jeher getan haben.«

Odin zaudert. Ägir zuckt mit den Schultern. »Du hast mir versprochen, das Wergeld zu zahlen, Odin. Wenn du also mit so einem trinken möchtest...« – »Ach, bitte, Odin, laß ihn doch hier bleiben«, wimmert Sigyn. Odin atmet schwer. Endlich sagt er: »Gut, schenkt ihm einen neuen Krug ein.« Aber nun schüttelt Brage seine Faust und ruft hitzig: »Das lasse ich mir nicht gefallen!« – »O doch!« grinst Loki. »Du hast dir immer alles gefallen lassen, Brage Stubenhocker! Keiner unter den Asen ängstigt sich so wie du vor Kampf und Streit. Wenn du mir nicht glaubst, dann komm her und beweise, daß du Mut hast!«

Brage möchte es mit ihm aufnehmen, aber Iduna, seine Frau, hält ihn zurück. »Laß Loki in Ruhe«, sagt sie. »Er ist es nicht wert, daß du dich mit ihm einläßt.« – »Du bist selber nicht viel wert, Iduna«, höhnt Loki. »Denn wenn Brage der Feigste unter den Männern ist, dann bist du die Geilste unter den Frauen!«

»Hört auf!« rufen die Asen. Doch Loki ist nicht mehr zu bremsen. »Dein lieber Brage ist ja unser großer Dichter«, giftet er. »Aber wir anderen haben auch keine Mühe gescheut, um dir mit unserm Stift eine kleine Freude zu machen.« Da bricht Iduna in Tränen aus. »Kannst du ihm nicht das Maul stopfen, Odin?« fleht sie. »Da bist du gerade an den Richtigen geraten«, grinst Loki. »Bei dem weiß niemand, mit wem er es gerade hält. Oft genug hat er irgendeinem Lumpenkerl den Sieg gegönnt. Kein Wunder! Einäugig, wie er ist!«

Jetzt hat Odin sich erhoben. »Weißt du noch«, hält er Loki vor, »wie du acht Winter lang als Magd gedient und unter der Erde Kühe gemolken hast?« – »Ach was«, antwortet Loki, »du bist doch selber oft genug als Weib unter die Leute gegangen, damals, als wir jung und grün waren!« Schon will er zu einer langen Geschichte ausholen, da unterbricht ihn Frigga.

»Was ihr beide in der Morgenfrühe der Zeiten alles getrieben habt, ist eure Sache«, sagt sie. »Laßt uns damit zufrieden!« – »Das könnte dir wohl passen«, schnappt Loki zu. »Denn als wir beide unterwegs waren, Odin und ich, da bist du mit seinen beiden Brüdern unter die Bettdecke gekrochen.« – »Schweig endlich!« ruft Freia. »Ja, da hältst du dir die Ohren zu«, antwortet Loki triumphierend.

Frigga ist jetzt außer sich vor Zorn, und die Tränen treten ihr in die Augen. »Wenn mir nur mein Baldur zur Seite stünde! Der würde dich in die Schranken weisen.« – »Also habe ich gut daran getan, dafür zu sorgen, daß er nicht mehr unter uns ist.«

Ein lautes Murren geht bei diesen Worten durch den Saal. »Du weißt nicht mehr, was du redest«, ruft Freia. »Du hast wohl den Verstand verloren!« – »Du warst auch nicht mehr ganz bei Trost, Freia, damals, als ich dich auf deinem eigenen Bruder reiten sah!« Nun verliert auch Tyr die Geduld. »Wage es ja nicht, Loki, dir das Maul über Frei und Freia zu zerreißen!« droht er. Aber Loki lacht ihn aus. »Du willst mich daran hindern? Mit deinem einen Arm? Weißt du noch, wie der Fenriswolf dir die Hand abgebissen hat?« – »Dafür ist der Wolf nun für immer an allen vieren gebunden. Und so, wie er nun daliegt und sich in seinen Ketten windet, so werden wir auch dich fesseln, wenn du nicht das Maul hältst«, sagt Frei. Loki spuckt vor ihm aus und bellt: »So redet einer, der sein eigenes Schwert verkauft hat, nur um mit einer Trolltochter herumzuhuren! Hört, was ich euch sage: Wenn der Tag kommt, an dem die Söhne von Muspilheim durch den dunklen Grenzwald reiten, wird Frei wehrlos dastehen, ohne eine Waffe, zu der er greifen kann!« – »Du bist betrunken, und du hast genug gesagt« ruft Heimdal. Aber Loki hält nicht inne. Er tänzelt durch den Saal, hält hier an und dort, und er beschimpft jeden, vor dem er stehenbleibt.

Odin hat wieder Platz genommen. Er beugt den Kopf und schweigt. »Warum werfen wir ihn nicht vor die Tür?« fragt Heimdal. »Weil dies eine geheiligte Freistatt ist« antwortet ihm Siv. »Wir haben Ägir, unserem Gastgeber, geschworen, Frieden zu halten, solange wir in seinem Haus sind. Loki will uns nur so weit bringen, daß wir unseren eigenen Schwur brechen.« – »Oh, meine Siv mit dem goldenen Haar«, grinst Loki, beugt sich über sie und zupft an ihren langen Flechten. »Weißt du noch, wie schön wir es miteinander hatten, damals, als dein Thor aus dem Haus war?«

In diesem Augenblick dröhnt ein Donnerhall durch den Saal, und ein lärmender Wagen, gezogen von zwei scharfen Böcken, rollt durch die Pforte. Es ist Thor, der nach vielen Faustkämpfen, blutend und schmutzstarrend, mit wehendem Bart und Haar, zu den Festgästen stößt. In der Faust schwingt er seinen Hammer Mjölner. »Noch ein Wort von dir, du Ratte, und ich zerknicke dich wie einen verrotteten Zweig!« – »Verrotten magst du selber«, antwortet Loki mit kalter Miene. »Ich weiß noch gut, wieviel Angst du hattest, damals im Osten von Utgard, als wir im Fausthandschuh eines Riesen übernachten mußten.« Thor packt Loki am Nacken und droht ihm mit dem Hammer. »Ich schlage dir den Kopf ab!« ruft er.

Da springt Sigyn herbei und schlägt mit ihren kleinen Fäusten auf Thor ein. »Laß ihn los, du Ochse! Nimm die Pfoten von meinem Loki!« Thor brummt und sieht sich fragend um. »Laß ihn gehen«, sagt Odin müde. Thor hebt Loki hoch und läßt ihn krachend zu Boden fallen. »Tut es weh, mein Lieber? Hat er dir etwas angetan?« jammert Sigyn und nimmt ihn in die Arme. »Warum mußtest du auch so schlimme Dinge sagen?« Loki schiebt sie von sich und steht auf. »Das erstemal«, sagt er, »habt ihr mich mit Knüppeln davongejagt. Das zweitemal gehe ich aus freien Stücken.« Er richtet einen kalten Blick auf Odin. »Was ich euch zu sagen hatte, habe ich gesagt. Nun wissen wir, was wir voneinander zu halten haben.« Dann wendet er den Asen den Rücken zu und geht zur Tür.

»Wenn wir uns wiedersehen, hast du meinen Hammer im Genick«, ruft Thor ihm nach. Unter der Tür dreht Loki sich noch einmal um. Er wendet sich an den Seekönig. »Dir, Ägir, sage ich: Nie wieder wirst du ein Fest geben, weder den Asen noch den Riesen. Und alles, was du besitzt, soll in Flammen aufgehen.« Dann ist er verschwunden.

•

Nach einer Weile nehmen auch die Asen Abschied. Am Meeresstrand holt Frei aus seiner Gürteltasche eine kleine Decke hervor. Er breitet sie aus und wirft sie aufs Wasser. Sogleich wird ein mächtiges Schiff daraus. Die Asen gehen an Bord des Skidbladner und segeln heimwärts.

Odin steht am Steven und spürt den Wind im Gesicht. Er denkt an Loki und an die alten Zeiten, als sie alles miteinander geteilt hatten. Viel Freude hat er mit diesem Sohn der Trolle erlebt, und oft haben sie miteinander gelacht. Doch nun ist das Fest vorbei. Loki ist keiner mehr von den Asen.

Ohne daß er es merkte, hat Frigga sich zu ihm gesellt. Jetzt lehnt sie den Kopf an seine Schulter. »Wie konnte ich mich nur so in ihm täuschen?« grübelt Odin. »Solche Fehler bleiben keinem erspart«, antwortet Frigga und birgt ihr Gesicht in seinem rauhen Mantel.

•

Die Stimmung in Asgard ist gereizt. Alle reden über Loki. Jetzt erinnert sich niemand mehr an seine guten Dienste. Wie oft haben seine Einfälle den Asen geholfen, als Not am Mann war! Wie oft haben sie über seine Scherze gelacht! Aber das alles ist vergessen. Jetzt läßt keiner mehr ein gutes Haar an Loki. Nicht nur, daß er uns zum Narren gehalten und hinters Licht geführt hat, heißt es; nicht nur, daß er schuld ist an Baldurs Tod; er hat auch dafür gesorgt, daß sein Halbbruder nicht von den Toten zurückkehren durfte. »Er ist auch noch stolz auf seine Untat«, sagt Heimdal. »Er macht sich lustig über uns!« – »Ich zerschmettere ihm den Schädel«, ruft Thor.

Nur Sigyn hält ihm die Stange. »Ihr vergeßt, daß ich ihn liebhabe«, sagt sie. »Ach Sigyn«, raten ihr die anderen Frauen, »was hast du davon? Nichts als Ärger! Warum suchst du dir nicht einen andern?« Aber Sigyn schüttelt nur den Kopf und geht ihrer Wege. »Das Herz hat keine Wahl«, sagt sie. »Niemand kann sich seine Liebe aussuchen.«

Odin befiehlt, daß Loki bei lebendigem Leibe gefangen und bestraft werden soll. Er schickt seine Raben Hugin und Munin aus nach Mitgard und nach Jotunheim und bittet Zwerge und Alben um Hilfe bei der Suche. Die Walküren reiten über Berg und Tal, Meer und Wolken. Er selber hält Ausschau von seinem Thron hoch über der Götterburg. Und ich habe dich geliebt, denkt er voll Bitternis, während er den Blick über die Welt schweifen läßt. Er starrt hinaus, bis ihm die Augen tränen.

Loki ist weit in die Wildnis gegangen. Auf dem Gipfel eines hohen Berges hat er sich ein Haus gebaut, ein Haus mit vier Türen, damit er von seinem Stuhl aus den Blick frei hat in alle Himmelsrichtungen. Nicht weit davon stürzt ein Wasserfall in die Tiefe. Jeden Morgen verwandelt er sich in einen Lachs, der im rauschenden Wasser spielt. Niemandem wird es einfallen, nach einem Fisch zu suchen, denkt er. Bald werden es die Asen müde werden, nach mir zu suchen. Bald haben sie mich vergessen, und dann ist meine Zeit gekommen! Dann will ich endlich meinen Sohn, den Fenriswolf, zu mir rufen, mein Kind, die Mitgardschlange, und Hel, meine mächtige Tochter, die über das Reich der Toten herrscht! Und dann nehmen wir Rache und werden dieser ganzen Welt ein Ende machen!

Doch wenn er dann am Abend ganz allein am Feuer sitzt, nach einem langen Tag im kalten Wasser, wenn er Schuppen und Flossen abgelegt hat und sich an den glatten, heißen Steinen aufwärmt; wenn er dann durch die vier Türen hinaus in die Dunkelheit späht, dann beschleicht ihn die Angst. Wie mit leichten, unruhigen Flügelschlägen zuckt es in seiner Brust, und ohne daß er es merkt, fangen seine Finger an, sich zu regen. Er hält einen leinenen Faden in der Hand und zupft und nestelt daran, bis ein Netz aus engen Maschen daraus wird. Was treibt er da? Hat er nicht allen Grund, das Garn zu fürchten, das er knüpft?

•

Die Asen aber haben die Fahndung nach Loki nicht aufgegeben. Eines Tages sieht er in der Ferne eine lange Kette von Gestalten, die das Gebirge absuchen. Mit jedem Schritt kommen sie näher. Rasch wirft Loki das Netz ins Feuer, nimmt seine Fischgestalt an und springt glatt und zappelnd in den Wasserfall.

Die Asen finden das Haus leer, aber sie sind sich ganz sicher, daß kein lebendiges Wesen bei ihrer Suche durchgeschlüpft ist. Sie untersuchen die Asche im Herd und entdecken das Muster des verbrannten Netzes. Da wissen sie sogleich, wonach sie zu suchen haben. Sie knüpfen ein neues Netz und werfen es in den Fluß aus. Thor hält es am einen Ende, das andere halten die übrigen Asen fest. Nun durchkämmen sie watend den Fluß. Loki schwimmt vor dem Netz her, so tief wie möglich am Grund des Wassers, hält still, legt sich flach zwischen zwei Steine und hält den Atem an. Er spürt im Rücken, wie das Netz ihn streift. Auch die Asen haben bemerkt, wie etwas in den Maschen zuckt. Sie binden schwere Steine an das Garn, bevor sie es von neuem auswerfen. Da flüchtet Loki und stürzt in die Tiefe. Mit einem Satz kehrt er um, macht einen Luftsprung über das Netz und schwimmt zurück zum Wasserfall.

Doch nun haben die Asen ihn gesehen. Sie teilen sich in zwei Gruppen, von denen jede ein Ende des Netzes hält. Thor watet in der Mitte des Flusses. So ziehen sie Schritt für Schritt das Netz nach unten. Noch einmal wagt Loki einen Sprung über das Garn, aber diesmal ist Thor schneller. Wie ein hungriger Bär wirft er sich nach vorn und greift nach ihm. Beinahe wäre der glatte Leib ihm durch die Finger geschlüpft, doch es gelingt ihm, den Lachs am Schwanz zu packen. »Laßt mich los!« zetert der zappelnde Fisch. Da deutet Freia auf ihn und ruft: »Du, der du dich in Fischgestalt verbirgst – ich befehle dir, komm hervor und zeige dich! Sei, der du bist!« Sogleich liegt Loki wimmernd zu ihren Füßen. »Hast du vergessen«, sagt Freia, »wer dich vor langer, langer Zeit, alle deine Künste lehrte? Jetzt bereue ich es, denn du warst es nicht wert, daß ich meine Zeit mit dir vergeudet habe.« Sie wendet sich an Odin. »Was soll mit ihm geschehen?« fragt sie. Doch Odin wendet sich ab und schüttelt den Kopf. »Tut mit ihm, was getan werden muß«, antwortet er müde.

Auch Sigyn findet keine Worte mehr. Sie steht wie angewurzelt da und streckt die Arme nach ihrem Mann aus. Nur Wale und Narwe, seine beiden Söhne, versuchen Loki zu Hilfe zu kommen. Sie stürmen brüllend auf ihn zu, doch die Asen halten sie mit Leichtigkeit zurück.

Plötzlich stößt Thor einen Schmerzensschrei aus. »Der kleine Köter hat mich gebissen«, ruft er. – »Schaut nur, seine Zähne! Sie wachsen und wachsen!« sagt Brage. Wahrhaftig! Wale sprießen lange schwarze Haare im Gesicht, er knurrt und fletscht die Zähne, ein Fell wuchert ihm auf der Brust und auf den Armen. »Laßt ihn los«, ruft Freia. »Laßt sie los, alle beide!«

Die Asen haben Lokis Söhne umringt. Unter ihren Augen verwandelt Wale sich in einen Wolf. Er zeigt den Göttern die Zähne und schnappt nach ihnen. Dann fällt er über seinen eigenen Bruder her, setzt ihm die Hauer an die Kehle und beißt ihn tot. Die Asen weichen zurück, und der Wolf entkommt. »Mein Kind«, ruft Sigyn ihm nach, »was tust du?« Wale wendet sich zu ihr um und zeigt ihr die Zähne. Aus seinem Rachen rinnt Blut. »Hinke fort nach Jotunheim, räudiges Graubein«, ruft Freia. »Dort gehörst du hin! Eines Tages wirst du bitter bereuen, was du getan hast. Nie sollst du Trost und Vergessen finden!«

Die Asen ziehen aus Narwes zerfleischtem Leib die Gedärme und fesseln damit Loki an Händen und Füßen. Sie legen ihn auf den Rücken, so daß er auf drei scharfen Steinen zu liegen kommt: ein Stein unter der Schulter, einer unter den Hüften und einer unter den Kniekehlen, und sogleich verwandeln die blutigen Gedärme sich in eiserne Ketten.

Da liegt er nun und heult und jammert. Er ruft nach dem Fenriswolf und nach der Mitgardschlange, er ruft nach Hel, doch niemand antwortet ihm. Eine ganz andere Schlange windet sich vor seinem Gesicht. Es ist Schad, Njords Frau, die das Gewürm in der Hand hält und das Gift auf Loki träufeln läßt. »Das könnt ihr doch nicht mit ihm machen«, ruft Sigyn verzweifelt, doch Schad lacht nur und läßt die Schlange über Lokis Augen baumeln. »Eine Schlange bist du«, flüstert sie ihm ins Ohr, »und eine Schlange soll dir Gesellschaft leisten.«

Die Asen brechen auf, doch Sigyn bleibt bei ihrem Mann. »Liebst du ihn denn so sehr?« fragt Schad sie und sieht zu, wie sie eine Schale über ihren Mann hält, um das Gift aufzufangen. »Ich habe keinen andern«, sagt sie. Seine Ketten kann sie nicht sprengen, und nach dem Kopf der Schlange wagt sie nicht zu greifen. Als die Schale überfließt, wendet sie den Kopf ab, um sie auszugießen, und da trifft ein Spritzer auf Lokis Gesicht. Er wälzt sich so stark in seinem Schmerz, daß der Boden unter ihm erzittert. Das ist es, was die Menschen ein Erdbeben nennen.

So wird Loki nun liegenbleiben bis ans Ende der Welt. Erst wenn es gekommen ist, heißt es, sollen die Ketten von ihm abfallen wie verdorrtes Gras. Dann, so heißt es, wird nicht nur Loki freikommen; auch der mächtige Fenriswolf wird sich losreißen und mit offenem Rachen, aus dem der Schaum wie Wolken über die Erde treibt,

über Land und Meer hetzen. Auch die große Mitgardschlange wird sich dann über die Ufer des Weltmeers wälzen, und der Erdboden wird sich auftun, so daß Hel an der Spitze ihres gewaltigen Totenheeres ihren letzten Ritt antreten kann. So ist es vorherbestimmt. So wird es geschehen.

Daran muß Odin denken. Er weiß es. Und dennoch fehlt ihm Loki. Er denkt an ihn wie an einen toten Bruder, und er vermißt ihn.

Zwölftes Kapitel RAGNAROK

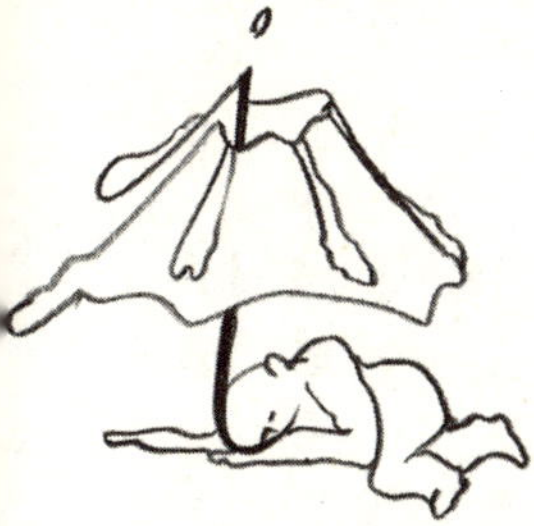

Irgendwo in der Einöde, am Rand eines kleinen Teichs, liegt zwischen Heide und Buschwerk etwas, das einem moosbewachsenen Stein gleicht. Aber auf einmal öffnet der Stein die Augen und starrt hinaus in den grauenden Tag. Ein abgehackter Kopf ist es, der dort liegt, ein Riesenschädel, dem der Leib fehlt. Und doch ist Leben in ihm, denn die Zunge leckt die kalten Lippen und die Nase hebt sich wie die Nüstern eines witternden Tieres gegen den Wind. Zwei große Ohren lauschen auf ein Geräusch, das immer näher kommt. Wer ist es, der da über die Heide reitet?

Es ist ein Pferd mit acht Beinen, und der Reiter, der da absteigt, ist alt und grau. Odin ist es, der sich zu dem abgehauenen Kopf niederbeugt und ihn in die Arme nimmt. »Sei mir gegrüßt«, neigt sich der Kopf, und Odin antwortet: »Endlich sehe ich dich wieder, Mime, mein Freund aus der Zeit der Jugend.«

Sie lassen sich am Ufer ins Heidekraut nieder. Der Teich ist Mimes Brunnen, die Quelle der Weisheit. Einst hat Odin sich selber ein Auge ausgerissen, um davon trinken zu dürfen. Aber das ist eine andere Geschichte. Nicht von jeher ist Mime ein Kopf ohne Leib gewesen. Feinde haben ihm das angetan. Damals hat Odin den Tod von seinem Riesenhaupt abgewaschen, hat ihm die Stirn mit heilenden Kräutern gesalbt und seinem Freund Gedanken und Sprache wiedergegeben. Auch das ist eine andere Geschichte. Es ist genug, zu wissen, daß

Odin jedesmal, wenn ihn Zweifel bedrücken, hierherkommt, auf die windgepeitschte Heide von Utgard, um Rat bei Mime zu suchen. Die beiden kennen sich seit so langer Zeit, und es gibt keinen, dem Odin lieber zuhört. Die Zukunft freilich kann keiner von beiden vorhersagen.

Dennoch, eines weiß Odin: Das Ende der Welt, so wie er sie kennt, ist nahe. Nichts kann ewig dauern. Bald werden Götter und Riesen ein letztes Mal ihre Kräfte messen. Wer wird den Sieg davontragen? Wer wird unterliegen? Den Zeichen des Vogelzuges, die er am Himmel liest, traut Odin nicht mehr, und was die warmen Eingeweide geschlachteter Tiere verraten, gibt ihm keine Gewißheit. Die einzigen aber, die die Antwort wissen, die drei Nornen an Urds Brunnen – sie wenden sich ab und schweigen.

Auch unter den Menschen gibt es einige, die weiter als andere in die Zukunft sehen können. Deshalb wendet Odin sich nun nach Mitgard, und Mimes Haupt nimmt er mit auf den Weg; denn zwei hören mehr als einer.

•

Die Frau, die sie auf einer kleinen Lichtung treffen, ist weder jung noch alt. Sie steht auf und grüßt, indem sie einen kleinen Stab hoch in die Luft hebt. Der Griff ihres Stabes schimmert in glänzendem Messing. »Ich habe euch erwartet«, sagt sie. Der weite Mantel, den sie umhat, ist mit farbigen Edelsteinen geschmückt. Sie trägt eine Kette aus Perlen um den Hals und eine schwarze Mütze aus Lammfell auf dem Kopf. An ihrem Gürtel hängt ein großer lederner Beutel. Ihre Handschuhe sind aus Katzenpelz gemacht, und an den Füßen trägt sie Schuhe aus zotteligem Kalbfell.

Sie ist eine Volve. Solche seltenen Frauen heißen nach dem Vol, dem Stab, den sie tragen und auf dem sie reiten können, um ihre Seele in andere, unsichtbare Welten zu tragen. Odin wendet sich ihr zu und fragt: »Weißt du denn, wen du vor dir hast?« – »Du bist mein Gott«, antwortet die Volve und fällt vor ihm auf die Knie.

Es ist nicht das erste Mal, daß Odin sich an eine Wahrsagerin wendet. Einmal hat er sogar eine von ihnen aus dem Grab geholt. Aber in dieser Nacht möchte er lieber mit einer sprechen, die am Leben ist und die ihm wohlwill.

»Kannst du für mich in die Zukunft sehen?« fragt Odin. »Manche Tage«, erwidert die Volve, »sind klar und deutlich, aber andere verbergen sich hinter dunklen Türen.« – »Was liegt hinter diesem Herbst und dem nächsten Winter?« – »Wie weit soll ich schauen, Herr?« – »So weit du nur kannst«, sagt Odin. »Auch wenn es eine ganz andere Zukunft ist, als du dir wünschst?« – »Auch dann. Du sollst mir alles sagen!« ruft der Götterkönig. »Alles, bis zum Ende der Welt.«

Sogleich beginnt die Volve mit ihrem Werk. Aus dem Beutel an ihrem Gürtel holt sie eine Salbe aus Bilsenkraut und Stechapfel hervor, mit der sie, erst summend, dann mit lauter, hoher Stimme singend, ihren Stab einsalbt. Mit einem Satz nimmt sie den Stab zwischen die Beine und springt auf ihm umher. Der Stab ist ihr Pferd. Sie schließt die Augen, wirft den Kopf hin und her, ruft und singt. Am Ende sinkt sie zu einem unförmigen Haufen in sich zusammen. Der weite Mantel deckt sie ganz zu. Still liegt sie da, ohne einen Laut von sich zu geben.

Nichts regt sich. Odin wartet geduldig. Er lehnt mit dem Rücken an einem Kiefernstamm. Mimes Haupt liegt neben ihm im Gras. »Mußt du denn immer wissen, was dir bevorsteht?« sagt Mime. »Das gibt mir Zeit zum Nachdenken«, brummt Odin. Der Kopf des Riesen seufzt. »Warum gibst du dich nicht mit dem Tag zufrieden?« In Odins Augen blitzt es, doch bevor er antworten kann, regt sich der dunkle Haufen wieder.

Die Volve erhebt sich. Sie öffnet ihre Augen. »Hört mich an«, sagt sie, »und seht! Das erste Zeichen sind drei Hähne, die wie aus einem Munde krähen, und alle Welt wird sie hören. Der eine ist rot. Er kräht in Jotunheim und in Utgard. Er weckt alle toten Riesen und Zwerge. Der zweite Hahn ist schwarz wie Ruß. Er weckt in Hels Reich alle Toten auf und ruft Garm, ihren gewaltigen Hund, herbei. Der dritte Hahn hat einen goldenen Kamm. Er kräht in Asgard und weckt alle Gefallenen in Walhall. Überall folgen die Toten diesem Ruf. Sie wissen, daß sie bald den Lebenden wieder begegnen werden. Nun ist sie angebrochen, die Zeit, da alles, was wir kennen, untergehen muß.«

Odin räuspert sich. »Hat sie einen Namen, die Zeit, von der du sprichst?« – »Alles hat einen Namen«, antwortet die Volve, »sogar die Finsternis. Ragnarok wird sie genannt, die Zeit, da die Asen den Verstand verlieren und vergessen zu atmen. Ragnarok heißt sie, die Zeit, da Mächte vergehen wie Eis an der Sonne.«

»Erzähle weiter«, bittet Odin sie. »Ich sehe Axt und Schwert«, sagt sie. »Ich sehe Unfrieden überall und blutiges Ringen. Ich sehe drei Jahre, in denen der Bruder dem Bruder in den Rücken fällt und der Sohn den eigenen Vater nicht verschont.« – »Daran ist nichts Neues!« ruft Odin. »So ist es seit Menschengedenken zugegangen. Aber sprich! Was kommt noch alles auf uns zu?« – »Drei Jahre, die wie ein einziger Winter sind«, antwortet die Volve. »Der Schnee weht über die Welt, und die Sonne wärmt die Welt nicht länger. Fimbul heißt dieser längste und furchtbarste aller Winter. Viele werden einschneien, in finsteren Eisspalten ertrinken, unter gewaltigen Lawinen begraben werden. Andere werden in ihren Betten erfrieren und sich blau vor Frost auf den Weg ins Totenreich machen. Eine Riesin sehe ich, weit im Osten, im Eisenwald. Sie gebärt Trolle in Wolfsgestalt.« – »Das tut sie seit eh und je«, knurrt Odin. »Ich kenne sie und ihr räudiges Pack!«

Da schreit die Volve auf. »Ich sehe zwei ihrer zotteligen Kinder, Skoll und Hate, die beiden Wölfe am Himmel, die seit Erschaffung der Welt hinter der Sonne und dem Mond herjagen. Jetzt ist es soweit! Jetzt packen sie zu! Skoll verschlingt die Sonne und Hate den Mond, und die Wolken sind rot von Blut!«

Die Volve fröstelt. Sie hebt ihren Stab und zeigt hinauf. »Seht nur!« flüstert sie. »Nicht einmal die Sterne leuchten mehr. Jetzt fängt die Erde an zu beben.« Sie erhebt ihre Stimme und schreit. »Die Berge stürzen ein. Die größten Bäume werden aus dem Boden gerissen und schießen wie Speere durch die Luft. Die Weltesche

Yggdrasil kracht und schwankt. Der Winter löst seinen kalten Griff, und alles, was fest war, wird in Stücke gerissen.« – »Alles?« Odin runzelt die Stirn. – »Alles«, wiederholt die Volve. »Ich weiß, was du fürchtest. Doch sieh selber! Dann wirst du mir glauben.« Und Odin blickt auf und sieht alles, was sie verkündet hat.

Er sieht den Fenriswolf, wie er an seinen Ketten zerrt. Er sieht Loki, wie er um sich tritt und zappelt. Er sieht, wie sich ihre Fesseln lösen, wie Sigyn vor Freude lacht, wie sie Loki umarmen will. All die Jahre, die er gebunden dalag, ist sie nicht von seiner Seite gewichen. Doch nun fegt Loki sie ohne ein Wort zur Seite und geht seiner Wege. Er hat keine Zeit für Dankbarkeit. Er denkt nur noch an seine Rache.

Odin sieht auch, wie der Fenriswolf mit aufgerissenem Rachen und glühenden Augen über die Berge stürmt. Seine Fangzähne streifen die Wolken, seine Lefze den Boden.

»Willst du noch mehr sehen?« fragt die Volve. »Hast du genug gehört?« – »Ich will alles wissen«, antwortet Odin. Sie zeigt ihm das Meer, wie es kocht und strudelt und baumhohe Wogen wirft. Es ist die Mitgardschlange, die es mit ihrem rasenden Schwanz aufpeitscht. Jetzt wälzt sie sich an Land und zerschmettert dabei die Schiffe im Hafen. Wolken von Gift steigen aus ihrem Schlund. Sie brüllt aus vollem Halse. Nach ihrem Bruder, dem Wolf, ruft sie. Mit vereinten Kräften wollen sie die Erde verwüsten.

Jetzt lichtet auch Naglfari die Anker, das unheimliche Schiff, das aus den Nägeln der Toten gebaut ist. Mit schwarzen, zerlumpten Segeln kommt es aus dem Nebel und dem Regen des Ostens. »Kannst du sehen, wer am Ruder steht?« sagt die Volve. »Schau genau hin!« – »Es ist Loki!« ruft Odin. Die Volve nickt. »Und eine Mannschaft von verrotteten Leichen bringt er mit.« Odin ballt die Fäuste. Er atmet schwer. »Tausend Jahre lang ist er wie ein Bruder für mich gewesen«, sagt er.

•

In großen Scharen ziehen die Feinde aus Nord und Ost herbei, Lebende und Tote, Riesen und Trolle, in voller Rüstung und starrend vor Waffen. Große Kriegstrommeln schlagen den Takt dazu. »Schau dich um!« ruft die Volve plötzlich, und als Odin sich umwendet, sieht er, wie der ganze Himmel im Süden aufreißt und das Land dahinter zum Vorschein kommt, das unbekannte, unheimliche Muspilheim, das es schon lange gegeben hat, ehe Odin mit seinen Brüdern die Welt erschuf. Aus diesem feurigen Reich stürmt ein mächtiges Heer von schimmernden Reitern herbei, angeführt von Surt, dem uralten Häuptling, der ein Flammenschwert schwingt. Alles, was er berührt, fängt Feuer und verglüht.

»Kann nichts sie aufhalten?« fragt Odin sich. »Sieh nur, wie ganz Mitgard brennt!« Die Feuerreiter eilen auf Bifrost, die Regenbogenbrücke, zu. Haben sie es auf Asgard abgesehen? Wollen sie die Festung der Götter stürmen? »Nie wird der Regenbogen sie tragen!« ruft Odin. Doch das Heer aus Muspilheim setzt wie ein großer Fackelzug über die Brücke. »Sie ist den Asen und ihren Freunden vorbehalten«, murmelt Odin. »Dafür habe ich gesorgt, das ist mein Gesetz!« Aber an seinem Wort nagt der Zweifel.

Die Brücke erzittert und schwankt, ihre Farben mischen sich zu einem trüben Grau. Dann stürzt sie ein, und im Funkenregen stürzen Tausende von Reitern in die Tiefe. Viele kommen um, doch andere überleben den Sturz. Unter ihnen ist Surt, der sein Flammenschwert schwingt und den Rest seines Heeres anführt, bis sie die große Wiese erreicht haben. Diese Weide ist hundert Meilen lang und hundert Meilen breit. Dort sammelt sich der feurige Haufen. Riesen und Gespenster stoßen zu ihm. Auch der Fenriswolf und die Mitgardschlange haben sich, von Loki, ihrem Vater, angeleitet, am Kampfplatz eingefunden.

»Willst du noch mehr sehen?« fragt die Volve. »Hast du genug gehört?« Doch Odin schüttelt den Kopf. »Es ist zu spät, um sich abzuwenden«, sagt er grimmig. »Ich will sehen, wie unsere Streitmacht sich sammelt.«

Heimdal stößt ins Horn, und die Asen halten Kriegsrat. Wie alt und hilflos sie aussehen! Wie unheilvoll es knarrt in den Ästen der Weltesche Yggdrasil! Ist es nicht schon zu spät? Ist es nicht sinnlos, gegen einen so übermächtigen Feind anzugehen? Odin bespricht sich mit Mimes Haupt, doch auch der weiß keinen Rat.

»Kannst du auch dich selber sehen?« flüstert die Volve. »Ratlos, wie du bist? Voller Furcht vor der Niederlage? Verfolgt von der Ahnung, daß dein Reich dem Untergang nahe ist?« – »Das soll ich sein?« sagt Odin mißmutig. »So schwach, so mutlos?« Da sieht er Frigga kommen.

Sie bringt Odin seinen goldenen Helm, setzt ihn, ohne ein Wort zu sagen, ihm auf den Kopf und küßt ihn auf beide Wangen. Nun schleppen auch die anderen Asen ihre Waffen und Rüstungen herbei. Die Untoten aus Walhall, alle die gefallenen Helden, die Odin unter den Menschen gesucht und gefunden hat, machen sich bereit, ihnen zu folgen. Auch aus Folkwang kommen die Streiter, die bei Freia gehaust haben, stoßen zum Heer der Asen. Sie hat sie mit scharfen Krallen und Luchskappen versehen. Nun fauchen sie und miauen wie wilde Katzen.

Thor hat seine eisernen Handschuhe angezogen und seinen starken Gürtel angelegt. Er läßt den Hammer Mjölner über seinem Haupt kreisen. Seine Böcke stoßen ungeduldig voran. Der Götterkönig hat Sleipnir, sein achthufiges Roß, gesattelt. Er hält seinen Speer in der Hand. Hugin und Munin, die beiden Raben, sitzen ihm auf den Schultern, und die beiden zahmen Wölfe spuren neben ihm her. So ziehen die Asen hinaus auf die Walstatt. Zum Abschied winken sie den Frauen, die in Asgard zurückbleiben und die sie vielleicht nie wiedersehen werden.

Auf dem weiten Kampfplatz stoßen die beiden gewaltigen Heere zusammen. Schon beim ersten Treffen verliert Odin seine Raben und seine Wölfe. Thors Böcke werden von Pfeilen durchbohrt. Sein Wagen stürzt um, und er wird zu Boden geschleudert.

Doch Odin sammelt das Heer von neuem um sich, und noch einmal wirft es sich dem Feind entgegen. Odin reitet geradewegs auf den Fenriswolf zu, und Thor versucht ihm zu folgen. Doch der Donnergott ist nun zu Fuß und bleibt hinter dem Reiter zurück. Die Mitgardschlange, seine alte Feindin, wirft sich ihm in den Weg. Sie zischt und heult. Ein Kampf auf Leben und Tod beginnt.

♦

»Willst du noch mehr sehen?« fragt die Volve. »Hast du genug gehört?« – »Ich muß wissen, wie es weitergeht«, sagt Odin. »Mein Kampf mit dem Fenriswolf – werde ich ihn besiegen?« Die Volve schüttelt den Kopf. »Er verschlingt dich«, sagt sie. »So ist es geweissagt, und so muß es geschehen.« Odin schluckt und fragt weiter: »Wird es ein guter Kampf gewesen sein?« Die Volve hat Tränen in den Augen. »Ja«, sagt sie, »ein guter Kampf.« –

»Aber Thor wird mich rächen!« sagt Odin, und wieder schüttelt die Volve den Kopf. »Thor hat genug damit zu tun, sich seiner Haut zu wehren gegen die Mitgardschlange.« – »Und Tyr?« – »Ihn bedrängt Hels Untier, der Hund, der das Totenreich bewacht. Keiner von beiden wird den Zweikampf überleben.« – »Was ist mit Frei?« – »Er hat es mit Surt aufgenommen, dem alten Feuerriesen aus dem Süden. Beide sind gewaltige Schwertkämpfer, doch Surt hat die schärfere Waffe. Du weißt doch, einst hatte Frei ein Schwert, das von selber zuschlug. Nun reut es ihn, daß er es vor langer Zeit gegen die Liebe einer Trolltochter tauschte. Trotzdem, er ficht auf seinem goldenen Eber wie ein wahrer Meister gegen Surt, der auf einem brennenden Pferd reitet. Kannst du sie sehen?«

Odin nickt. »Dann wirst du auch erkennen, daß Surt die Oberhand behält. Sein Flammenschwert spaltet Frei von Kopf bis Fuß entzwei.« – »Und wie wird es Heimdal ergehen?« – »Er kämpft gegen Loki.« – »Die beiden haben sich nie miteinander vertragen.« – »Jetzt finden sie alle beide den Tod.« Odin spürt, wie ihm die Stimme versagt. Es sticht in seiner Brust. »Soll ich denn ungerächt auf dem Schlachtfeld liegenbleiben?« flüstert er. »Ruft mein Blut vergebens nach all meinen Brüdern?« – »Du hast den letzten deiner Söhne vergessen«, sagt die Volve. »Vidar, den ihr den Wortkargen nennt. Aber nach Thor ist er der Stärkste von allen. Sieh nur, was er tut!«

Odin starrt in die Ferne. Noch einmal sieht er sich selber in den Fängen des gnadenlosen Fenriswolfs, der ihn verschlingt. Doch nun erkennt er auch Vidar, der das Ungeheuer verfolgt. Sein Sohn setzt einen Fuß in den Rachen des Wolfs und tritt ihn mit letzter Kraft zu Boden, während er mit beiden Händen nach seinem

Oberkiefer greift und ihn hochreißt. Röchelnd verendet das Untier, und Odin ruft: »Dann werde ich wenigstens in Frieden ruhen!« Die Volve sieht ihn an, und sanft sagt sie: »Das hast du wohl verdient.«

Die Schlacht ist zu Ende. Die Asen sind besiegt. Nur an einer Stelle rast der Kampf weiter. Die Mitgardschlange hat sich um Thor geringelt und versucht ihn zu zerdrücken, doch Thor hält seinen Hammer fest. Keiner der beiden will aufgeben. Riesen und Gespenster haben sich um die Kämpfer geschart, um zu sehen, wie der Streit ausgeht. Endlich gelingt es Thor, den Arm mit dem Hammer aus der Umarmung des Wurms zu befreien und zuzuschlagen. Die Schlange stirbt. Aber nachdem er neun Schritte getan hat, sinkt auch Thor zu Boden. Die Mitgardschlange hat ihn vergiftet.

»Willst du noch mehr sehen?« fragt die Volve. »Hast du genug gehört?« Odin sieht sie an. »Das ist das Ende. Gibt es denn noch mehr zu sehen?« Die Volve nickt. »Spürst du nicht, daß es nach Brand riecht?« sagt sie. Jetzt merkt es auch Odin, und er sieht, wie Surt und seine Muspilsöhne wie ein Sturmwind durch die Welt jagen. In jedes Haus und in jeden Winkel schleudern sie Feuerbrände. Überall zischt und raucht es. Als Odin sieht, wie sogar Yggdrasil in Flammen steht, kommen ihm die Tränen. Nun weiß er, daß alles zugrunde gehen wird.

Er hebt den Kopf und blickt der Hellseherin in die Augen. »Ich mochte die Welt«, sagt er ruhig. »Vieles an ihr hätte anders und besser sein können. Trotzdem, im großen und ganzen gefiel sie mir. Und jetzt ist sie zunichte geworden. Kein Stein ist auf dem andern geblieben.« – »Ja, deine Welt ist eine einzige Brandstatt«, sagt die Volve. Stumm stehen die beiden da und sehen zu, wie die versengten Trümmer im Meer versinken.

»Also war alles, was wir getan haben, vergebens«, sagt Odin müde. »Wir haben umsonst gelebt.« – »Geduld«, sagt die Volve mit einem Lächeln. »Es gibt noch mehr zu sehen.« – »Ich kann nicht mehr«, sagt Odin.

•

Doch nun faßt die Volve ihn mit beiden Händen an den Schläfen. »Horch!« ruft sie. »Schau hinaus!« Und er sieht, wie allmählich eine neue Welt aus den Fluten steigt, grün und schön und fruchtbar, wie ein Traum. Er sieht Äcker, die sich selber säen, und Fisch und Wild im Überfluß. »Keiner wird mehr hungern«, sagt die Volve. »Keiner muß mehr frieren. Denn siehe! Die Sonne hat eine Tochter geboren. Das Böse hat ein Ende genommen. Die Welt ist reingewaschen, und ein neues Leben kann beginnen.« – »Ein neues Leben?« fragt Odin verstört. Die Volve nickt. »Siehst du die große Wiese, den alten Versammlungsplatz der Asen, wie sie blüht?« Von Asgard, der Götterburg, ist keine Spur mehr zu sehen. Doch Odin erkennt, wie die gefallenen Asen sich nach und nach auf der großen Wiese einfinden.

»Sie leben noch!« ruft Odin verwundert. »Es sind die wenigsten«, antwortet die Volve. »Es sind die, die Glück gehabt haben.« Odin erkennt Vidar und Wole und Thors Söhne Mude und Magne. Sie haben Mjölner mitgebracht, den Hammer ihres Vaters. Auch der alte Huhne kommt angehinkt, und aus dem Totenreich Hels kehren Baldur und Hod zurück. Baldur führt seinen blinden Bruder an der Hand. Sie lachen, und im frischen Gras finden sie das uralte goldene Schachspiel der Asen wieder.

»Sieh nur!« ruft die Volve voller Freude. »Auch in Mitgard gibt es einige, die sich wieder hervorwagen!« Odin sieht ein einziges Menschenpaar, das den Unter-

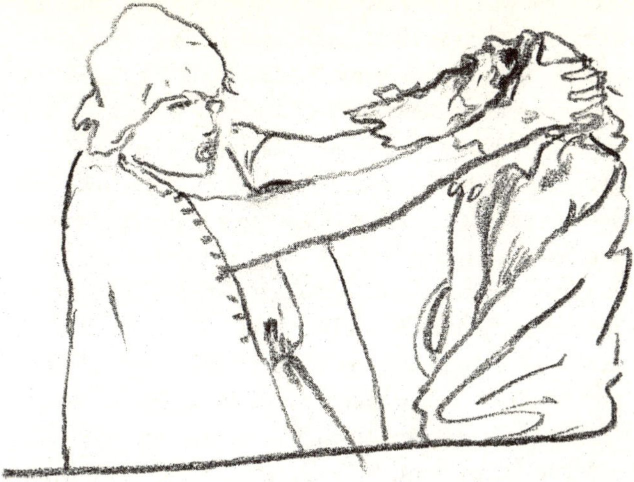

gang überlebt hat. Sie haben in einer Lichtung Schutz gefunden, an der der Feuersturm vorbeigezogen ist, und nach der großen Flut hat das Meer sie zurückgegeben. Lange war der Morgentau ihre einzige Nahrung. »Sie werden Kinder und Enkelkinder bekommen«, sagt Odin froh. Die Volve nickt. »Ein neues Menschengeschlecht wird die Erde bevölkern«, sagt sie.

Odin reibt sich die Augen. Er ist müde. »Gibt es noch etwas, was ich wissen sollte?« fragt er. »Nein, Herr«, antwortet die Hellseherin. »Jetzt sind meine Augen leer. Weiter in die Zukunft kann ich nicht sehen.« – »Du sahst weit genug.« Die Volve verbeugt sich tief vor Odin. »So hat der Traum es mir gezeigt. So muß es geschehen.«

Odin steigt zu Pferde und reitet davon. Er trägt Mimes Haupt im Arm. Lange ziehen sie schweigend durch die sternenklare Nacht hin. Endlich fragt Mime: »Hast du gefunden, wonach du gesucht hast?« – »Ich weiß es nicht«, antwortet Odin. – »Du weißt es nicht?« – »Vielleicht ist es so«, sagt der Götterkönig, »daß ich nur das fand, wovor ich mich fürchtete? Am Ende hätte ich eher nach dem suchen sollen, was ich mir erhoffe?« – »Mein Freund«, sagt Mime, »alles auf der Welt kann auf tausend verschiedene Weise enden.« – »Nicht alles, was ich sah, war finster«, erwiderte Odin nachdenklich. »Es gab auch graue Nebelstreifen, und Licht, das durch die Wolken brach.« – »Dann hätte es schlimmer kommen können.«

»Eines weiß ich ganz gewiß. Nichts von alledem ist bereits geschehen. Noch ist Ragnarok nichts weiter als ein böser Traum. Du hast recht. Der Möglichkeiten gibt es viele. Noch haben wir es in der Hand, sie zu finden... Zu ändern, was zu ändern ist.«

Mime lächelt in der Dunkelheit. »Mein einäugiger Freund«, sagt er sanft. »Nie wirst du aufgeben!« – »Nie!« ruft Odin und drückt das struppige Riesenhaupt an seine Brust. »Nie.«

So reiten sie wortlos weiter, bis der Morgen graut.

♦

Tanaquil Enzensberger

Zur Vor- und Nachgeschichte der WILDEN GÖTTER

Im Jahre 1662 traf ein Schiff aus Island im Hafen von Kopenhagen ein. Es brachte eine kostbare Fracht mit: zwei in Kalbsleder gebundene Folianten. Diese beiden Bücher, Handschriften auf Pergament, sind die wichtigsten Quellen für Tor Åge Bringsværds Nacherzählung der alten nordischen Mythen.

Seine Prosafassung ist so lange, bis ein Leser kommt, der sie seinerseits weitererzählt, das letzte Glied einer langen Überlieferungskette. Ihre ersten Glieder verlieren sich im Dunkel der Geschichte. Es waren mündliche Erzähler, denen wir die Kenntnis dieser Mythen verdanken; manche von ihnen werden sie getreu wiedergegeben, andere sie umgedichtet und verändert haben. Aufgeschrieben wurden sie erstmals im Mittelalter, und auch dann noch haben einander Erzähler und Schreiber vermutlich in die Hände gearbeitet. Später folgten immer neue Bearbeitungen, Umdeutungen und Übersetzungen in moderne Schreibweisen oder in fremde Sprachen. Bringsværd steht in dieser Tradition, und mir scheint es ausgemacht, daß jede neue Version auch zu neuen Erzählstrategien, zu neuen Mißverständnissen, und das heißt auch, zu einer neuen Lektüre führen muß.

Die literarische Fracht, die im Jahre 1662 in Dänemark an Land ging, hatte einen politischen Hintergrund. Ein isländischer Bischof, Brynjólfur Sveinsson, hatte sie im Auftrag des dänischen Königs eingesammelt. Er war angehalten worden, in seiner Heimat nach Originalzeugnissen der isländischen Literatur zu suchen, mit dem Ziel, sie der Königlichen Bibliothek einzuverleiben. Norwegische Schulkinder nennen heute noch die Periode vom 14. bis zum 19. Jahrhundert »die Dänenherrschaft« oder »die Fünfhundertjährige Nacht«; denn zu jener Zeit waren Norwegen und Island dänische Kolonien. Frederik III., der von 1648 bis 1670 regierte, hatte an Stelle der alten Wahlmonarchie den Absolutismus als Regierungsform eingeführt. Um sie zu legitimieren, brauchte er eine starke ideologische und historische Grundlage.

Der Hof suchte sie in einer Genealogie, die bis in die Vorzeit zurückreichte. So wie damals andere europäische Dynastien ihren Ursprung in der klassischen Antike behaupteten, wollten sich die Dänen als Nachfahren der nordischen Götter sehen. Dieses Projekt dürfte jedoch auf nicht geringe Schwierigkeiten gestoßen sein. Zum einen waren die neu gefundenen Schriften in isländischer Sprache abgefaßt, und vermutlich hatten die Dänen einige Mühe, sie zu entziffern. Zum andern konnten die europäischen Gelehrten des 17. Jahrhunderts mit ihrem Inhalt wenig anfangen; denn seit der Renaissance waren sie auf die griechische und römische Antike eingeschworen. Daß es nicht nur im Mittelmeerraum, sondern auch anderswo Altertümer gab – diese Vorstellung war ihnen fremd. Aber auch der Klerus nahm die isländischen Erzählungen mit Kopfschütteln, um nicht zu sagen mit entschiedenem Widerwillen auf. In der kleinen Großmacht Dänemark herrschte ein strenges politisches und religiöses Regime. Es stand den schreibenden Zünften keineswegs frei, zu denken und zu sagen, was sie wollten.

Dabei hatte die Auseinandersetzung mit dem Erbe aus dem Norden bereits eine längere Vorgeschichte. Schon im 13. Jahrhundert hatte es dänische Gelehrte gegeben, die sich damit beschäftigten und auf ihre Weise versuchten, einen Nationalmythos zu begründen. Der berühmteste unter ihnen war Saxo Grammaticus, ein dänischer Kleriker, der am Hof der Erzbischöfe von Lund tätig war. Man weiß wenig über ihn, außer daß er ungewöhnlich fleißig war, und daß er die *Gesta Danorum*, ein sechzehnbändiges Werk in lateinischer Sprache, hinterlassen hat, in dem die mehr oder weniger sagenhafte Geschichte Dänemarks bis zum Jahr 1202 behandelt wird. Von besonderem Interesse sind die ersten neun Bände, in denen sich viele Mythen und Sagen finden. Dabei hat der Autor sich vor allem auf isländische Informanten gestützt. Die Forschung hat seine Quellentreue angezweifelt, und es scheint, als wäre er mit der Überlieferung, nicht zuletzt aus religiösen Gründen, sehr frei umgegangen. Seine Darstellung der vorchristlichen Gesellschaft ist unbarmherzig; seine Schilderung von Menschenopfern zum Beispiel findet keine Bestätigung aus anderen Quellen. Im übrigen hat sich herausgestellt, daß die *Gesta Danorum* William Shakespeare als Vorlage für seinen *Hamlet* gedient haben müssen.

Wesentlich systematischer ging 400 Jahre später der Isländer Árni Magnússon (1663–1730) zu Werke. Als Königlicher Antiquar waren ihm die schriftlichen Zeugnisse aus Island anvertraut. Die Kolonialmacht ernannte ihn zum »Professor Antiquitatum Danicarum«. Im Laufe seiner Arbeit hat er in ganz Skandinavien 580 Originalhandschriften gesammelt und für Abschriften auf Papier gesorgt.

Die wichtigste Grundlage seiner Arbeit bildeten jedoch jene beiden Handschriften, die Brynjólfur Sveinsson nach Kopenhagen gesandt hatte. Die erste ist unter dem Namen *Codex Regius* bekannt, weil sie für die Geschichtsschreibung des dänischen Königshauses eine wichtige Rolle spielen sollte. Ihrem Inhalt angemessener ist jedoch die Bezeichnung *Ältere Edda.* Gelegentlich bezeichnet man sie auch als die *Poetische* oder *Lieder-Edda,* weil sie hauptsächlich Gedichte oder Gesänge enthält. Sicherlich ist sie die älteste und bedeutendste Sammlung altnordischer Poesie. Die meisten Isländer kennen sie in- und auswendig. Das ist kein Wunder; denn es gibt kein Volk auf Erden, das mehr liest als sie – und mehr dichtet.

♦

Der *Codex Regius,* vulgo die *Ältere Edda,* besteht aus zwei Teilen. Die ersten elf Gedichte handeln von den alten Göttern des Nordens, die neunzehn andern von den sagenhaften Helden und ihren Taten.

Am Anfang steht ein visionäres Gedicht, die *Völuspá.* Der Titel bedeutet »Weissagung der Seherin«. Wahrsagende Frauen erzählen darin von der Vergangenheit, der Gegenwart und der Zukunft der Welt. Odin hat sie aufgesucht, um das Schicksal, seines und das seiner Welt, zu ergründen. Die Hellseherinnen provozieren ihn durch wiederholte Fragen: »Willst du noch mehr sehen? Hast du genug gehört?« Im Sog seiner Wißbegierde wird der Zuhörer einer Vision teilhaftig, in der Welten vergehen und wieder entstehen.

Der folgende Text ist das *Hávamál,* ein Monolog Odins, in dem er den Menschen Vernunft und Lebensart beibringen will. *Hávamál* heißt soviel wie »Rede des Hohen«. Viele dieser Verse, die erst im 13. Jahrhundert niedergeschrieben wurden, waren wohl schon lange zuvor als Sprichwörter im Umlauf. Nur die mündliche

Überlieferung kann sie so rund und glatt geschliffen haben. Von wem die schließliche Redaktion der 164 Strophen stammt, ist unbekannt.

Das *Hávamál* lebt heute noch im Volksmund. In Norwegen kennt jedes Kind den einen oder andern dieser lakonischen Ratschläge des hohen Einäugigen. Bei festlichen Anlässen werden sie immer wieder gern zitiert, ganz gleich, ob es um die Einweihung eines der zahllosen neuen Tunnels oder einer neuen Brücke, um eine Hochzeit oder eine Beerdigung geht. Mir selber ist ein Satz besonders lieb, der wie in Stein gehauen sagt: »Auf das Gesetz soll ein Land gebaut sein.« Ich zitiere ihn gern, wenn es um die Situation auf dem Balkan, um die Unterdrückung einer Minderheit oder um die Zwangsenteignung eines Nachbargrundstücks geht.

Im *Vafþrúðnismál*, der »Rede des Vavtrudne«, geht es um eine Wette zwischen Odin und dem Riesen Vavtrudne. Wer bei diesem Redewettkampf verliert, muß sterben. Der Troll weiß jedoch nicht, mit wem er es zu tun hat. Ein ausgeklügelter Bastelsatz von Fragen führt den Zuhörer oder Leser durch die Geschichte und die Hierarchie der Götter, so lange, bis Odin eine Frage stellt, die kein anderer als er selber beantworten kann: »Was hat Odin seinem Sohn ins Ohr geflüstert, bevor er seinen Leichnam dem Feuer übergab?« Dieser Wettstreit ist bühnenreif, und ich vermute, daß er und die Geschichten, die dabei zur Sprache kommen, oft ein aufmerksames Publikum gefunden haben.

Auch im Zentrum des *Grímnismál*, der »Rede des Maskierten«, steht ein Streitgespräch. Nachdem er acht Tage und Nächte zwischen zwei Feuern gepeinigt worden ist, läßt Odin sich auf eine Auseinandersetzung mit dem Riesenkönig Geirröd ein. Der einäugige Gott tritt incognito auf. Nach und nach gibt er sein ganzes Wissen von der Welt der Asen preis, bis die Zuhörer seine wahre Identität erkennen. So gibt dieses Gedicht manchen Aufschluß über die Mythen des Nordens.

Das *Skirnísmál,* »Skirnes Rede«, erzählt in 42 Versen, wie der Gott Frei die Riesentochter Gerðr für sich gewinnt. Auch dieses Gedicht scheint für eine szenische Darstellung geschaffen zu sein. Der *Codex Regius* enthält an mehreren Stellen Zeichen in der Marginalspalte, bei denen es sich vermutlich um Regieanweisungen handelt. In Skirnes Rede werden die Verse Frei, dessen schöner Braut und einigen Statisten in den Mund gelegt. Gerðr muß eine mächtige, beschwörende Tirade des Gottes über sich ergehen lassen, bis ihr nichts anderes übrig bleibt, als sich seinem Willen zu fügen.

Im *Hárbarðsljóð,* dem Hårbardslied, kommt Thor, sein Felleisen schleppend, am Sund an. Laut ruft er nach dem Fährmann, der ihn übersetzen soll. Er nennt sich Hárbarðr, was soviel wie Graubart bedeutet. Wer das Lied hört, versteht, daß es Odin ist, der sich als Ferge verkleidet hat und sich weigert, den Passagier ans andere Ufer zu bringen. Darüber gerät Thor in Wut. Über den Sund hinweg kommt es zu einem groben, handfesten Streit. Mit viel Humor werfen die beiden einander allerhand Unverschämtheiten an den Kopf.

In einem weiteren Lied, der *Hymiskviða,* »Hymes Rede«, ist Thor der alleinige Protagonist. Es geht um ein Abenteuer des Gottes, der dem Riesen Hyme seinen gewaltigen Braukessel entlocken will. Die Erzählweise erinnert hier eher an ein Volksmärchen.

Im nächsten Gedicht, der *Lokasenna,* »Lokis Spottrede«, nimmt Loki ein Fest in Ägirs Halle zum Anlaß, um die anwesenden Götter in respektlosester Art zu beschimpfen. Dabei wird die ganze Galerie der Asen ein weiteres Mal vorgestellt. Viele Gelehrte deuten diesen

Text als den Versuch eines bekehrten Christen, seine Leser aus den Klauen der heidnischen Götter zu befreien. Wenn das zutrifft, hätten wir es hier mit einem ungewöhnlich witzigen und intelligenten Propaganda-Coup zu tun. Auf mich macht das Lied eher den Eindruck gutmütiger Vertraulichkeit, ja sogar der Nachsicht mit den alten Göttern.

Die darauf folgende *Þrymskviða* oder »Rede Tryms« erzählt in einer Reihe von amüsanten Repliken, wie Thors Hammer abhanden kam, während das *Alvíssmál* von einem Zwerg berichtet, der zu den Asen kommt, um ein Mädchen zu holen, von dem er behauptet, es sei ihm als Braut versprochen worden. Statt wie gewöhnlich einfach nach seinem Hammer zu greifen, stellt Thor als Bedingung, daß Allvis der Zwerg ihm eine Reihe von Fragen beantworten soll, um das Mädchen zu gewinnen. Dabei erfährt der Leser manches Neue über die Götter, ihre Übernamen und Abenteuer. Beide Gedichte zeigen überraschend viel Humor.

Dagegen geht es in *Baldrs draumar*, den »Träumen Baldurs«, um verhängnisvolle Dinge, und entsprechend ernst ist der Ton dieses Liedes. Odin, von Baldurs unheimlichen Untergangsträumen erschreckt, reitet aus, um eine Wahrsagerin zu befragen, die ihm erzählt, wie Baldur sterben wird und wie er gerächt werden muß.

Das letzte Göttergedicht aus der Älteren Edda, die *Rígsþula*, zu deutsch: »Merkgedicht von Rig«, handelt von der Frühgeschichte der Menschen. Ein sonst unbekannter Gott namens Rig, der vielleicht zu Unrecht mit Heimdal identifiziert wird, begibt sich auf eine lange Wanderung und zeugt viele Kinder. Wahrscheinlich handelt es sich um einen späteren, didaktischen Mythos, den man auch als märchenhafte Idylle lesen kann.

•

Die meisten all dieser Göttergeschichten kennen wir nur aus dieser einzigen Quelle. Anders verhält es sich mit den Heldenliedern, die den zweiten Teil des *Codex Regius* ausmachen. Sie gehören einem gesamtgermanischen Sagenkreis an und sind auch in anderen Handschriften überliefert. Der berühmteste dieser Helden ist Sigurd Fåvnesbane, der im deutschen Sprachraum Siegfried heißt; andere Hauptpersonen sind norwegische Adlige aus der Wikingerzeit, der Hüne Attila und der Schmied Volund. Mit der Welt der Götter haben diese Heldengeschichten nur mittelbar zu tun. Es geht hier um Drachenkämpfe und Heldentaten, Zauberringe und Treuesprüche, wie man sie aus der späteren Literatur des Mittelalters kennt. Allerdings greifen in vielen Szenen die alten Götter in die Handlung ein, so daß auch aus diesen Texten hie und da ein Licht auf den Mythos fällt.

Die Verfasser sämtlicher Edda-Lieder sind unbekannt. Auch ihre Datierung ist umstritten. Lange Zeit galten sie als uralte, gesamtnordische Überlieferung. Das paßte gut zu den älteren, von Herder beeinflußten Theorien, die in der »Dämmerung des Nordens« nach einem archaischen Urgeist suchten. Dann erkannten die Philologen jedoch, daß keines der Edda-Gedichte älter sein konnte als ihr altnordisches Sprachgewand. Die Linguisten sind sich darüber einig, daß das Altnordische nicht vor dem Jahr 700 gesprochen wurde. Man glaubt heute, daß manche der Lieder schon im 8., andere aber erst im 13. Jahrhundert entstanden sind. Einige Gedichte aus der Älteren Edda, das *Hamðismál* und das *Hávamál*, werden übrigens auch in norwegischen Skaldenliedern aus dem 9. Jahrhundert zitiert.

Die meisten Forscher sind der Ansicht, daß ein wesentlicher Teil der Lieder aus Island stammt. Das geht aus Anspielungen auf die Landschaft und auf archäologisch gesichertes Brauchtum hervor. Mindestens ein Gedicht muß auf Grönland entstanden sein, andere auf den Orkney-Inseln oder auf den Färöern. Die meisten aber sind norwegischen Ursprungs; zumindest ihre Verfasser sind offensichtlich norwegischer Herkunft.

Die Handschrift der Älteren Edda, die der isländische Bischof nach Dänemark sandte, umfaßt neunzig eng beschriebene Folio-Seiten; mindestens 16 weitere Seiten fehlen. Literaturforscher glauben ihren Inhalt rekonstruieren zu können. Sie stützen sich dabei auf eine Nacherzählung in der Wälsungen-Saga, deren Verfasser die fehlenden Gesänge noch gekannt haben muß. Bekanntlich ist es diese Saga, die Richard Wagner als Vorlage für seinen Opernzyklus *Der Ring des Nibelungen* diente.

•

Der zweite Band, den König Frederik III. anno 1662 seiner Bibliothek einverleiben konnte, die sogenannte *Jüngere Edda,* ist auch unter dem Namen *Snorra Edda* bekannt. Es handelt sich nicht um ein Autograph, sondern um eine Abschrift. (Im Lauf der Zeit sind drei weitere handschriftliche Fassungen der Lieder bekannt geworden.) Was die Fragen nach dem Autor, dem Schreiber und der Datierung betrifft, so sind wir auf den Vorsatztitel des Exemplars angewiesen, das sich heute in der Universitätsbibliothek Uppsala befindet. Dort heißt es lapidar: »Dieses Buch heißt Edda. Es ist von Snorri Sturluson zusammengestellt.«

Was das Wort *Edda* bedeutet, weiß niemand genau. Es könnte von altnordisch *odr* abgeleitet sein, was soviel bedeutet wie Dichtung oder Poetik. In einem Vers der *Rígsþula* kommt das Wort auch in der Bedeutung »Urgroßmutter« vor. Möglicherweise weist es auf eine

Dichtung aus Urgroßmutters Zeiten hin. Der Text wurde Anfang des 13. Jahrhunderts niedergeschrieben.

Viele Geschichten aus der Älteren Edda finden sich hier wieder. Die *Snorra Edda* besteht aus drei Teilen, deren erster *Gylfaginning*, »Die Täuschung Gylfis«, heißt. Ein mythischer Schwedenkönig ist als Wanderer nach Asgard, der Heimat der Götter, gereist. Dort stellt er den Asen eine Reihe von Fragen. Die Antworten geben einen ausführlichen Überblick über die Mythologie des Nordens, von der Erschaffung der Götter und der Riesen bis zum Untergang der Welt im Ragnarok.

In dieser Version beginnt die Geschichte der Asen merkwürdigerweise in Troja, das als Mittelpunkt der Welt beschrieben wird. Alle Asen stammen, heißt es, von dem Heldenkönig Priamos ab. Sie reisen gen Norden und werden dort zu Göttern. Manche Forscher haben diese Erzählung so gedeutet, daß der Name der Asen nichts anderes bedeutet als »Männer aus Asien«. Die überwiegende Mehrzahl der Gelehrten erklärt dagegen diese Einführung in die Mythologie des Nordens eher als einen genialen dichterischen Kunstgriff des Verfassers. Zu seiner Zeit war die Christianisierung Islands bereits abgeschlossen, auch wenn sie nicht in tiefere Schichten reichte. Dadurch, daß er die alte Götterwelt als die Halluzination eines schwedischen Königs darstellte, entging der Autor dem Vorwurf des Ketzertums. Mehrere Erzählungen, wie die Entführung der Iduna oder die Errichtung der Götterburg durch Loki, kennen wir nur aus dem *Gylfaginning*; die Ältere Edda schweigt sich darüber aus.

Der zweite Teil der *Snorra Edda* ist das *Skáldskaparmál*, Snorris Lehrbuch der Dichtkunst, eine Goldgrube für Philologen und Skaldenforscher. Dieser Text ist zwar nur eine marginale Quelle für unsere Kenntnis der Götterwelt, aber dafür erfahren wir aus ihm vieles über das Wesen und die Bedingungen der Dichtkunst in den altnordischen Gesellschaften. Die Skalden waren Hofpoeten und freie Künstler. Die Zeit ihres Wirkens, die vom 9. bis zum 13. Jahrhundert reicht, gilt in unserer Literaturgeschichte als das Goldene Zeitalter. Etwa 250 Skalden sind namentlich bekannt. Ihre Kunst war ein hochgeschätztes Handwerk. Das geht auch aus den Erzählungen hervor, die davon berichten, mit welchen Mühen Odin sich die Kunst des Schreibens und des Dichtens angeeignet hat. Snorri zitiert im *Skáldskaparmál* nicht weniger als 336 Gesänge und erwähnt die Namen von siebzig Skalden.

Sein Lehrbuch rundet Snorri Sturluson mit einem eigenen Gedicht ab, dem *Háttatal*, einem eindrücklichen Lobgesang auf den norwegischen König Håkon. Es besteht aus 102 Strophen und ist das einzige Lied von seiner Hand, das erhalten geblieben ist, abgesehen von einigen Spottversen, die eine andere Quelle erwähnt und zitiert.

Über Snorri Sturluson und sein Werk wissen wir gut Bescheid. Neben der *Snorra Edda* schrieb er eine oder zwei Sagas, vor allem aber eine Geschichte der norwegischen Könige, die *Kringla Heimsins* oder *Heimskringla*. Dieses Buch ist in Norwegen bis heute neben der Bibel der Bestseller aller Zeiten geblieben. Das Werk ist eine Hauptquelle für norwegische Historiker; beim Erwachen des Landes aus der »Fünfhundertjährigen Nacht«, ein halbes Millennium nach dem Tode des Schriftstellers, hat es eine bedeutende Rolle gespielt.

Island war im letzten Teil des 9. Jahrhunderts durch norwegische und keltische Einwanderer besiedelt worden. Ganze Großbauern-Familien zogen während der Herrschaft des Königs Harald Hårfagre nach Island.

Dort entstand 930, als das Land sich ein Grundgesetz gab, eine neue Staatsform. Fortan entschied ein gemeinsames Gericht, das Allthing, über das Recht. Ein Gesetzessprecher hütete die mündlich überlieferten Gesetze und trug sie vor. Auf den diplomatischen Druck des norwegischen Königs hin beschloß das Allthing im Jahre 999 oder 1000 die Einführung des Christentums, doch wurde das Land nicht, wie andere Teile Europas, gewaltsam missioniert. Das entsprechende Gesetz enthielt den bezeichnenden Zusatz: Jeder Mann solle »bei sich zu Hause selber wählen«.

Zu Snorri Sturlusons Zeiten war die gesellschaftliche Ordnung Islands in Auflösung begriffen. Der Druck der Norweger nahm zu, und es kam zu bürgerkriegsähnlichen Zuständen. Snorri, der 1179 in Hvammar zur Welt kam, war Bauer, Häuptling und Dichter. Er brachte es zeitweise zum mächtigsten und vielleicht reichsten Mann der Republik. Mehrmals hielt er das höchste Amt seines Landes inne, das des Gesetzessprechers. Mit dem norwegischen König Håkon verhandelte er, um den friedlichen Anschluß Islands an Norwegen zu erreichen, ein Plan, der fehlschlug und ihm viele Feindschaften eintrug. 1241 fiel er einem Mordanschlag zum Opfer. Der Anstifter war sein Schwiegersohn, ein Gesandter desselben norwegischen Königs, dem er einst sein Gedicht gewidmet hatte.

•

Ein wesentliches Charakteristikum der Edda-Dichtung ist ihre eigentümliche Form, von der sich heutige Leser kaum mehr eine hinreichende Vorstellung machen können. Eines ihrer Grundprinzipien, der Stabreim, ist in Deutschland vom Hildebrandslied und in England vom *Beowulf* her bekannt. Statt des Endreims bildet der

Gleichklang am Anlaut der betonten Wörter das Rückgrat des Gedichts. Im Altnorwegischen und im klassischen Isländisch lag der Wortakzent stets auf der ersten Silbe, eine Betonung, die dem modernen Norwegisch fremd ist; nur in einem alten Osloer Arbeiterviertel haben sich Spuren davon erhalten.

Um dem Leser ein Gefühl für die Versform der Edda-Dichtung zu vermitteln, möchte ich einige Passagen aus einer englischen Nachdichtung zitieren. In der dritten Strophe der *Völuspá* heißt es:

Early ages
there that Ymir settled
was not sand nor sea
nor sea-waves chilling
nor up-heaven
Ginnung-gap was there
but grass nowhere.

In dieser Versform, *Fornydislag*, das heißt »Versrhythmus der alten Wörter«, genannt, besteht jede Strophe normalerweise aus vier Verspaaren, die auf acht Zeilen verteilt sind. Die Zahl der Alliterationen pro Zeile steht nicht fest; meistens sind es aber vier.

Einen Schritt von dieser gesamtgermanischen Versstruktur entfernt sich der *Ljoðahátt*, der »Versrhythmus der Gesänge«. Dabei handelt es sich um Langzeilen, die aus zwei Halbversen bestehen und durch ein komplexes Muster von Stabreimen verbunden sind. Diese Form wurde oft für Wechselgesänge benutzt. Das nachfolgende Beispiel ist die elfte Strophe aus dem *Hávamál*:

Burden better / bears none abroad with him
than a cool discretion / with worser food
will fare you never / than a big load of beer.

Die Skalden verfügten über noch mehr elaborierte Formen und Regeln für den Vers- und Strophenaufbau als die Dichter der Edda. Zu ihren rhetorischen Kunstmitteln gehörten *Heiti* und *Kenning*, Griffe, auf die auch Snorri Sturluson in seinem Lehrbuch für Dichter großen Wert legte. *Heiti* sind obsolete Wörter, Synonyme oder poetische Wortschöpfungen, die ausschließlich in der poetischen Sprache vorkommen. *Kenningar* sind konstruierte Formeln vom Typus »Sohn der Erde« für Thor, »Backenwald« für Bart, »Seeroß« für Schiff, »Unwetter der Axt« für den Waffengang. In der Skaldendichtung finden sich noch weit kompliziertere, rätselhafte metaphorische Ausdrücke dieser Art, die aus bis zu sieben Gliedern bestehen können.

Alle altnordischen Werke, die wir kennen, ob es sich nun um Poesie oder Prosa, Gesänge oder Sagas handelt, überlassen das Urteil über die erzählten Handlungen grundsätzlich dem Zuhörer. Der Autor oder Erzähler bleibt neutral. Ein wichtiger Aspekt der gebildeten Sprache ist das Understatement. Außerdem ist der Dichter gehalten, sich kurz zu fassen. Manchem modernen Leser fällt es deshalb schwer, den hohen Ton zu verstehen, wenn beispielsweise der Donnergott Thor, um seine Größe darzustellen, so beschrieben wird: »Er war nicht klein.«

Aus all diesen Gründen bringt jede Prosa-Nacherzählung den Leser um eine phantastische Dimension dieser Literatur. Doch können Rhythmus und Metrum der Verse, ebenso wie ihre Metaphorik, in keiner anderen Sprache als der altnordischen wiedergegeben werden, ohne daß dabei mehr als eine blasse Kopie entstünde. Norwegische Abiturienten werden heute noch im Altnordischen unterrichtet. Diese Schulung gibt ihnen, auch wenn sie nur rudimentär ist, die Chance, hinter die modernen Übertragungen zurückzugehen und ihnen eine Ahnung davon zu vermitteln, was ihnen entgeht.

•

Auch mir erscheinen diese Gedichte verständlich und höchst unklar zugleich; einerseits gehen sie mir nahe, andererseits sind sie mir unfaßbar fern. Etwas von ihrer Magie haftet auch an den Eigennamen. Viele davon wurzeln in der Vergangenheit der skandinavischen Sprachen, und obwohl ihre ursprüngliche Bedeutung vergessen ist, wecken sie vielfältige Assoziationen. Es ist kein Zufall, daß sich moderne Fantasy-Romane ihrer bedienen. Ein Blick in J. R. R. Tolkiens Geschichten oder in die obskuren virtuellen Winkel des Internet beweist ihre Faszination.

Daß die nordischen Göttergeschichten ihre Lebenskraft nicht eingebüßt haben, liegt nicht nur daran, daß man sich mit den Personen und ihren Handlungen identifizieren kann. Vielleicht besticht uns im Gegenteil gerade ihre Fremdartigkeit. Vielleicht haben wir es nötig, die Kultur der Gegenwart in den alten Mythen zu spiegeln, um nicht in unserer Gleichzeitigkeit zu versinken. Vielleicht haben wir es aber auch nur mit zwei oder drei genialen Autoren aus dem 8. Jahrhundert zu tun, die etwas geschaffen haben, was der Erosion der Zeit widersteht. Jedenfalls steht fest, daß ihre Geschichten in immer neuen Verwandlungsformen weitererzählt werden bis auf den heutigen Tag.

Bevor ich mich mit der Edda-Dichtung näher beschäftigte, habe ich mir unsere Vorfahren (ebenso wie andere vorindustrielle Völker) ganz anders vorgestellt: als Anhänger grausamer Kulte, Stammesgesellschaften, die sich zu finsteren und lebensgefährlichen Ritualen versammeln – ein Klischee, das sicher vielen Kindern heute nicht fremd ist. Wer die Edda kennt, wird sich von solchen Vorstellungen für immer verabschieden. Wenn man sich vor Augen hält, wie ihre Geschichten von einem Erzähler am Feuer vorgetragen werden, wird man eine Gesellschaft zu schätzen wissen, die ihre geistigen Energien in perfekte Verszeilen mit leuchtendem Inhalt umzusetzen wußte. Welch tiefer Ernst und welche Melancholie finden wir in Odins Wunsch, die Welt, die er mit erschaffen und mit zerstört hat, zu verstehen, und wie leicht und spielerisch werden die Beziehungen zwischen Göttern und Menschen dargestellt!

Während das geschriebene Wort meist den Analphabeten ausgeschlossen hat, ging die frei im Raum fließende Erzählung alle an, auch unwissende Männer, Kinder, Frauen und Sklaven. In dieser Situation deutet sich auch ein anderes Verständnis der Geschlechterrollen an. Wenn Thor seine Freundin preist, hebt er für uns ungewohnte Qualitäten hervor: »Ihr Bauch«, sagt er, »ist warm wie eine Schäre in der Sonne, und ihre Schenkel sind stark wie zwei Türpfosten. Sie ist stolz und lüstern...« Mit Bewunderung, ja sogar mit einem Anflug von Angst reagieren die Asen auf Freias wütenden Tadel, als sie ihre Rüpeleien wieder einmal zu weit getrieben haben, und nicht ohne Schadenfreude wird erzählt, wie zwei Sklavinnen namens Menja und Fenja ihren habgierigen Herrn zu Fall bringen.

Mich belustigt auch die grundsätzliche Respektlosigkeit, mit der die Dichter der Edda jeder Autorität begegnen. Der Götterkönig ist keineswegs unsterblich, er hat nur ein einziges Auge und ist eigentlich ein Behinderter. Der Donnergott macht als bärtige Braut eine lächerliche Figur. Iduna, die Göttin der ewigen Jugend, ist so vergeßlich, daß sie immer wieder ihre lebenspendenden Äpfel verliert. Hierarchie und Geschlechtertrennung werden in einem Atemzug festgehalten und sabotiert. Der Weltuntergang wird ganz unsentimental erzählt; er ist nicht endgültig. Daß von jeder Spezies eine Minderzahl überlebt, um aus Schlamm und Asche hervorzukriechen und eine neue Runde der Evolution einzuleiten – diese Idee sollte dem ökologischen Denken der Gegenwart bekannt vorkommen.

•

Faszinierend und widersprüchlich ist auch die Rezeptionsgeschichte der nordischen Mythologie. Es hat immer Interpreten gegeben, die nicht glauben konnten, daß die rückständigen Hyperboräer von sich aus auf solche Erzählungen kamen. Sie entwickelten eine Art Ansteckungstheorie, derzufolge es sich dabei um einen späten Sproß der griechischen Antike handeln müsse. Die Asen wären somit bloße Dubletten, Asgard nur eine nördliche Variante des Pantheon. Freia paarten diese Theoretiker mit Aphrodite, Baldur mit Apoll, Hel mit dem Hades, Frigga mit Hera, Ägir mit Poseidon und Odin mit Zeus. Was sie dabei außer acht ließen, ist der eigensinnige und höchst selbständige Charakter dieser Götter, der durch solche Parallelen nicht zu erklären ist. Doch sind der Phantasie der Mythenforscher kaum Grenzen gesetzt. So wurde oft auch behauptet, daß Loki die Züge der gefallenen Engel aus der Bibel trage, und daß auf die Gestalt Baldurs, jedenfalls in den Versionen aus dem Mittelalter, das Vorbild Jesu abgefärbt habe. Das ist nicht ganz unwahrscheinlich, da die Christianisierung die schriftliche Überlieferung zweifellos stark beeinflußt hat.

Fest steht jedenfalls, daß die klassische Literatur der germanischen Völker hauptsächlich auf einer kleinen Insel im Atlantik, 1500 bis 2000 Kilometer entfernt von anderen besiedelten Ländern, entstanden ist, zu einer Zeit, wo höchstens sechzig- bis achtzigtausend Menschen auf Island lebten. Dieses Goldene Zeitalter hat uns ein paar tausend Handschriften und Fragmente hinterlassen; wir wissen aber, daß dies nur ein Bruchteil des ursprünglichen Bestandes ist. Das Schiff mit den beiden Büchern der Edda erreichte den Hafen, aber viele ähnliche Lasten sind im Meer versunken. Ein isländischer Pfarrer namens Sigurdr Johnsson verbrannte im Eifer der Reformation um 1620 ganze Berge alter Pergament-Handschriften aus einer Klosterbibliothek. Árni Magnússon, der königliche Antiquar, mußte erleben, daß der größte Teil seiner einzigartigen Sammlung im Jahre 1728 bei einer großen Feuersbrunst in Kopenhagen zugrunde ging. Die Namen der verlorenen Schriften geistern immer noch im Pensum der Skandinavistik-Studenten herum.

Bis ins 14. Jahrhundert haben Hunderte von Dichtern und Übersetzern noch klassisches Isländisch geschrieben, und ihre Werke sind immer wieder von Hand kopiert worden. Wie im übrigen Europa arbeiteten die Schreiber in Kirchen und Klöstern. Im Gegensatz zu andern Ländern beugten sich aber auf Island auch viele gewöhnliche Bauern, Landarbeiter, Dienstleute und Fischer in ihren winzigen Torfkaten über die Werke ihrer klassischen Literatur. Noch im 19. Jahrhundert saßen solche Leute in ihrer Freizeit zwischen Mahd und Schafschur über alten Handschriften und fertigten Kopien zum eigenen Gebrauch an. Der Nobelpreisträger Halldór Laxness erwähnt einen Alten, der über fünftausend Seiten der alten Sagas abgeschrieben haben soll. Er fragt auch nach den zahllosen Kalbfellen, die für die Einbände verbraucht worden sind, und beschreibt, wie die Leute über die Moore zogen, um Wildgänse zu fangen und zu rupfen, um genügend Schreibfedern zu gewinnen.

Auf dem Kontinent hat die Rezeption der nordischen Mythen verhältnismäßig spät begonnen. Untergründig mögen sie in mündlichen Überlieferungen und in den Volksbüchern weitergelebt haben, und man ist versucht, in Faust und Mephistopheles Wiedergänger von Odin und Loki zu sehen – eine zugegebenermaßen kühne Hypothese. Aber erst in der Romantik setzte ein sozusagen offizielles Interesse an den germanischen Altertümern und damit auch die systematische Forschung ein. Unglücklicherweise ging sie bald, besonders in Deutschland, mit dem aufsteigenden Nationalismus Hand in Hand. So kam es zu einem schwer auflösbaren Amalgam zwischen Mythologie und Politik. Entscheidend für diesen Prozeß war im späteren Verlauf das Werk Richard Wagners. Seine geniale Adaptation nahm keine Rücksicht auf den ursprünglichen Gehalt der Mythen; sie kommt einer totalen Umdeutung gleich. Später bemächtigte sich der Chauvinismus der nordischen Götterwelt. Die fixe Idee von einer angeblichen nordischen Rasse zeitigte die bekannten Folgen. Von der ideologischen Instrumentalisierung durch die Nationalsozialisten hat sich die Welt der alten Germanen bis heute nicht erholt. Noch immer beanspruchen Rechtsradikale und Neofaschisten die Deutungshoheit über diese versunkene Kultur und schmücken sich mit Runen und Namen aus ihrem Bestand.

Auch in Skandinavien ist diese ureigene Tradition nicht unangefochten geblieben. Nach verhältnismäßig harmloser Inanspruchnahme durch die Nationalromantik des späten 19. Jahrhunderts, besonders in Norwegen, war es dann die Partei Vidkun Quislings, die sie in den dreißiger und vierziger Jahren mißbraucht hat. Sein Name ist als ein Synonym für die Kollaboration mit dem Feind in alle Weltsprachen eingegangen. Der Propaganda-Apparat der norwegischen Nazipartei erfand ein reinrassiges »Normannenvolk«, das, ähnlich wie das deutsche Herrenvolk, auf eine einzigartige, ruhmreiche Geschichte zurückblicken konnte und allen andern Menschen überlegen war. Aus Odin wurde in der Sicht der Quislinge ein geistloser Macho-Krieger, und die Liebesgöttin Freia wurde zur Gebärmaschine degradiert.

Nach der Befreiung Norwegens von der deutschen Besatzung folgte 1945 eine heftige Abrechnung mit den Kollaborateuren. Es heißt, daß die Norweger im Verhältnis zur Einwohnerzahl mehr Landesverräter hingerichtet haben als alle andern Europäer. Schwieriger war es, die Symbolsprache der Nazis loszuwerden. Es ist heute noch undenkbar, Buchstaben zu benützen, die an die Runenschrift erinnern. Das Sonnenkreuz, ein immerhin dreitausend Jahre altes, ehrwürdiges Symbol, ist nach wie vor geächtet. Altnordische Worte, wie der fröhliche Gruß *heil og sæl*, das soviel wie den Wunsch nach Gesundheit und Freude bedeutet, sind verpönt. Schon das Wort *germanisch* erweckt ein leises Grauen. Auch in Norwegen ist uns die rechtsradikale Welle der Gewalt nicht erspart geblieben. Grölende Neonazis und Satanisten haben sich unserer alten Überlieferungen bemächtigt, als wären sie ihr Eigentum.

Dennoch hat sich ein größerer Teil des norwegischen Kulturerbes vor der Zerstörung retten können. Lokale Märchen, Trachten, Volkstanz und Volksmusik blühen weiter, in puristischen Formen oder gepaart mit Ethno-Moden und World Music. Viele Norweger finden, daß es an der Zeit ist, sich die eigene Geschichte und die eigene Mythologie zurückzuerobern. Tor Åge Bringsværd hat es auf den Punkt gebracht, indem er sagte: »Wir haben die Diebe bestraft. Aber das Diebesgut haben wir ihnen überlassen.«

Das alles gilt nicht nur für Norwegen. Für die Deutschen stellt sich die Frage, ob sie gewillt sind, einen unentbehrlichen Teil ihrer eigenen Geschichte kampflos der Barbarei zu überlassen, noch weit schärfer. Nach einer langen, unglücklichen Rezeptionsgeschichte voller Mißverständnisse, Fehldeutungen und ideologischer Verbrechen fällt es vielen schwer, zu erkennen, wie klug, wie heiter, wie souverän es auf dem nordischen Olymp zugegangen ist. Vielleicht trägt das Werk von Tor Åge Bringsværd dazu bei, daß sich auch die Deutschen wieder aneignen, was ihnen gehört.

◆

Im Norden leben die Riesen samt ihrer Verwandtschaft nicht nur in der Literatur weiter. In meiner Nachbarschaft gibt es zum Beispiel drei lokale Trolle, deren Namen jeder kennt. Andere Nachkommen der Jotnen, die zum Volk der Huldren gehören, nehmen jeden Sommer am Leben auf der Senne teil. So ist es auch auf Island. Dort sind die Straßenbehörden verpflichtet, an Ort und Stelle eigene Ratgeber zu befragen, um zu verhindern, daß es zu Konflikten mit den Unterirdischen kommt. Weniger gut ist es den Zwergen und den Elfen ergangen. Wie anderswo sind sie auch bei uns von zahmen, ausdruckslosen Disney-Elfen verdrängt worden. Die Zwerge, einst für ihre enorme praktische und theoretische Intelligenz berühmt, geizig und gierig, sind zu harmlosen singenden Gesellen im Kinderfernsehen regrediert. Der Freitag freilich ist Freias Tag geblieben, der Donnerstag gehört nach wie vor Thor, der Dienstag, *tuesday* oder *tirsdag* dem Tyr und der *wednesday* dem Wotan.

Auch die Geschichte der Edda-Dichtung ist noch nicht an ihr Ende gekommen. Die Isländer haben 1941 ihre Unabhängigkeit von Dänemark erreicht. Dieser Gesellschaft von Schreibern und Lesern muß der Gedanke, daß sich ihr literarisches Erbe seit den Zeiten Frederiks III. in den Klauen der Kolonialmacht befand, immer unerträglich gewesen sein. Lange nach dem Zweiten Weltkrieg beschloß das dänische Parlament endlich ein Gesetz über die Rückgabe der Originalhandschriften, und 1971 kehrten die ersten Manuskripte mit großem Pomp nach Island zurück. Noch heute sind die Isländer in der Lage, die Gesänge der Edda vom Blatt zu lesen.

Immer noch tauchen gelegentlich aus sonderbaren Verstecken interessante Fragmente auf. Eine dieser Handschriften wurde unlängst im Futter einer Mitra in einem Museum aufgefunden. Manchmal findet ein Kleinbauer im Küstengebiet ein interessantes Pergamentstück in einem rissigen Sattel aus dem Mittelalter. Neue Techniken helfen dabei, verblaßte Manuskripte oder Palimpseste im ultravioletten Licht oder im Röntgenbild lesbar zu machen. Viele Originale kann man heute auch im Internet studieren.

So schön es ist, daß immer wieder neue Stücke dieses riesigen Puzzles auftauchen, so viel Freude macht es auch, die alten Geschichten immer wieder neu zu fassen. Ich bin, wenn ich Bringsværds Version meinen Kindern erzähle, nur ein weiteres Glied dieser langen Kette. Und sie wiederum sind schon längst dabei, ihre eigenen, oft sehr unterhaltsamen Verständnisse und Mißverständnisse zu produzieren.

•

REGISTER und QUELLENVERZEICHNIS

Wie alle Mythologien schwelgt auch die nordische in Namen. Nicht nur wie die Götter und die Riesen, die Alben und die Zwerge, die Könige und die Mägde heißen, erfahren wir aus den Quellen; auch Bäume und Inseln, Häuser und Ringe, Tiere und Schiffe tragen eigene und oft sprechende Namen. Sich in dieser altnordisch redenden Welt zurechtzufinden ist nicht leicht. Ein Register bietet sich zur Orientierung an.

Eindeutigkeit gehört allerdings nicht zu den Tugenden der Sagenwelt. Die Überlieferung steckt voller Widersprüche. Wie in der griechischen Antike sind die Genealogien und die Verwandtschaftsverhältnisse verwickelt und zuweilen wirr. Ein und dieselbe Gestalt kann Dutzende oder Hunderte von Namen tragen. Auch die Übertragung vom Altnordischen ins Norwegische und vom Norwegischen ins Deutsche macht die Sache nicht einfacher. Dafür läßt sich eine Regel kaum angeben. Das Register folgt den Namensformen, wie sie im Text erscheinen; nach dem Stichwort wird die altnordische Form angeführt (abgekürzt an.).

Bringsværds Nacherzählung erhebt keinen Anspruch auf philologische Treue. »Wir sind es gewohnt, den Mythen in fragmentarischer Form zu begegnen. Die Tradition kann daher oft den Eindruck eines großen Durcheinanders erwecken. Ich habe in aller Unbescheidenheit versucht, ihre Bruchstücke zusammenzusetzen. Ich stelle mir vor, daß einst ein großes Epos, eine lange Erzählung existiert haben muß, die wie ein großer Spiegel zerbrochen ist. Seine Scherben möchte ich wie ein großes Puzzle wieder zusammensetzen, und dazu ist eine Chronologie, ein Nacheinander vonnöten. Meinen Quellen bin ich soweit wie möglich treu geblieben; aber zugleich habe ich mir das Recht genommen, frei mit ihnen umzugehen und dort, wo es mir nötig schien, neue Wege zu gehen.«

Wer es genauer wissen möchte, dem kann das Register einige Hinweise geben. Neben Bringsværds Anmerkungen wurde dabei vor allem Rudolf Simeks unentbehrliches *Lexikon der germanischen Mythologie* (Stuttgart ²1995) zu Rate gezogen, das auf dem neuesten Stand der Forschung Auskunft über religions- und kulturhistorische Hintergründe und über die Rezeptionsgeschichte der Göttersagen gibt. Im einzelnen wird dort wie hier auf die folgenden Quellen verwiesen:

Eddalieder
(ed. G. Neckel, H. Kuhn, Heidelberg ⁴1962):

Bdr	*Baldrs draumar*
Gg	*Grógadr*
Gr	*Grímnismál*
Háv	*Hávamál*
Hdl	*Hyndluljóð*
Hm	*Hamðismál*
Hrbl	*Hárbarðsljóð*
Hym	*Hymiskviða*
HHv	*Helgakviða Hjörvarðssonar*
Ls	*Lokasenna*
Rm	*Reginsmál*
Rþ	*Rígsþula*

Skm *Skírnismál*
Þrk *Þrymskviða*
Vm *Vafþrúðnismál*
Vsp *Völuspá*

Snorra Edda (ed. F. Jónsson, København 1900):

Gyl *Gylfaginning*
Sk *Skáldskaparmál*

Skaldendichtung:

Bragi Boddason, *Ragnarsdrápa*
Drð: *Darraðarlióð*
Egill Skallagrímson, *Sonatorrek*
Eilífr Goðrúnarson, *Þórsdrápa*
Einarr Gilsson, *Þulur*
Þjóðólfr ór Hvíni, *Haustlöng*
Ulfr Uggason, *Húsdrápa*

Ferner:

Fafnismál
Reginsmál
Saxo Frotho
Saxos Geruthus
Saxo Grammaticus, *Gesta Danorum*
Snorri Sturluson, *Ynglinga saga*

Weitere Quellenangaben in Rudolf Simeks ausführlichem Literaturverzeichnis. (H. M. E.)

•

Ägir, an. »Meer«, auch Hlér oder Gymir, ein Seeriese, der auf einer Insel lebt und mit den Asen befreundet ist. Die Götter lädt er zum Gastmahl. Mit seiner Frau →Ron hat er neun Töchter, die in der Dichtung als

Meereswellen erscheinen. Sk 1, 22, 58; Egil, Sonatorrek 8. · *Seite 48, 99ff., 110f., 113, 118, 123, 176, 225f., 229ff., 233f.*

Agnar, an. Agnarr, ist der Sohn von König →Raudung. Zusammen mit seinem Bruder →Gerod gerät er in Seenot und rettet sich auf eine Insel, wo Odin und Frigga, als arme Bauern verkleidet, sich ihrer annehmen. Von seinem Bruder verraten, der den Thron des Vaters allein erben will, bleibt er verschollen. Auch Gerods Sohn heißt, wie sein Onkel, Agnar. Er eilt dem von seinem Vater gemarterten Odin zu Hilfe und tritt nach dem Tod des Vaters die Erbfolge an. Gr, Einleitung, 2, 51 · *Seite 161ff., 167, 185, 187f.*

Alben, an. álfr, sind in der nordischen Mythologie Elementargeister, verwandt mit den Zwergen. Snorri unterscheidet schwarze und weiße Alben. Ihre dämonische Natur ist doppeldeutig, weshalb das deutsche Wort *Elfen* nicht ganz passend scheint. Vgl. *Albtraum.* Von ähnlicher Natur sind die →Huldren. · *Seite 15f., 31, 48, 50, 125, 149, 236*

Alfheim, an. Álfheimr, der Wohnort der Lichtalben. Gyl 16. · *Seite 149*

Amma, an. Àma, »die Dunkle«, eine häßliche Riesin. Auch eine der drei Frauen, mit denen Heimdal, von Odin ausgesandt, unter dem Decknamen Rig, Kinder zeugt. RÞ; Einarr Gilsson, Þulur. · *Seite 74*

Andrimne, an. Andhrímnir, »der Rußige«, der Koch, der in Walhall einen wundersamen Eber für die untoten Krieger zubereitet. Das Tier steht nach jeder Mahlzeit von neuem auf. Gyl 37; Gr 18. · *Seite 97, 170*

Andware, an. Andvari, »der Vorsichtige«, ein Zwerg, den Loki überlistet, so daß er sich mit Gold freikaufen muß. Zu diesem Schatz gehört ein Ring, den Andware mit einem Fluch belegt. Diese Geschichte spielt später in der Nibelungensage eine wichtige Rolle. Vsp; Rm (Einleitung). · *Seite 176 f., 179*

Asch, an. Askr, »Esche«, der erste Mann, von dem und dessen Frau Embla das Menschengeschlecht abstammt. Odin und seine Brüder →Wile und →We haben beide aus zwei Baumstämmen erschaffen; nach der Völuspá war auch →Huhne einer der Götter, die den Menschen erschufen. Vsp 17–18; Gyl 8. · *Seite 12*

Asen, die wichtigste Götterfamilie der an. Mythologie; neben ihnen gibt es noch die →Wanen. Snorri zählt ihre wichtigsten Mitglieder auf; ihr Oberhaupt ist Odin. Sk 1; Gyl 34. Passim.

Asgard, an. Ásgarð, »Heimat der Asen«, Wohnort der Götter. Umgeben von Mauern, liegen dort die Wohnsitze von Frei, Thor und anderen Göttern. Im Zentrum von Asgard gibt es eine große Wiese. Odin ließ in der Burg auch →Walhall erbauen. Er hat dort einen Hochsitz, von dem aus er die Welt überblickt. Gr; Gyl. Passim.

Aurwandil, an. Aurvandill, ein von Thor geretteter Mann, dessen erfrorene Zehe der Donnergott an das Firmament wirft. Daraus entsteht ein Stern, der Orion oder Corona borealis. Sk 17. · *Seite 111 f., 122*

Baldur, an. Baldr, der Schönste und Beliebteste der Asen, dessen Tod den Untergang der Götterwelt auslöst. Er ist Odins zweiter Sohn, vermählt mit Nanna und →Vorsetes Vater. Gyl 21, 48, 52; Sk 5; Vsp 31–33; Bdr 11; Ls 28; Húsdrápa; Bdr. · *Seite 18, 84, 171, 186, 192 ff., 206, 208, 223, 232, 235, 252*

Bauge, an. Baugi, »der Krumme«, der Bruder des Riesen →Suttung, bei dem sich Odin als Knecht verdingt, um den magischen Met zu erlangen. Sk 1. · *Seite 54 ff.*

Bifrost, an. Bifröst, die Regenbogenbrücke zwischen Himmel und Erde, die Asgard mit Mitgard verbindet und von →Heimdal bewacht wird. Gr 44; Fm 15; Gyl 12, 16, 26. · *Seite 15, 87, 140, 247*

Billing, an. Billingr, der Vater eines Trollmädchens, das Odin verführen will, was übel ausgeht. Háv 96–102. · *Seite 129f.*

Brage, an. Bragi, ein Sohn Odins, ist der Gott der Dichtung und der Mann →Idunas. Sk 1; Gyl 25; Ls 8–14. · *Seite 57f., 74, 79, 230f.*

Breidablick, an. Breiðablik, »das weithin Schimmernde«, ist Baldurs Wohnsitz in Asgard. Gr 12; Gyl 16, 21. · *Seite 192ff.*

Brime, an. Brimir, ein Festsaal der Götter in Asgard. Gyl 51. · *Seite 123*

Brisingam, an. Brísingamen, ein Schmuck der Liebesgöttin Freia, den vier Zwerge um den Preis ihrer Hingabe für sie geschmiedet haben. Loki, von Odin veranlaßt, stiehlt ihn ihr; um ihn zurückzugewinnen, muß Freia einen Krieg anzetteln. Þrk 12, 19; Gyl 34; Sk 20. · *Seite 88f., 138ff., 143ff., 152f.*

Brokk, an. Brokkr, ein Zwerg, der mit seinem Bruder Sinder Geschenke für die Asen schmiedet. Sk 33. · *Seite 32ff.*

Bühre, an. Búri, heißt der Stammvater der Götter. Odin ist sein Enkel. Gyl 5. · *Seite 8f.*

Dag, an. Dagr, »Tag«, Sohn →Notts, der Nacht. Odin gibt ihm und seiner Mutter Pferd und Wagen, versetzt sie in den Himmel und läßt sie täglich die Erde umkreisen. Vm 25; Gyl 16. · *Seite 12*

Draupne, an. Draupnir, »der Tropfende«, ist Odins goldener Ring, von dem jede Nacht acht neue Ringe abtropfen. Die Zwerge →Brokk und Sinder haben ihn geschmiedet. Er spielt eine Rolle bei Baldurs Begräbnis. Gyl 48; Sk 33; Skm 21. · *Seite 36, 138, 203*

Edda, eine alte Frau, mit der Heimdal einen Sohn zeugt. RÞ. · *Seite 73 f.*

Einöd, siehe Utgard. · *Seite 15, 48*

Eisenscher, an. Járnsaxa, »die mit dem Eisenmesser«, eine Riesin, mit der Thor seinen Sohn →Magne zeugte. Sk 17. · *Seite 105, 116 ff., 120 f.*

Eisenwald, an. Járnviðja, ein Wald im Osten, in dem eine Trollfrau Wölfe zur Welt bringt. Vsp 40; Gyl 11. · *Seite 13, 125, 211 ff., 245*

Embla, die erste Frau des ersten Menschen →Asch, von den Göttern aus einem Baumstamm geschaffen. Vsp 17–18; Gyl 8. · *Seite 12*

Fenriswolf, an. Fenrir, Fenrisúlfr, der Wolf, den Loki mit einer Riesin gezeugt hat, und den die Asen fesseln. Dabei verliert der Gott →Tyr seinen rechten Arm. Am Ende der Götterwelt reißt er sich los und verschlingt Odin, dessen Sohn →Vidar das Ungeheuer erlegt. Gyl 33–34, 50; Ls 38–39; Vsp 40, 56. · *Seite 59 f., 62, 64 ff., 70, 73, 104, 170, 190, 205, 208, 224, 232, 236, 239, 246, 248 ff.*

Fimbul, an. Fimbulvetr, »der strenge Winter«, der den Weltuntergang einleitet. Gyl 50; Vm 44. · *Seite 245*

Fjalar, an. Fjalarr, ein Zwerg, der zusammen mit seinem Bruder den Weisen →Kvasir ermordet, aus dessen Blut der magische Met gebraut wird. Sk 1. · *Seite 52 f.*

Folkwang, an. Fólkvangr, »Feld des Heeres« oder »Feld des Volkes«, ist der Wohnsitz Freias in Asgard. Gr 14; Gyl 23 · *Seite 75, 81, 88, 90, 93, 96, 139, 152, 248*

Fowne, der älteste Sohn von König →Reidmar, ein Bruder →Regins, erschlägt seinen Vater und verjagt seinen

Bruder, um sich des Goldschatzes zu bemächtigen, den Reidmar den Asen abverlangt hat. Er verwandelt sich in einen Drachen und wird selbst von →Sigurd erschlagen. Reginsmál. · *Seite 184 f.*

Frei, an. Freyr, »Herr«, ein Fruchtbarkeitsgott, stammt wie seine Schwester Freia von den Wanen, den alten Rivalen der Asen, ab; er ist der Sohn →Njords. Sein magisches Schiff ist der →Skidbladner; sein Eber →Gullborste hat Zauberkräfte. Am Ende tötet ihn der Feuerriese →Surt. Gyl 23–24, 36, 48, 50; Sk 7, 33; Vsp 53. · *Seite 26, 35 f., 41, 43, 45, 65, 84, 99 f., 173, 179, 199, 232 ff., 250*

Freia, an. Freyja, »Frau, Herrscherin«, die wichtigste Göttin unter den Asen, stammt als Tochter →Njords von den →Wanen ab. Sie ist Freis Schwester und wird als Liebesgöttin verehrt. Auch lehrt sie die anderen Asen, besonders Loki, manche Zauberkünste. Ihr Mann →Od verläßt sie. Sie lebt in Folkwang mit ihren Katzen. Am Hals trägt sie das Kleinod →Brisingam. Sie teilt sich mit Odin in die Rekrutierung der untoten Krieger und bringt deren halbes Heer auf ihrem Wohnsitz unter. Gyl 23, 34–35, 41; Gr 14; Þrk; Ls 30; Sk 17. · *Seite 26 f., 29, 39 ff., 43, 62 f., 65, 75 ff., 81, 84, 88 ff., 96, 115, 138 ff., 143 ff., 148, 151 ff., 156, 158, 169, 173, 181, 183, 199, 232, 237 f., 248*

Frigga, an. Frigg, Odins Frau, neben Freia die Hauptgöttin in Asgard und die Mutter Baldurs. Sk passim; Ls 26; Gyl 34. · *Seite 18, 51, 60, 76 f., 90, 103, 129, 164 ff., 179 ff., 189, 193 ff., 197, 199, 203 f., 212 ff., 223, 232, 235, 248*

Froda, an. Fróði, einer der vielen menschlichen Enkel Odins, ist ein sagenhafter Dänenkönig, der auch in Tolkins *Lord of the Rings* auftaucht. Saxo Frotho. · *Seite 215 f.*

Fulla heißt eine Dienerin der Frigga. Sk 19; Gyl 34. · *Seite 165, 186f.*

Galar, an. Galarr, ist einer der beiden Zwerge, die den Weisen →Kvasir ermorden. Sk 1. · *Seite 52f.*

Galp, an. Gjálp, »die Schreiende«, ist die Tochter des Riesen →Geirröd, der Thor das Rückgrat bricht. Sk 18. · *Seite 124, 131, 134f.*

Gambara, die Mutter der sagenhaften Anführer der Vinilen oder →Langobarden, erreicht durch Fürbitte bei Frigga den Sieg über die Vandalen. Paulus Diaconus I, 3, 7. · *Seite 166*

Garm, an. Garmr, ein riesiger Hund, der das Haus von →Hel, der Herrscherin über das Totenreich, hütet. Er spielt eine Rolle beim Endkampf der Götter; beim Zweikampf mit →Tyr kommen beide um. Gr 44; Vsp 44, 49, 58. · *Seite 244*

Geirröd, an. Geirröðr, »Speerschutz«, ist ein Riese, Vater der häßlichen Trollfrauen →Galp und →Greip. Er hält Loki gefangen und wird endlich von Thor zur Strecke gebracht. Eilífr, Þórsdrápa; Sk 18; Saxos Geruthus 8. · *Seite 124ff., 131, 133f., 136*

Geri und *Freke*, an. Freki, »die Gierigen«, sind die Wölfe Odins, die er gezähmt hat und die ihn begleiten. Gr 19; Gyl 37. · *Seite 70, 98*

Gerod, an. Geirroðr, einer der Söhne König Raudungs, zusammen mit seinem Bruder →Agnar von Odin und Frigga aufgezogen, enttäuscht seine Pflegeeltern und entgeht der Strafe nicht. Gr. · *Seite 161ff., 167, 185ff.*

Gjöll, an. »der Lärm«, ist der nordische Styx, ein Totenfluß. · *Seite 91*

Gnau, an. Gná, eine berühmte Reiterin, Botin Friggas. · *Seite 165*

Greip, an. »Griff«, eine von →Geirröds Töchtern, die Thor erschlägt. Sk 18. · *Seite 124, 131, 135*

Grid, an. Gríðr, »Heftigkeit«, eine Riesin, mit der Odin seinen Sohn →Vidar zeugt. Sie ist Thor bei seiner Brautfahrt zu Geirröd behilflich. Sk 18. · *S. 133, 135*

Grimme, an. Grímnir, »der Vermummte«, ein Tarnname, unter dem Odin auftritt. Gr 47, 49. · *Seite 187*

Gügne, an. Gungnir, »der Schwankende«, heißt Odins Speer. Sk 9, 17, 33. · *Seite 32, 35*

Gullborste, an. Gullinborsti, »der mit den goldenen Borsten«, ein Eber, der Freis Wagen zieht und durch die Luft, über Land und Meer laufen kann. Gyl 48; Sk 7. · *Seite 36, 65, 137 f., 199*

Gullfachse, an. Gullfaxi, »Goldmähne«, das Pferd des dreisten Riesen →Rugne, der Odin zu einem Wettrennen herausfordert und erschlagen wird. Sk 17. · *Seite 114, 122*

Gulltopp, an. Gulltoppr, »Goldmähne«, Heimdals Pferd. Gyl 26, 46; Sk 8. · *Seite 140*

Gullveig, an. »Goldrausch«, eine Zauberin oder Hexe, welche die →Wanen zum Krieg gegen die Asen anstiftet. Sie wird zur Strafe verbannt. Vsp 21–22. · *S. 22 ff.*

Gunnlod, an. Gunnlöð, »Aufforderung zum Kampf«, die Tochter des Riesen →Suttung, auf dessen Met es Odin abgesehen hat; er verführt sie, trinkt vom Met und entflieht in Gestalt eines Adlers. Háv 103–110; Sk 1. · *Seite 56*

Hate, an. Hati, »der Verächter«, ein Wolf, der hinter dem Mond herhetzt, den er schließlich verschlingt. Gyl 11. · *Seite 125, 245*

Havamal, an. Hávamál, »Hohe Rede« oder »die Sprüche des Hohen«, eine Sammlung von kurzen Lehrgedichten, die Odin in den Mund gelegt werden. · *Seite 221*

Heidrun, an. Heiðrun, eine Ziege auf dem Dach Walhalls, die beliebig viel Met spendet. Gr 25. · *Seite 98, 213*

Heimdal, an. Heimdallr, ein Ase, der die Brücke →Bifrost zur Götterburg bewacht. Er gilt als Sohn Odins. Unter dem Decknamen Rig wird er Stammvater eines neuen Menschengeschlechts. Er ist mit Loki verfeindet; am Ende töten sich beide gegenseitig. Gyl 26, 50; Ls 48; Gr 13; Sk 8; RÞ. · *Seite 28, 35, 38, 69f., 72ff., 79f., 87f., 92f., 101, 140ff., 153f., 168, 233, 235, 248, 250*

Hel heißt das Reich der Toten und dessen Herrscherin, die eine Tochter Lokis und eine Schwester des →Fenriswolfes und der →Mitgardschlange ist. Das deutsche Wort *Hölle* leitet sich von ihrem Namen ab. Gyl 33, 43. · *Seite 59f., 70, 91f., 125, 197f., 201-205, 226, 236, 239f., 244, 250, 252*

Herjan, an. Herjann, »Herrscher«, einer der Beinamen Odins. Gyl 2. · *Seite 98*

Hermut, an. Hermoðr, »der im Kriege Mutige«, ein Sohn Odins, Baldurs Bruder, der nach Hel reitet, um die Todesgöttin zur Rückgabe des Erschossenen zu bewegen. Gyl 48. · *Seite 197, 200ff.*

Hlin, an. Hlín, eine Dienerin Friggas, ursprünglich wohl ein Beiname der Göttin selbst. Gyl 34; Vsp 53. · *Seite 125*

Hod, an. Höðr, ein blinder Gott, Sohn Odins, der, von Loki angestiftet, versehentlich seinen Bruder Baldur tötet. Sein Halbbruder →Wole übt Blutrache an ihm. Nach dem Untergang der Götterwelt ist Hod einer der wenigen, die lebendig wiederkehren. Gyl 48, 52; Sk 5, 13. · *Seite 196f., 206, 208, 213f., 222f., 252*

Hugin, an. Huginn, »der Gedanke«, einer der beiden Raben, die Odin begleiten. Gyl 37; Gr 20. · *Seite 48, 70, 86, 92, 98, 168, 192, 235, 249*

Huhne, an. Hœnir, ein Ase, der, zusammen mit →Mime, nach dem ersten Krieg gegen die Wanen als Geisel ins Lager der alten Feinde gebracht und dort zum Häuptling erwählt wird; später kehrt er nach Asgard zurück und begleitet Odin und Loki auf ihren Wanderungen. Huhne gehört zu den Asen, die den Weltuntergang überleben. Vsp 17–18, 63; Ynglinga saga 4. · *Seite 26, 43 ff., 77, 174 f., 179, 252*

Huldren heißen vor allem in der norwegischen Tradition Elementargeister, die mit den →Alben verwandt sind; in der Edda spielen sie keine Rolle. · *Seite 16, 128*

Hyme, an. Hymir, ein Riese, Vater oder Stiefvater des Gottes →Tyr, Besitzer eines Braukessels, den Thor ihm nehmen will; nach manchen Abenteuern erschlägt ihn der Donnergott. Gyl 17; Hym. · *Seite 102 ff., 106 f., 109 f.*

Iduna; an. Iðunn, »die Verjüngende«, →Brages Frau, eine Göttin, welche die magischen Äpfel hütet, mit deren Hilfe die Asen immer jung bleiben. Durch Lokis Schuld gelingt es dem Riesen →Tjatse, sie in Gestalt eines Adlers zu rauben. Loki nimmt ihm die Beute wieder ab. Þjóðólfr, Haustlöng; Gyl 25; Ls 17. · *Seite 61, 74 f., 78 ff., 88, 138, 231*

Jarl, an. »Krieger, Fürst«, ist einer der Söhne, die Heimdal mit →Mor, einer Menschenfrau, gezeugt hat. RÞ. · *Seite 74, 79 f.*

Jord, an. Jörð, »Erde«, eine alte Erdgöttin, Tochter der Nacht und Mutter Thors. Gyl 9, 37; Sk 4. · *Seite 181*

Jotunheim, an. Jötunheimr, »Welt der Riesen«, ein gefährlicher und kalter Teil der Welt, der im Osten liegt, wo die Riesen wohnen, wird auch Utgard, an. Útgarðr, genannt. Die Riesen oder Trolle, an. jötnar, Þhurs, trollar, sind älter als die Asen und gehören einer frühen Naturreligion an. Oft, aber nicht immer, herrscht zwischen Göttern und Riesen Feindschaft. Das hindert beide nicht an Liebesabenteuern, bei denen die Riesen allerdings meist den kürzeren ziehen. Der stärkste der Asen, Thor, legt sich besonders gern mit den Riesen an. · *Seite 14f., 19, 46, 48, 50, 58f., 104f., 107, 113, 115f., 118, 124, 127, 129, 133, 148, 152, 156, 172, 189f., 192, 235, 238, 244*

Karl, ein Bruder →Jarls, von Heimdal mit einer Menschenfrau gezeugt. RÞ. · *Seite 74, 79*

Kvasir, aus dem Speichel der Asen und der Wanen entstanden, als die beiden Geschlechter Frieden schlossen, ist der weiseste aller Menschen (oder der Asen?). Zwei Zwerge, →Fjalar und →Galar, ermorden ihn. Aus seinem Blut entsteht ein zauberkräftiger Met, der jeden, der davon trinkt, zum Weisen oder zum Dichter macht. Der Name Kvasir ist verwandt mit norwegisch *kvase,* russisch *kvas;* Speichel diente einst als Gärungsmittel beim Brauen. Sk 1; Gyl 49; Ynglinga saga 4. · *Seite 46, 49, 52ff., 56*

Langobarden, ein Stamm, der nach der Sage früher den Namen Vinilen trug und, von Frigga unterstützt, gegen die Vandalen siegt. Gr, Prosaeinleitung. · *Seite 167*

Loki, auch Loke, der Trickster unter den Göttern, stammt von den Riesen ab. Seine Frau heißt →Sigyn, seine Söhne →Narwe und →Wale. Mit einer Riesin hat Loki drei gefährliche Kinder gezeugt: →Hel, die Todesgöttin, den →Fenriswolf und die →Mitgardschlange. Außerdem hat er in Gestalt einer Stute →Sleipnir, Odins achtbeiniges Pferd, geboren. Er ist mit Thor verfeindet und richtet überhaupt in Asgard viel Unheil an. Dennoch schätzt ihn Odin sehr, mit dem ihn eine Milch- und Blutsbrüderschaft verbindet. Loki ist schuld am Tode Baldurs und wird von den Asen bestraft. Er rächt sich mit Hilfe der Ungeheuer, die seine Kinder sind, und löst den Untergang der Götterwelt aus. Im Zweikampf mit →Heimdal gehen beide zugrunde. Þjóðólfr, Haustlöng; Sk 1, 8, 16, 33, 37, 48; Gyl 32, 45, 50, 52; Vsp 51; Þórsdrápa; Þrk. Passim.

Magne, an. Magni, »der Starke«, ein Sohn Thors mit der Riesin →Eisenscher, der als Säugling seinem Vater nach dessen Kampf mit →Rugne beisteht und mit dem Pferd →Gullfachse belohnt wird. Zusammen mit seinem Halbbruder →Mude erbt er nach dem Untergang der Götterwelt Thors Hammer. Sk 17. · *Seite 118, 120ff., 252*

Mime, an. Mímir, Mímr, ein Schamane aus dem Geschlecht der Riesen, der nach dem ersten Krieg der Asen als Geisel zu den →Wanen kommt und von ihnen enthauptet wird. Odin bewahrt den Kopf vor der Verwesung und holt sich Rat bei ihm, der den Brunnen der Weisheit an einer Wurzel der Weltesche →Yggdrasil hütet. Ynglinga saga 4, 7; Gyl 14, 50; Vsp 28, 46, 48. · *Seite 19ff., 26, 44, 46f., 62, 189ff., 241f., 244, 248, 253f.*

Mitgard, an. Miðgarðr, »Wohnstatt in der Mitte«, ist die von Menschen bewohnte Erde. Gyl 8; Vsp 4; Gr 41. · *Seite 14ff., 28, 48, 52, 69f., 72f., 79, 95, 128f., 137, 165, 172, 174ff., 180, 184f., 192, 206, 215, 218, 235, 242, 247, 252*

Mitgardschlange, an. Miðgarðsormr, »Weltschlange«, ein Ungeheuer, das Loki mit einer Riesin gezeugt hat. Von den Asen ins Meer geworfen, umspannt es die ganze bewohnte Welt. Beim Untergang der Götterwelt erschlägt Thor sie, stirbt aber an ihrem Gift. Gyl 33, 46–47, 50, 52; Vsp 56; Bragi, Ragnarsdrápa 16; Ulfr Uggason, Husdrápa. · *Seite 70, 73, 107, 172, 190, 205, 225f., 236, 239f., 246, 248ff.*

Mjölner, an. Mjöllnir, Mjollnir, ist der Hammer des Donnergottes Thor. Von den Zwergen →Sinder und →Brokk geschmiedet, wird er von Loki nach Asgard gebracht; er kehrt wie ein Bumerang nach dem Wurf in Thors Hand zurück. Den gestohlenen Hammer muß Thor sich als Braut verkleidet von dem Riesen →Trym zurückholen. Sk 17, 33; Gyl 41, 44, 52; Hym 36; Þrk 30. · *Seite 36, 42, 45, 106, 110, 137f., 145, 147f., 157f., 233, 249, 252*

Mor, an. Moðir, eine der drei Menschenfrauen, die Heimdal unter dem Namen Rig heimsucht. Mit ihr zeugt er einen Sohn namens →Jarl. RÞ. · *Seite 74*

Mude, an. Móði, »der Zornige«, ein Sohn Thors, der, zusammen mit seinem Bruder →Magne dessen Hammer erbt. Gyl 52; Sk 4; Hym 34; Vm 52. · *Seite 117, 252*

Munin, an. Muninn, »der Gedanke«, einer der beiden Raben Odins, die ihm wie ein Geheimdienst die Welt ausspähen. Gr 20; Gyl 37. · *Seite 48, 70, 86, 92, 98, 168, 192, 235, 249*

Muspilheim, an. Muspellzheimr, »Welt des Muspell«, heißt der feurige Teil der Welt im Süden. In der Schöpfungsgeschichte schmilzt der Funkenflug das Eis von →Niflheim; der erste Riese →Ymir geht aus diesem Ereignis hervor. »Muspell« heißt auch »Weltende durch Feuer«; in dieser Bedeutung führt →Surt die Mächte von Muspilheim an, die den Weltbrand entfachen. Gyl 3, 4, 42, 50. Vgl. das altdeutsche Muspillilied aus dem 9. Jahrhundert, ein Echo dieser Vorstellungen. · *Seite 7, 11, 13, 16, 30, 91, 233, 247*

Mysing, ein märchenhafter, habgieriger Seekönig, der daran schuld ist, daß das Meerwasser salzig ist. Ohne Quelle in Snorris Mythologie, gehört die Geschichte einer späteren Erzählung an. · *Seite 216*

Naglfari, »Nagelschiff«, ist das Totenschiff der nordischen Mythologie; es ist aus den Nägeln der Verstorbenen gebaut. Gyl 42, 50. · *Seite 246*

Nanna, die Frau Baldurs, Mutter →Vorsetes. Nach dem Tode ihres Mannes will auch sie nicht länger leben. Sk 1. · *Seite 192, 197, 199, 201, 203*

Narwe, an. Narfi, ein Sohn Lokis, den sein Bruder →Wale in Wolfsgestalt umbringt. Gyl 32, 49; Sk 16. · *Seite 229, 238f.*

Niflheim, an. »die dunkle Welt«, liegt Muspilheim entgegengesetzt im Norden der Welt, wo das ewige Eis herrscht. Es war schon vor aller Schöpfung da und wird hie und da auch mit dem Totenreich →Hels identifiziert. Gyl 3–4, 33, 43. · *Seite 7, 21f., 60, 91, 200*

Njord, an. Njörðr, der Vater von Frei und Freia, stammt von den →Wanen ab und kommt als Geisel nach Asgard; er wohnt in Noatun und heiratet die Trolltochter →Schad. Er herrscht über den Wind und das Meer und beschützt die Fischer. Gr 16, 43; Gyl 22; Sk 1. · *Seite 26, 43, 45, 84ff., 88, 173, 239*

Nornen, an. norn, Plural nornar, sind die Parzen der nordischen Mythologie. Sie heißen →Urd, →Werdande und →Skuld. Sie kennen das Schicksal der Götter und der Menschen. Sie wohnen an einer Quelle am Fuß des Weltenbaums Yggdrasil. Snorri zufolge gibt es auch noch andere Nornen unter den Zwergen und den Alben. Gyl 14; Hm 29–30. · *Seite 22, 50f., 59f., 76f., 98f., 182f., 207, 242*

Nott, an. Nótt, Nött, »die Nacht«, die Tochter eines Riesen, Mutter von →Dag und →Jord. Nott und Dag, denen Odin Pferde und Wagen gibt, reiten am Himmel um die Erde. Gyl 9. · *Seite 12*

Od, an. Óðr, Freias Mann, der sie verläßt und nie wieder auftaucht. Gyl 34; Sk 20, 35. · *Seite 75 f., 78, 88*

Odin, an. Óðinn, angelsächsisch Woden, althochdeutsch Wutan oder Wuotan, die zentrale Göttergestalt des Nordens. Er ist nicht nur der König der Asen, sondern auch Kriegsgott, Kenner der Runen, Totengott, Magier, Forscher und Philosoph. Sein Vater ist Burr, seine Mutter ist eine Riesin, seine Frau ist →Frigga. Zusammen mit seinen Brüdern →Wile und →We hat er die ersten Menschen erschaffen. Baldur, Thor, →Wole, →Heimdal, →Tyr, →Brage, →Vidar und →Hod sind einige seiner zahllosen Söhne. Odin ist einäugig; er hat, um Weisheit zu gewinnen, ein Auge dem Riesen →Mime geopfert, der zu seinem Freund und Ratgeber wird. Begleitet wird er von seinen Raben und von zwei zahmen Wölfen. Sein Pferd →Sleipnir hat acht Beine. Auf seinem Wohnsitz →Walhall versammelt er die gefallenen Krieger und erweckt sie zu neuem Leben. Odins Name hängt mit den an. Wort óðr zusammen, was soviel wie »besessen« bedeutet. Er tritt unter zahlreichen anderen Namen und Verkleidungen auf; mehr als 170 Beinamen Odins sind überliefert. →Herjan, →Wegtam, →Ygg. Gyl 14, 19, 37–38, 40; Sk 33; Vsp 17–18, 46; Háv 96–110, 138–145; Hdl 3; Bdr 3; Gr 46–50; Ynglinga saga 2–5, 9. · Passim.

Ragnarok, an. Ragnarök, eine Pluralform, »endliches Schicksal der Götter«, in der älteren Edda eine eschatologische Vorstellung, bei Snorri soviel wie »Götterdämmerung«. Mit der Zerstörung der Welt sterben nicht nur die Menschen, sondern auch die Götter. Vsp 44–66; Gyl 50–52; Vm 18, 47, 52. · *Seite 245, 254*

Raudung, an. Hrauðungr, »der Zerstörer«, ein sagenhafter König, Vater →Gerods und →Agnars. Gr, Einleitung. · *Seite 161, 167*

Regin, eine Figur aus den Heldensagen. Sohn →Reidmars und →Fownes Bruder, der sein Pflegekind Sigurd in einen Drachenkampf schickt, welcher für Regin und Fowne tödlich endet. Reginsmál. · *Seite 184 f.*

Rehre, ein kinderloser Sagenkönig, dessen Frau sich an Odin und Frigga wendet und ihm nach sechsjähriger Schwangerschaft einen Erben gebiert. · *Seite 181*

Reidmar, Vater von →Regin und →Fowne und eines Sohnes, der die Gestalt eines Otters annimmt, der von Odin, →Huhne und Loki getötet wird. Mit dem Gold, das Loki dem Zwerg →Andware abgenommen hat, kaufen die Asen sich frei. Rm · *Seite 174 ff., 184*

Riesen, auch Jotnen oder Trolle genannt, die Bewohner Jotunheims und Utgards, sind als Elementargeister zu verstehen. Den Asen meist feindlich gesinnt, übersteigen sie alles menschliche Maß und sind die Urbewohner der Welt. Am Ende führen sie den Untergang der Götterwelt herbei. Passim.

Rig, an. Rígr, ein Deckname Heimdals, der in Odins Auftrag mit Menschenfrauen Kinder zeugt, die den Asen als Kämpfer dienen sollen, unter ihnen →Trell, →Karl und →Jarl. Vsp 1; RÞ. · *Seite 72, 80*

Rinde, an. Rindr, eine russische Königstochter, wird von Odin umworben; nach einer Weissagung kann nur beider Kind →Wole den Tod Baldurs rächen. Gesta Danorum III, 78–82; Bdr 11. · *Seite 208 ff., 222*

Ron, an. Rán, die Frau des Meerriesen →Ägir, Mutter der neun Wellentöchter, gefährlich für Seefahrer und den Asen nicht wohlgesinnt. Sk 22, 31, 58; Egill, Sonatorrek 7. · *Seite 48, 100, 176, 230*

Roskva, an. Röskva, →Tjalves Schwester, die zusammen mit ihrem Bruder nach Asgard gebracht wird, als Buße für die Lähmung eines Bocks, der Thor gehört. Gyl 43–44; Sk 4. · *Seite 112 f., 116, 123*

Rugne, an. Hrungnir, ein prahlerischer Riese, der Odin zu einem Wettrennen auffordert und später von Thor im Zweikampf getötet wird. Sk 17; Þjóðólfr, Haustlöng 14–16. · *Seite 113 ff., 118 ff.*

Särimne, an. Sæhrímnir, ein Eber, der in Walhall verspeist wird, aber wieder lebendig aufersteht. Gyl 37. · *Seite 97*

Schad, an. Skaði, die streitbare Tochter des Riesen →Tjatse, der von den Asen getötet wird. Sie verlangt als Sühne Baldur, den schönsten unter den Asen, zu heiraten, was ihr auf lächerliche Weise mißlingt. Sie muß sich mit →Njord begnügen, aber auch diese Heirat scheitert. Sk 1; Þjóðólfr, Haustlöng. · *Seite 83 ff., 239*

Sigurd, Pflegesohn Regins, der auf dessen Geheiß den Drachen →Fowne tötet. Reginsmál, Fafnismál. · *Seite 184 f.*

Sigyn, Lokis Frau, die ihm bis zum Ende die Treue hält. Vsp 35; Gyl 32, 49; Sk 1, 16. · *Seite 38, 58, 128, 228 f., 231, 234 f., 238 f., 246*

Sinder, an. Sindri, »der Funkensprühende«, ein Zwerg, der zusammen mit seinem Bruder →Brokk drei kostbare Geschenke für die Asen schmiedet: den Eber →Gullborste, den Ring →Draupne und den Hammer →Mjölner. Sk 33. · *Seite 32 ff.*

Siv, an. Sif, die Frau Thors und Mutter →Ulls und →Mudes. In Trudwang, ihrem Wohnsitz, wird sie von Loki, der sie heimlich besucht, ihres Haares beraubt. Sk 4, 14, 22, 33; Gyl 30. · *Seite 29, 35, 115ff., 120f., 146, 150, 154, 233*

Skidbladner, an. Skiðblaðnir, das magische Schiff des Gottes Frei, das, von Zwergen erbaut, sich wie ein Tuch zusammenfalten läßt. Gr 43; Gyl 42; Sk 35. · *Seite 32, 35, 100, 138, 234*

Skoll, an. Sköll, »Spott«, ist ein Wolf, der hinter der Sonne herhetzt und sie am Ende der Welt verschlingt. Gr 39; Gyl 11. · *Seite 125, 245*

Skuld, an. »Schuld« oder »Zukunft« (?), heißt eine der drei Nornen. Vsp 20; Gyl 14. · *Seite 22, 50, 60, 67, 182f.*

Sleipnir, an. »der Dahingleitende«, Odins achtbeiniges Pferd, von Loki in Stutengestalt mit einem Riesenhengst gezeugt. Gyl 14, 41, 48; Bdr. 2. · *Seite 42, 113f., 164, 198, 201, 211f., 249*

Surt, an. Surtr, »der Schwarze«, ein Feuerriese, Häuptling in Muspilheim, Feind der Götter, der beim Weltenbrand von Frei getötet wird, der selbst bei diesem Kampf stirbt. Vsp 47, 52–53; Vm 18, 50–51; Gyl 4, 50. · *Seite 247, 250f.*

Suttung, an. Suttungr, ein Riese, der sich von den Zwergen →Galar und →Fjalar den Zaubermet verschafft, den Odin ihm durch eine abenteuerliche Fahrt abnimmt. Háv 104–110; Sk 1. · *Seite 53ff.*

Thor, an. Þórr, südgermanisch Donar, ist der Donnergott, Stärkster unter den Asen und Kämpfer gegen die Riesen. Er ist ein Sohn Odins. Seine Mutter ist →Jord, seine Kinder heißen →Magne und →Mude. Verheiratet ist er mit →Siv. Auch gilt er als Stiefvater →Ulls. →Tjalve und →Röskva dienen ihm. Seine Wohnung ist Trudwang. Er fährt auf einem von zwei Böcken gezogenen Wagen über den Himmel, so daß es donnert. Seine wichtigste Waffe ist der Hammer →Mjölner. Er verteidigt Asen und Menschen gegen die Riesen und die →Mitgardschlange. Auf seinen Reisen begleitet ihn meist Loki. Er ist stark und hitzig, aber auch einfältig. Beim Endkampf der Asen tötet er die Mitgardschlange und stirbt an ihrem Gift. Der vierte Tag der Woche ist nach ihm benannt. Sk 4, 17–18; Þrk 21, 32; Hym 18–25, 34, 37; Hrbl 53; Gyl 20, 43, 47, 50; Gr 4; Vsp 56; Þórsdrápa; Húsdrápa 3–6. · Passim.

Tjalve, an. Þjálfi, ein Diener Thors, der bei einem Gastmahl einen Bock des Donnergotttes verletzte und zur Buße mit seiner Schwester →Roskva nach Asgard gebracht wurde. Gyl 43–46; Sk 4, 17. · *Seite 112f., 118ff., 133*

Tjatse, an. Þjazi, ein Riese, der sich mit Odin, Loki und →Huhne anlegt und sich der lebenspendenden Äpfel →Idunas bemächtigt. Es gelingt Loki, Iduna zu retten, und der Riese wird von den Asen erschlagen. Seine Tochter →Schad versucht vergeblich, ihren Vater zu rächen. Sk 1; Ls 50; Hrbl 19. · *Seite 79, 81ff., 86*

Tokk, an. Þökk, »Dank, Freude«, eine hexenhafte Riesin, von der sich herausstellt, daß sie nur der verkleidete Loki ist; sie ist schuld daran, daß die Totengöttin →Hel dem erschossenen Baldur die Rückkehr zu den Asen verweigert. Gyl 48. · *Seite 204*

Trell, an. Þræll, einer der Söhne, die Heimdal, der sich bei diesem Unternehmen →Rig nennt, mit einer Menschenfrau zeugt. RÞ. · *Seite 74, 79*

Trolle, siehe Riesen.

Trud, an. Þrúðr, eine Tochter Thors und Sivs. · *Seite 117*

Trudwang, an. Þrúðvangr, »Kraftfeld«, ist die Wohnstatt Thors. Gyl 20; Sk 17. · *Seite 116f., 122, 146*

Trym, an. Þrymr, »Lärm«, heißt ein größenwahnsinniger Riese, der Thors Hammer →Mjölner stiehlt. Zurückgeben will er ihn nur, wenn ihm die Asen Freia zur Frau geben, die keine Lust hat, sich mit ihm einzulassen. Thor, als Braut verkleidet, sucht den Riesen auf. Vor der Heirat gibt der Riese den Hammer zurück und wird von Thor erschlagen. Þrk. · *Seite 148ff., 156ff.*

Trymheim, an. Þrymheimr, der Wohnort des Riesen →Tjatse und seiner Tochter →Schad. Gr 11; Gyl 22; Sk 1. · *Seite 79, 81, 86*

Tyr, althochdeutsch Ziu, ein alter Kriegsgott der Germanen, gilt den einen als Sohn Odins, anderen zufolge ist der Riese →Hyme sein Vater. Er verliert seinen rechten Arm bei der Fesselung des →Fenriswolfes, und beim großen Weltenbrand kämpft er gegen den Wolf →Garm. Das deutsche Wort *Dienstag* geht auf Tyr zurück. · *Seite 44, 59f., 66f., 93, 102ff., 109, 111, 122, 140, 170, 232, 250*

Ull, an. Ullr, Sohn der →Siv und Stiefsohn Thors, ist ein Gott, der sich besonders durch seine Fertigkeit beim Bogenschießen auszeichnet. Gyl 30; Sk 4, 14. · *Seite 99, 170f.*

Unkühle, an. Ókolnir, »der unkalte Ort«, Halle am Wohnsitz des Riesen Ägir. Vsp 37; Gyl 51. · *Seite 100*

Untote, an. einherjar, »die allein Kämpfenden«, heißen die im Krieg Gefallenen, die nach ihrem Tod von den Walküren nach Walhall gebracht werden. Dort kämpfen sie weiter, stehen aber, auch wenn sie fallen, am Abend wieder lebend auf. Odin bereitet sich mit ihrer Hilfe auf den entscheidenden Kampf mit dem →Fenriswolf, der →Mitgardschlange und anderen Feinden der Asen und der Menschen vor. Gyl 37–40; Gr 18, 23, 25, 36; Vm 41. · *Seite 96, 99, 118, 170f., 199, 248*

Urd, an. Urðr, »Schicksal«, ist eine der Nornen, die am Urdsbrunnen wohnen. Sie wird auch als die Norne der Vergangenheit gedeutet. Vsp 19–20; Háv 111; Gyl 14; Gg 7. · *Seite 22, 50, 59, 67 f., 182 f., 192, 242*

Utgard, an. Útgarðr, »Außenwelt«, auch Einöd genannt, ist der Wohnort der Riesen und der Dämonen. Ursprünglich ist die ganze bewohnte Welt von ihrem Reich umgeben; nach späteren Quellen liegt Utgard im Osten oder im Norden. · *Seite 172, 212, 233, 242, 244*

Vandalen, siehe Langobarden. · *Seite 166*

Vidar, an. Víðarr, »der weithin Herrschende«, ein Sohn Odins mit der Riesin →Grid, der seinen Vater rächt, indem er den →Fenriswolf erlegt. Er überlebt, wie →Wole, →Mude und →Magne, den Untergang der alten Götterwelt. Vsp 55; Vm 53; Gr 17; Sk 18; Gyl 28. · *Seite 250, 252*

Vinilen, siehe Langobarden. · *Seite 166 f.*

Volve, an. Völva, »die Wahrsagerin«, eine Schamanin, die weit in die Zukunft sehen kann. Ihr Attribut ist der Zauberstab, an. völr; sie ist in Felle gekleidet und kennt magische Gesänge. Sie weissagt Odin das künftige Schicksal der Asen. Vsp, passim, besonders 43–58. · *Seite 207 f., 243 ff.*

Vorsete, an. Forseti, »Vorsitzender«, ein Sohn Baldurs mit →Nanna. Gyl 31; Sk 5; Gr 15. · *Seite 192*

Wale, an. Vali, ein Sohn Lokis und Sigyns, der sich, als sein Vater von den Asen bestraft wird, in einen reißenden Wolf verwandelt und seinen Bruder Narwe tötet. Gyl 49; Ls 65; Vsp 34. · *Seite 229, 238*

Walhall, an. Valhöll, »Halle der Gefallenen«, Odins Wohnort in Asgard, wo er die untoten Gefallenen um sich versammelt. Das deutsche Wort »Walhall« ist neueren Datums; es taucht erst 1750 auf. Gr 8–10, 18–26; Gyl 37–40; Vm 41. · *Seite 70, 87, 92f., 96, 98, 114f., 128, 170, 181, 183, 186, 195, 199, 244, 248*

Walküren, an. valkyriar, »die unter den Gefallenen Wählenden«, ursprünglich Totendämonen, später überirdische Kriegerinnen, die durch die Lüfte reiten und Odin die im Kampf Gefallenen zuführen. In Walhall erweckt der Götterkönig sie jedesmal zu neuem Leben. Die Untoten helfen ihm, wenn es zum Kriege kommt. Die deutsche Rezeption bei Heine, Wagner und anderen hat mit den alten Mythen wenig zu tun. Drð; Gr 36; HHv. · *Seite 93f., 96, 98f., 147, 181f., 199, 236*

Wälsung, an. Volsung, ist der Sohn des Königs →Rehre, dessen Frau mit Friggas und Odins Hilfe schwanger wurde. Die Gestalt gehört nicht den Götter- sondern den Heldensagen an. Vöslunga saga. · *Seite 182*

Wanen, an. Vanir, sind neben den Asen die zweite Götterfamilie des Nordens. Sie sind vor allem als alte Fruchtbarkeitsgötter zu verstehen und verfügen über allerlei magische Künste. →Njord, Frei und Freia gehören ursprünglich zu den Wanen; nach einem großen Krieg sind sie als Geiseln, die den Frieden sichern sollen, zu den Asen gestoßen. Sk 1; Ynglinga saga 4; Gyl 22. · *Seite 16f., 24–28, 38, 42f., 45f., 49, 189*

Wanheim, Wohnort der Wanen. · *Seite 16, 24ff., 44f.*

We, an. Vé, ein Bruder Odins, gehört wie →Wile, sein Bruder, zu den ältesten Göttern. Alle drei sind Enkel der ersten Eltern →Bühre und Bestla. In Odins Abwesenheit nehmen We und Wile Frigga zur Frau, bis Odin zurückkehrt. Ynglinga saga 3; Gyl 5; Ls 26. · *Seite 11, 76*

Wegtam, an. Vegtamr, »der Reisegewohnte«, ein Deckname Odins auf seiner Reise nach Hel zu einer toten Seherin. Bdr. · *Seite 207*

Werdande, an. Verdandi, »die Werdende«, heißt eine der drei Nornen, und zwar jene, die die Gegenwart verkörpert. Vsp 20; Gyl 14. · *Seite 22, 50, 59, 67f., 182f.*

Wile, an. Vili, »Wille«, →Wes Bruder, siehe diesen. · *Seite 11f., 76*

Wole, an. Váli, der Sohn Odins mit der Königstochter →Rinde, der als Säugling Baldurs Tod an →Hod rächt. Bdr 11; Hdl 29. · *Seite 122f., 208, 252*

Ygg, an. Yggr, »der Schreckliche«, ein Beiname Odins. Háv 3; Gr 53–54; Vm 5. · *Seite* 68, 98

Yggdrasil, an. Yggdrasill, der Weltenbaum der Edda, eine Esche, deren drei Wurzeln sich über die ganze Welt erstrecken, nach →Mitgard, →Utgard und →Hel. Der Baum ist immergrün und von Hirschen, einem Habicht und einem Adler bewohnt. Unter der Esche liegt der Urdsbrunnen mit seinen drei Quellen. Vsp 19, 47; Gr 29–30, 32–35, 44; Gyl 14. · *Seite 15, 21f., 50, 62ff., 68, 87, 91, 98, 150, 168, 182, 192, 201, 218, 246, 248, 251*

Ymer, an. Ymir, heißt der Urriese der nordischen Kosmologie, von dem nicht nur die Trolle, sondern auch die Asen abstammen. Nach der Geburt der ersten Götter erschlagen ihn Odin, →Wile und →We. Aus seinem Leib erschaffen sie Himmel und Erde, Berge und Meer. Vsp 3; Gr 40–41; Vm 21, 28; Gyl 4–7. · *Seite 7ff., 227*

Zwerge, an. dvergr, die Snorri zu den Schwarzalben zählt, sind Elementargeister, die weithin unabhängig von den Göttern existieren. Viele von ihnen sind klug und hilfreich, andere listig und habgierig. Sie wohnen unter den Bergen oder in Felshöhlen, sind begabte Schmiede und hüten oft wertvolle Schätze. Auch werden ihnen magische Kräfte zugeschrieben. Háv 143, 160; Hdl 7; Gyl 7, 13; Sk 1; Vsp 9. · *Seite 10f., 31f., 35, 37, 45, 48, 50, 52f., 57, 65, 89, 100, 125, 138, 140, 176ff., 199, 236, 244*

•

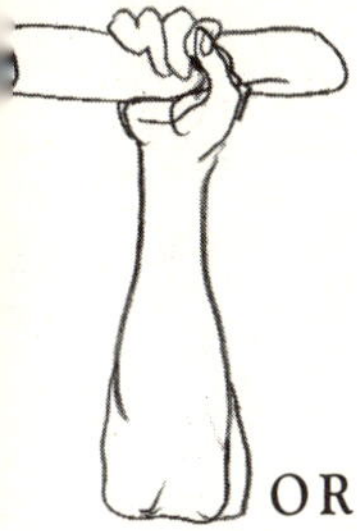

TOR ÅGE BRINGSVÆRD, 1939 im norwegischen Skien geboren, hat Religionswissenschaften und Ethnologie studiert. Er gehört heute zu den bekanntesten Schriftstellern seines Landes. Romane, Erzählungen und Kinderbücher hat er publiziert. Viele Bühnen spielen seine Stücke. Heute lebt er in Hølen auf der Ostseite des Oslofjords.

Seine Bücher sind, soweit nicht anders angeführt, bei Gyldendal in Oslo erschienen.

Probok. Erzählungen. 1968.
Bazar. Roman. 1970.
Den som har begge på jorda står stille. Roman. 1974.
Karavane. Erzählungen. 1974.
Syvsoverskens dystre frokost. Roman. 1976, deutsch von Lothar Schneider unter dem Titel *Das Frühstück der Langschläferin*. Frankfurt am Main: Insel 1992.
Pinocchio-papirene. Roman. 1978.
Minotaurus. Roman. 1980, deutsch von Lothar Schneider unter demselben Titel. Frankfurt am Main: Suhrkamp 1989.
Ker Shus. Roman. 1983, deutsch unter dem Titel *Die Stadt der Metallvögel*. Frankfurt am Main: Suhrkamp 1988.

Gobi. Barndommens måne. Roman. 1985, deutsch von Lothar Schneider unter dem Titel *Mond der Kindheit*. München: List 1993.
Gobi. Djengis Khan. Roman. 1987, deutsch von Lothar Schneider unter dem Titel *Dschingis Khan*. München: List 1994.
Gobi. Djevelens skinn og ben. Roman. 1989.
Pustehull. Essays. 1989.
Det eventyrlige. Essay. Oslo: Cappelen 1991.
Odin. Schauspiel. 1991.
Gobi. Min prins. Roman. 1994.
Den enøyde. Nacherzählung. 1996.
Gobi. Baghdad. Roman. 1997.
Medea. Nacherzählung. 1998.
Beowulf. Nacherzählung. 1999.

♦

TANAQUIL ENZENSBERGER, geboren 1957 in Stranda, Norwegen, ist in Frankfurt, Rom, Tjøme und Berlin aufgewachsen. Nach einer Gärtnerlehre studierte sie Botanik, Pflanzengenetik und Ökologie an der norwegischen Landwirtschaftshochschule in Ås. Heute lebt sie als Schaf- und Pferdezüchterin in Vang i Valdres.

♦

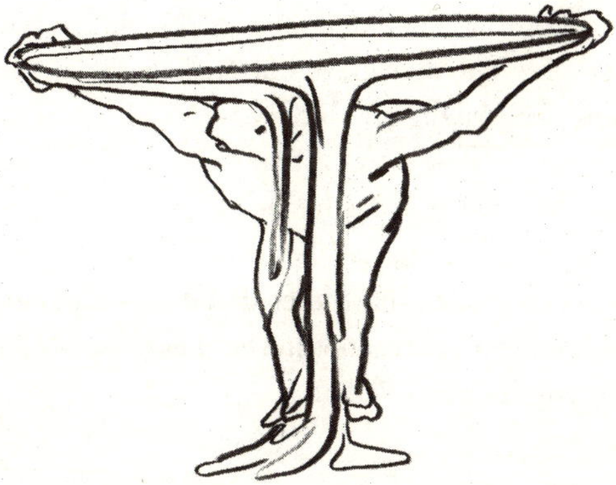

DIE WILDEN GÖTTER, *Sagenhaftes aus dem hohen Norden,* heißt eine Nacherzählung der nordischen Göttermythen aus der Edda von Tor Åge Bringsværd, die im August 2001 als zweihundertster Band der *Anderen Bibliothek* im Eichborn Verlag, Frankfurt am Main, erschienen ist.

Das norwegische Original trägt den Titel *Den enøyde. Et forsøk på å gi en fri og selvstendig, men likevel tro gjengivelse av våre gamle norrøne myter.* Es wurde 1996 in Oslo bei Gyldendal veröffentlicht. Die deutsche Fassung stammt von Tanaquil und Hans Magnus Enzensberger. Einen Essay zur Vor- und Nachgeschichte sowie ein Register und Quellenverzeichnis haben die deutschen Bearbeiter beigesteuert.

Johannes Grützke hat diesen Band mit Initialen und 77 Zeichnungen geschmückt. Das Lektorat lag in den Händen von Rainer Wieland.

Ritter, Schurken,
Drachen, Damen,
Tod und Teufel

Tilman Spreckelsen
Gralswunder und Drachentraum
Ein Streifzug durch die Artuswelt
460 Seiten · gebunden mit Schlaufe
€ 24,95 · sFr 42,50 · € 25,70 (A)
ISBN 978-3-8218-4760-3
Erfolgsausgabe
der Anderen Bibliothek

Die Artuswelt: ein Kosmos an Figuren, Motiven und Gestalten, reich wie die Welten Homers, schön und schrecklich wie die Shakespeares und phantastisch wie die des *Herrn der Ringe.*

»Jenseits der Nebel von Avalon findet sich eine phantastische Welt voller Ritter, minniglicher Frauen, düsterer Intrigen und mit jeder Menge Riesen, Zwergen, Feen und Drachen… In über sechzig Porträts erschließt Tilman Spreckelsen einen Kosmos der Figuren, Gestalten und Motive.« Focus

DIE ANDERE BIBLIOTHEK
im Eichborn Verlag

www.die-andere-bibliothek.de

SERIE PIPER

Michael Köhlmeier

Sagen des klassischen Altertums

189 Seiten. Serie Piper

Die Begriffe sind jedem geläufig: vom Ödipus-Komplex bis zur Achilles-Ferse, von den Tantalos-Qualen bis zum Trojanischen Pferd oder zum Danaer-Geschenk, was übrigens genau dieses Pferd ist. Aber wer kennt noch all die Sagen und Geschichten wirklich, aus denen sie stammen? Wer hat heute noch die griechische Mythologie im Kopf? – Jene wundervollen Geschichten, auf denen so viel in unserer abendländischen Kultur basiert? Homer hat sie uns überliefert, und Köhlmeier erzählt sie uns neu – und ganz anders, als es Gustav Schwab tat.

Michael Köhlmeier

Geschichten von der Bibel

Von der Erschaffung der Welt bis Moses. 565 Seiten. Serie Piper

Die Bibel ist Gottes Wort – aber das Alte Testament ist zugleich die grandioseste Geschichtensammlung der Weltliteratur. Michael Köhlmeier, der begnadete Erzähler, führt uns von der Erschaffung der Welt, dem Brudermord von Kain und Abel über die Sintflut und den Turmbau zu Babel bis zu Moses' Einzug in das Gelobte Land.

»Köhlmeier weiß zu überzeugen. Er malt die Geschichte hinter der Geschichte aus. Seine Erzählungen sind ausführlicher und verständlicher als im Original, denn er läßt die Figuren lebendig werden.«
Augsburger Allgemeine

05/1102/01/L

05/1746/01/R

Tod am Fjord

Neues aus Norwegen von Ambjørnsen bis Fossum. Herausgegeben von Holger Wolandt. Aus dem Norwegischen von Gabriele Haefs, Kerstin Hartmann-Butt, Christel Hildebrandt, Annika Krummacher, Lotta Rüegger und Holger Wolandt. 288 Seiten. Serie Piper

Dunkle Fjorde, hohe Berge und scheinbar idyllische Sommerlandschaften – der ideale Hintergrund für mörderische Geschichten aus Norwegen. Und wenn im Winter die Sonne monatelang nicht über die Berge kommt, werden finstere Pläne geschmiedet, wie sich unliebsame Ehemänner und Liebhaber aus dem Weg räumen lassen … Holger Wolandt hat in seinem Buch die besten norwegischen Geschichten versammelt: spannende, humorvolle und hintergründige Erzählungen, die hier zum ersten Mal auf deutsch veröffentlicht werden, geschrieben von bekannten Autorinnen und Autoren wie Karin Fossum und Ingvar Ambjørnsen, Gunnar Staalesen, Jo Nesbø und Kjell Ola Dahl.

05/1841/01/L

Elche am Fjord

Die schönsten norwegischen Wintergeschichten. Herausgegeben von Holger Wolandt. Aus dem Norwegischen von Gabriele Haefs, Christel Hildebrandt, Annika Krummacher, Lotta Rüegger und Holger Wolandt. 272 Seiten. Serie Piper

Schneemänner und winterliche Skiausflüge, unvermutete Begegnungen und ein völlig überraschender Silvesteranruf – all das finden Sie in dieser Zusammenstellung der schönsten und hintergründigsten Wintergeschichten aus Norwegen. Viele bekannte Namen sind enthalten: von Karin Fossum und Jo Nesbø über Jan Kjærstad und Morten Harry Olsen bis zu Klassikern wie Knut Hamsun und Jonas Lie. Sie alle entführen den Leser in die geheimnisvollste Zeit des Jahres im hohen Norden.

05/2166/01/R

SERIE PIPER

SERIE PIPER

Finn Jor

Sören und Regine

Kirkegaard und seine unerfüllte Liebe. Aus dem Norwegischen von Gabriele Haefs. 303 Seiten. Serie Piper

»Einer Ungenannten, deren Name einst erwähnt werden wird« – fast sein gesamtes Werk widmete der dänische Philosoph Sören Kierkegaard seiner großen und unerfüllten Liebe Regine Olsen. Erst vierzehn Jahre ist sie, als sie sich in den exzentrischen Theologiestudenten Sören verliebt. Die Verlobung der beiden wird zum Stadtgespräch, doch Sören meint an einem bösen Fluch zu leiden und setzt alles daran, die Verlobung zu lösen ... In dieser Liebesgeschichte erwacht das 19. Jahrhundert zum Leben und mit ihm die faszinierende Gestalt eines der bedeutendsten europäischen Philosophen.

»Finn Jor meistert die diffizile Aufgabe der biographischen Annäherung mit Bravour, indem er die tragisch-schöne Liebesgeschichte von Sören Kierkegaard und Regine Olsen mit großem erzählerischem Geschick und fundierter Sachkenntnis nachzeichnet.«
Der kleine Bund, Bern

05/1532/01/L

Elsi Rydsjö

Der Flug der Schwäne

Roman. Aus dem Schwedischen von Angelika Kutsch. 286 Seiten. Serie Piper

Südschweden, 1871: Ein kleines, stilles Dorf, von Wäldern gesäumt. Hier verbringt Susanna Lindman, gottesfürchtige Pfarrerstochter, eine glückliche Jugend. Und jetzt, wo sie Einar Stjernström heiraten wird, scheint der Segen perfekt. Aber es kommt ganz anders: Einar verguckt sich in die reiche Amalia und nimmt sie zur Frau. Susanna ist am Boden zerstört. Als sei der Schmerz nicht genug, kommt auch noch das Gerede der Dorfbewohner hinzu. Für Susanna gibt es nur eine Lösung: fortgehen. Sie verläßt ihre Eltern, um auf einem Landgut als Gouvernante zu arbeiten. Doch das Leben ist nicht leicht, die Besitzer sind kühl und habsüchtig. Nur ein Mensch scheint sich für ihr Leben zu interessieren: der reiche Adrian Henderson. Elsi Rydsjö, eine der beliebtesten Autorinnen Schwedens, löste in ihrer Heimat mit diesem stimmungsreichen Roman über die Irrungen der Liebe große Begeisterung bei Kritik und Publikum aus.

05/1529/01/R

SERIE PIPER

Katarina Mazetti

Der Kerl vom Land

Eine Liebesgeschichte. Aus dem Schwedischen von Annika Krummacher. 202 Seiten. Serie Piper

Zwischen Desirée und Benny funkt es, und zwar ausgerechnet auf dem Friedhof. Nach einigen Wochen voller Leidenschaft schiebt sich der Alltag störend dazwischen – und die gegenseitigen Erwartungen: die Bibliothekarin und der Landwirt leben in zwei völlig unterschiedlichen Welten. Benny braucht eine handfeste Frau, die ihm auf dem Hof zur Seite steht, und Desirée interessiert sich vor allem für Literatur und Theater. Voller Situationskomik erzählt Katarina Mazetti von einer ganz und gar ungewöhnlichen Liebe.

»Eine sehr komische und gleichzeitig sehr tragische Geschichte, mit viel Humor und Feingefühl erzählt. Ein Buch, das Mut zum Außergewöhnlichen macht.«
Westdeutscher Rundfunk

05/1432/02/L

Katarina Mazetti

Mein Kerl vom Land und ich

Eine Liebesgeschichte geht weiter. Aus dem Schwedischen von Annika Krummacher. 224 Seiten. Serie Piper

Kann das gutgehen: ein Landwirt und eine Bibliothekarin aus der Stadt? Benny und Desirée wissen, daß es nicht einfach wird, aber Desirées biologische Uhr tickt, und sie geben dem Schicksal eine letzte Chance. Und siehe da: Desirée wird schwanger und zieht zu Benny auf den Hof. Doch das Leben auf dem Land ist mehr als gewöhnungsbedürftig …
Warmherzig und witzig erzählt Katarina Mazetti, wie sich die beiden trotz aller Gegensätze zusammenraufen.

05/2031/01/R